江戸文化に拓くキリシタン表象

娯楽＊科学＊思想

中根千絵＊南郷晃子［編］

三弥井書店

第1章　キリシタン教義との摩擦と変容

第4章 キリシタンと西洋科学

表象のキリシタン研究への誘い

南郷　晃子

本書は江戸時代におけるキリシタンをテーマに据える。だが本書で扱うキリシタンは同時代初期各地で処刑されたキリシタンや、近世を生き抜いた潜伏キリシタンといった、キリシタンそのものではない。本書が焦点を当てるのは生身のキリシタンではなくその表象やキリスト教をめぐる言説である。キリスト教が邪なものとされた江戸時代に、彼らがどのように語られたのか、どのように社会が見えないキリシタンに肉付けし、立体的になった彼らと関わったのかを問うものである。

禁教下、キリスト教をめぐる言説は厳しく制限されていたが、それでも江戸期の文化の内には表象のキリシタン、バテレンの姿がある。その姿は現代的な理解では偏見に満ちている。しかしそのようなものと切り捨てるのではなく、他者を語るときの限界と可能性の上に立ち江戸時代のキリシタンの姿を辿ってみたい。

貨幣経済の発展と共に娯楽や学問の裾野が広がり、知識や物の流通も爆発的に拡大したのが江戸時代である。本書はその江戸時代らしさを有する文化表象としてキリシタン表象を捉える。そのためのアプローチとしてまず四つの章を設けた。主に十六世紀末から十七世紀初頭の言説からなる、教義をめぐる摩擦を中心にした第1章、「物語」の一部と化していくキリシタン・バテレンについて考察をする第2章、娯楽としての側面に焦点を当てる第3章、そして西洋科学という面からキリシタン言説を考える第4章である。また日本におけるキリスト教との出会いと摩擦は、日本の外における問題でもある。第5章は、「日本」の枠内で完結しないキリシタン表象を考える。これら各章は次のように構成される。

第1章　キリシタン教義との摩擦と変容

キリスト教徒を改心させるための「説得」が必要とされた時期、九州での僧侶による教化を扱うのが三好、服部である。仏教対キリスト教という単純な図式に落とし込むことはできない。三好俊徳「反キリシタン書のなかの仏教諸宗──雪窓宗崔の著者を中心として」は、対キリスト教の書そのものにみえる雪窓宗崔の言説が仏教内の他宗派批判を周到に含みこむものであったことを看破する。また服部光真「浄土僧幡随意による対キリシタン教化活動の歴史的位置」はキリスト教側と浄土宗側の資料、さらには地域資料などを利用し複眼的に浄土宗僧侶、幡随意のキリスト教徒の教化活動の実態を検討する。三好、服部は対キリスト教言説の検証を通じ仏教界の動向を詳にしていく。

呂雅瓊「善と悪の葛藤──十六、七世紀の日本と中国におけるルキフェル説話の展開」は、日本と中国におけるキリスト教の教化言説をルキフェル説話を中心に考察する。呂は日中それぞれの天使と悪魔の訳語に焦点を当て、偶像崇拝や神をめぐる教理の葛藤にまで迫る。

東アジアへの布教は言葉の問題を深刻に伴う。イエズス会が言葉の問題を乗り越えるためとった手段のひとつが物語からの学習であり、天草版『平家物語』はそのようにして出版された。樋口大祐「『天草版平家物語』の歴史像とジェンダー」は覚一本や百二十句本の有する、歴史物語としての哲学を手放した先の『平家物語』として同書を読む。それは『平家物語』がどのように普遍性を獲得するのかを問うことになる。

第2章　物語化するキリシタン・バテレン

苛烈な弾圧を経て、キリシタン・バテレンは姿を消し現実味を失い始める。キリシタン説得の言葉はすでに役割を失い、第2章で扱うのは本当らしさを装う物語、実録や伝承におけるキリシタンやバテレンの姿である。

南郷、小峯が考察したのは『切支丹宗門来朝実記』というキリスト教の渡来からその終焉までを虚実ないまぜに——ほぼ虚ではあるが——描き出す写本である。南郷晃子「多様なる「南蛮」——『切支丹宗門来朝実記』のバテレン表象を起点に」は『切支丹宗門来朝実記』周辺の写本群を整理し、その多様性を南蛮表象の多様性を映すものとして読み込む。小峯和明「『切支丹宗門来朝実記』の世界——伝本小考」は自身の架蔵本から同書の検証を進めた。小峯の架蔵本十五冊のうちには、他にはない説話を含むものがあり『切支丹宗門来朝実記』の世界の可能性が見えてくる。同書の研究を進める重要性が示されている。

『切支丹宗門来朝実記』のような物語がある一方で、地域資料にのみ残されるキリシタンの姿がある。井上舞「東北キリシタンをめぐるまなざし——地域資料の断片から」が掬い上げるのは、東北の、地域社会の内側からキリシタンを語る言葉である。

第3章　娯楽としてのキリシタン表象

多様なキリシタン表象のうち、もっとも江戸文化らしく、それでいて検討が不十分であったのが「娯楽」としてのキリシタンであろう。江戸期の文化は正面きっての戯れを避けながらも「天草」を「七草」ともじり、版本を写本に変え、キリシタンを活躍させていく。

松波伸浩「キリシタンに向けられた近世文学のまなざし——仮名草子、古浄瑠璃から近松、そして歌舞伎へ」は七草四郎の名とともに禁制をすり抜けた「エンタメ」のキリシタンを追う。文のみならず絵へも向けられる松波の眼差しは、次第に誰が絵踏みを行うのかという問へと広がり、丹念な読みは作品解釈を深化させていく。

菊池庸介「「天草軍記物」にみる一揆の首謀者たち——『嶋原記』『山鳥記』『嶋原実録』の例に」は森宗異軒を

中心に島原・天草一揆の首謀者像の変遷を追う。『嶋原記』『山鳥記』『嶋原実録』を詳細に比較検討することで、近世の「悪役」の表象の展開を明らかにする。菊池の考察は、キリシタンという要素が近世の文芸世界を形作るピースのひとつとして確かにあったことを知らしめる。

第2章で論じられた『切支丹来朝実記』系の物語では、キリシタンが秀吉の前で正体を隠し奇術を披露する場面がある。この奇術について、読み解いたのが長野栄俊「キリシタンと奇術――奇術史研究の視点から」である。長野は同書における奇術が、実際に放下師により行われた可能性の高いことを指摘するとともに、さらにそれらの術師が仙人と重ねられるものであったことから翻ってキリシタンへの眼差しを読み込む。

第4章　キリシタンと西洋科学

近年しばしば指摘されるように江戸時代は必ずしも内に閉じた時代ではなかった。出島を経由して西洋からの知識や物が流入し、人々は「西洋」に触れていた。そしてそれら西洋由来の知識や事物は、キリスト教と完全に分かつことができない。中根は排除に、杉山は寛容に主眼をおきながら「西洋」の流入に対する格闘をそれぞれ書物、薬という物の流通とともに考える。

中根千絵「禁書としてのキリシタン書物」はキリスト教とのつながりを「誤解」され禁書に扱いになったとされる書物の内容を検証し、一見信仰と無関係な科学知識の根底に神の創造したものへの崇敬があると分析する。禁じるのはそこに西洋の神の圧倒的な力が映し出されるためである。それに対し、杉山和也「西洋由来の医事説話と反キリシタン――ミイラ取りがミイラになる話を中心に」が着目するのは医学、わけてもミイラの薬である。反キリシタン言説は医事においては寛容であり、輸入薬は地域社会の伝承をも作っていくのである。

第5章　外からの眼差し――日本のキリシタンを照射するために

第5章は、キリシタン表象が唯日本の内部で完結するものではないことを特に示す三編からなる。谷口智子「メキシコ、クエルナバカ大司教座聖堂の二十六聖人殉教壁画」は、海外でも大きなニュースになった二十六聖人殉教の壁画について論じる。スペインからメキシコへ、そしてアジアへという視野の広い論考はキリシタン言説を俯瞰してみることを迫る。また谷口が明らかにする情報伝達とその絵画化のスピードは、後述シュウェマーが、反キリシタン書が同時代的な西洋事情を反映していたと論じることにも通ずる。

李澤珍「キリシタンとイソップ寓話――『伊曽保物語』の「鼠の談合の事」」はイエズス会の布教と共に日本に伝わったイソップ寓話のうち「猫の首に鈴」と言われる話の、日本における『伊曽保物語』としての受容を考究する。第1章で呂が示した、翻訳が物語それ自体の意味をも変えることが、違う形で明快に論じられている。

パトリック・シュウェマー「イスラム統治ハンガリーのキリスト教征服、日本の宗門改め文学で語られる」が扱う『喜利志袒仮名書』所収の「きりしたん十二門派之事」は反キリシタン書のうちでも特異な印象を与える。シュウェマーは本話の作者像をバイリンガル、日本語話者だが言語を含むヨーロッパの知識を（不完全に）有する者と想定する。その上で開陳される読みは、それ自体が「ピカレスク小説のような」面白さを持つ。

以上、本書の構成を述べてきたが、本書は論考を時代順に並べるという方法をとっていないため、以下に紙幅の都合で副題を省きつつ、各論考の扱う作品・出来事の時系列を示しておきたい。それぞれの論考の扱う時代には幅があるため、大まかな指標である。

イエズス会のアジア布教開始時期の作品を主に扱うのが、呂雅瓊「善と悪の葛藤」である。布教のためイエズス会は出版活動を行い、樋口大祐「『天草版平家物語』の歴史像とジェンダー」が扱う天草版『平家物語』もその中で刊行された。天草版にはイソップ寓話『エソポのハブラス』も含まれるが、李澤珍「キリシタンとイソップ寓話」は寛永元年（一六二四）の初刊本に始まる『伊曽保物語』を論じる。

当初日本での宣教はイエズス会のみが行っていたが、のちにフランシスコ会・ドミニコ会などもフィリピン経由で来日、布教を始め東北での布教を活発に行った。井上舞「東北キリシタンをめぐるまなざし」が論じる東北のキリシタンの存在は、彼らの活動に負う所が大きい。そのような中、フィリピン・マニラから今のメキシコ・アカプルコを目指したサン・フェリペ号が土佐沖で遭難、今日「二十六聖人の殉教」と呼ばれる事件が起こる。谷口智子「メキシコ、クエルナバカ大司教座聖堂の二十六聖人殉教壁画」は、慶長元年（一五九七）のこの事件を描く壁画を論じる。

豊臣から徳川へと支配が移り、キリシタンの取り締まりが徹底される中、キリシタンが多くいた九州では僧侶が教化活動を行った。服部光真「浄土僧幡随意による対キリシタン教化活動の歴史的位置」は慶長十七年（一六一二）～十八年の九州有馬での幡随意の教化活動を扱う。そして島原天草一揆の十年後、「二十六聖人殉教」の五十年後の正保四年（一六四七）、長崎で行われたのが多福寺の雪窓宗崔による「排耶説法」である。三好俊徳「反キリシタン書のなかの仏教諸宗」が検証する『興福寺筆記』はこのときの記録である。またパトリック・シュウェマー「イスラム統治ハンガリーのキリスト教征服、日本の宗門改め文学で語られる」が論じる『喜利志袒仮名書』は、雪窓宗崔が説法をするための参考資料として多福寺にもたらされたと想定されている(1)。なおシュウェマーは同書に含まれる「きりしたん十二門派之事」成立を一六一四年～一六二一年ごろと推定する。

その後キリシタンの姿が見えなくなるとともに、正面からの対キリスト教宗論は鳴りを潜め、キリシタンは観念化していく。松波伸浩「キリシタンに向けられた近世文学のまなざし」が考察するのは十七世紀前半から十八世紀までの娯楽作品である。またこの時期に含まれる十七世紀半ばから十八世紀前半の作品を検討するのが菊池庸介「「天草軍記物」にみる一揆の首謀者たち」である。

菊池は『嶋原実録』を享保ごろの成立と推定するが、中根千絵「禁書としてのキリシタン書物」が論じる禁書令のひとつが享保五年（一七二〇）に出されたものである。この頃から反キリシタン仮名草子の写本化が進み、南郷晃子「多様なる「南蛮」」小峯和明「『切支丹宗門来朝実記』の世界」の扱う『切支丹宗門来朝実記』、そして長野栄俊「キリシタンと奇術」が依る『南蛮寺興廃記』へと展開していく。

先に触れた井上舞「東北キリシタンをめぐるまなざし」と、杉山和也「西洋由来の医事説話と反キリシタン」は、特定の時期に限定せず長いスパンで言説を考察する。

江戸時代におけるキリシタン表象は豊かだ。そこに排除、蔑視といったネガティブな眼差しを読み取るのはたやすいが、その根底にはどのような「人間」があるのか。問いを拒絶したまま見過ごされるものは大きい。当時の多勢にとってキリシタンは確かに他者、自身とかけはなれた存在である。けれど他者の相貌は、語り手の生きる時代や地域、それぞれの関心や立場に応じて変わる。他者表象は、他者を語らんとする者を表すのである。

本書では一般に意味が通りにくい「排耶」という言葉を論旨を損なわない限りにおいて避け、キリスト教やキリシタン、バテレンへの敵愾心、忌避感を示す言葉として「反キリシタン」を選んだ。本書が幅広く読まれ、より豊かで柔軟なキリシタン研究を拓く一助となることを願ってのことである。

注

（1）　谷端昭夫「多福寺蔵排耶史料の検討」大桑斉編『史料研究　雪窓宗崔――禅と国家とキリシタン――』（同朋社出版、一九八四年）

第1章　キリシタン教義との摩擦と変容

反キリシタン書のなかの仏教諸宗
――雪窓宗崔の著者を中心として

三好俊徳

はじめに

天文十八年（一五四九）、ザビエルが薩摩国坊津に上陸し、キリスト教が日本に伝わった。それ以降、キリスト教は日本の宗教文化に大きな影響を与えた。その一つとして、キリスト教と日本に根付いていた宗教である仏教との関係が注目される。

キリスト教宣教師たちが、日本に布教するため、仏教の教義、各宗の信仰、寺院の様相などを研究していたことは、ルイス・フロイス『日本史』やジョアン・ロドリーゲス『日本教会史』によって知ることができる。その知識をもとに、仏教や神道と対峙して宗論を行っていった。たとえば、永禄十二年（一五六九）に織田信長が、フロイスおよび日本人修道士ロレンソと、日蓮宗の僧日乗との間で宗論を行わせたことはよく知られている。このような宗論は各地で行われていたものと考えられる。仏教僧もキリスト教批判を行っていたのであろうが、それについてのまとまった記録は遺されておらず、早いものでも十七世紀初頭のものが知られる程度である。

江戸時代に入り、幕府がキリシタン禁制を強めていくなかで、浄土宗、浄土真宗、日蓮宗、臨済宗、曹洞宗など各宗に属する多くの僧がキリスト教批判を行っている。[1] そのなかで、仏教の立場からキリシタンを批判する書物も作成された。これらは排耶書とも称されるが、本稿では反キリシタン書とよぶ。大きくとらえると、論理的にキリスト教を批判するには、キリスト教の教義や歴史を批判するか、仏教・神道の教義や歴史の優越を説くかということになる。反キリシタン書では、それらを織り交ぜてキリシタン批判を展開していくのであるが、特にその後者には、著者の仏教理解や日本仏教諸宗に対する認識が表れる。すなわち、著者にとって、仏教の意義を問い直し、それを信ずる自らの立場を表明する機会ともなっているのである。果たして、それはどのようなものだったのか。本稿では、特に雪窓宗崔が著した書物をとおして、彼が近世初期における日本仏教の枠組みをどのように認識していたのかを明らかにしていく。

一　近世初期の反キリシタン書

まず、近世初期における反キリシタン書について概観し、雪窓宗崔の活動を位置づけておきたい。[2]

仏教側からキリシタンを批判する記録のうち古いものとして、慶長十八年（一六一三）に徳川家康の側近であった金地院崇伝が起草して全国に布達した「排吉利支丹文」が知られる。その前年に幕府は「伴天連門徒制禁」を出して、キリスト教禁止の方針を示している。「排吉利支丹文」の作成および布達は、これに沿ったものである。

それに先立つ慶長十一年には、朱子学者の林羅山と不干斎ハビアンが論争を行っている。その内容は、林羅山『排耶蘇』によって知られる。ハビアンは永禄八年（一五六五）頃に生まれ、はじめ臨済宗僧として修行したが、後にキリシタンへ転向したと考えられている。ハビアンの著作としては慶長十年に著述された『妙貞問答』が知られる。[3] キリスト教を擁護する立場から著された書物であるが、その教義のみならず、批判対象である仏教・儒教・道教・神道の教えをも整理して示している。ハビアンは『妙貞問答』において、神仏による救済を否定したが、慶長十三年に突如として棄教する。その後、元和六年（一六二〇）には、キリスト教を批判する『破提宇子』を著す。これは、長崎奉行の長谷川権六と末次平蔵の依頼によって記されたもので、将軍徳川秀忠に献上することが目的であったとされる。その内容は『妙貞問答』の内容を真逆の立場から論じるものであり、「思想的・宗教的発展は見られず、外面的・枝葉末節的なことに終始している」(4)と評される。その一方で、『妙貞問答』と向き合った書物として積極的な評価も行われている(5)。

キリシタンからの転向という点では、沢野忠庵（フェレイラ）も寛永十三年（一六三六）に『顕偽録』を著し、キリスト教の教理的矛盾を突いて批判している。ただし、忠庵は拷問の末に棄教しており、同書も幕府方役人の手が加えられている可能性が指摘されている(6)。

以上のことから、幕府のキリシタン政策との関わりで、反キリシタン書が作成されていることが確認できる。その関連は以降も続く。寛永十四年に島原・天草一揆が始まり、翌年に原城が落城し鎮圧される。島原藩は改易処分となり、山崎家治を藩主とする富岡藩による復興を経て、寛永十八年に幕府直轄領となる。初代代官には鈴木重成が任ぜられた。重成は荒廃した地域の復興を図りつつ、踏絵などのキリシタン統制政策を行った。そして、その一環として仏教による教化を行う。そのために呼び寄せられたのが、実兄である鈴木正三であった。天正七年（一五七九）生まれの正三は、徳川家康配下の武士として活躍するが、元和六年（一六二〇）に四十二歳で出家する。それ以前より禅に関心を示していたようであるが、出家後には戒律を学んだり、禅の修行を行ったりしている。天草に入って以降は、三二の寺院を建立し、寛永十九年頃にキリシタン批判を目的として『破吉利支丹』を著した(7)。これは、キリシタンの主張を九項目示し、それを論破することで、仏教や神道の正しさを主張する書物である。それを島原地域の寺ごとに納めたとされる。

正保二年（一六四五）に正三は天草を去る。その後、重成と正三の要請で、曹洞宗の僧が多く排耶活動を行う。

その一方で、臨済宗僧もこの活動に参画している。そのなかで、最も有名な僧は雪窓宗崔であろう。[8] 雪窓は天正十七年（一五七九）に豊後国直入郡で生まれたとされる。慶長四年（一五九九）十一歳にして浄土真宗の身正寺で得度して、臼杵の善正寺に移る。そして、慶長十八年に多福寺の了室宗密のもとに転じる。多福寺は臨済宗妙心寺派の寺院であり、雪窓は入寺直後から参禅の行脚にでかける。妙心寺や江戸などにおいて高僧と交流を結び、那須の雲巌寺にて大悟したとされる。その後、多福寺二世となる。寛永十年（一六三三）には妙心寺第一座となり、寛永十七年には後水尾天皇に召されて説法も行っている。正保三年（一六四八）には紫衣の勅許を受けるが、妙心寺を辞して多福寺に戻る。このような禅僧としての活動の一方で、元和八年（一六二二）には鈴木正三とともに法隆寺へ赴き、賢俊良永のもとで受戒していたと言われているように、戒律についても関心が深かったようである。

禅僧として修学に励んでいた雪窓がキリシタン批判を目的とした説法を行ったのは、多福寺に帰った翌年、正保四年のことである。長崎の興福寺において、五月六日から二八日までの二十三日間にわたって説法を行っている。長崎は豊臣秀吉による二十六聖人殉教の地であり、キリシタン追放の港であった。また、当時幕府はキリシタンは徒党を組んで国を奪うものととらえており、南蛮貿易の禁止とキリシタン禁制を厳格化していた。説法の舞台となった興福寺は、長崎三唐山の一つとしても知られる黄檗宗寺院である。当寺が選ばれた理由として、新たに諸堂が建立され寺観が整ったことだけでなく、唐寺へのキリシタン潜入に対する幕府の危惧が指摘されている。[9] このような状況の中で排耶説法が行われた意義は大きく、雪窓に対する幕府の期待の大きさが透けて見える。この説法の記録が残されている。それが『興福寺筆記』（以下、『筆記』）である。そして、その翌年に雪窓は、この説法の内容を整理して『対治邪執論』（以下、『論』）を著している。これは、幕府に提出するために著述されたものと考えられている。[10]

以上のように、近世初期において、反キリシタン書は幕府によるキリシタン禁制と関わりながら作成されている。公の性格を背負った書物ということができるだろう。そのなかで、仏教についてはどのように記述されるのか。禅の高僧として高い評価を得ていた雪窓の『筆記』と『論』の内容を検討していきたい。

二　『興福寺筆記』に描かれる仏教諸宗

『筆記』と『論』の内容については、大桑斉氏『『興福寺筆記』と『対治邪宗論』』において、詳細に検討されている[11]。それを参考にしながら具体的に内容をみていきたい。『筆記』は、正保四年（一六四七）五月に雪窓が行った説法を記録し、それを同年七月に本人が確認して序文を載せたものとされる。その内容は排耶説法であったと言われているが、実際は四次にわけることができる。第一次は反キリシタン説法で、そのなかでキリスト教と類似する教えとして浄土教系の宗派や法華宗をも批判する。それに対して、肥後の一向宗僧が反発をして説法を行った。これを論破するために行われたのが、第二次の一向宗批判の説法である。その後、長崎の町を七区分して二日ずつ反キリシタン説法をおこなったものが、第三次である。第四次は、その内容を批判した浄土宗大恩寺僧の説法を排斥しようとしたものである。すなわち、排耶説法の一方で、一向宗と浄土宗への論駁が行われているのであるが、どうしてこのような形式になるのか。それは、雪窓の仏教諸宗観が影響している。

『筆記』のなかの仏教諸宗に対する認識が表れている箇所を順に確認していく。まず、第一次の説法はキリシタン批判を目的としたものである。その冒頭で、「ゼンチョ談義」というキリシタンからの異教批判を掲載する。そのなかでは、次のように仏教を批判している。

先謗㆓仏法㆒曰。釈迦之宗、以㆑禅為㆓最上㆒。其伝法偈曰。法本法無法、仏法一切皆無見也。若一切無ナラハ、

何天地万物アラン。一切皆テイウスノ作ニテ、大因縁アル也。[12]

まず仏教は禅宗を最上として「一切皆無見」を説くとするが、それはすべてが「テイウスノ作」であることを知らないから、そのように言うのだと批判する。ついで、念仏宗と法華宗について、阿弥陀如来や釈迦如来を頼りにして、西方極楽浄土や常寂光土に生まれることを望むが、各仏は人間であり、各浄土は下界であると否定する。そして南都六宗については「世人不知」とし、天台宗・真言宗については「祈禱ヲ専トスル故、人不レ知」として相手にもしない。そのうえで、「只世人所知之宗ハ禅宗、念仏宗、日連（ママ）宗也。故ニ破二此三宗一令三人帰二己宗一」として、実際的には禅・念仏・法華しか社会への影響力がなく、この三宗を破すれば、人々はキリスト教に帰依するとの認識が示される。ここでは、南都六宗に天台・真言、それに禅・念仏・法華という計十一宗に言及するが、いわゆる旧仏教にあたる八宗は論外とされ、焦点化されるのは三宗のみである。『筆記』において、この議論の枠組みがもつ意味は大きい。この後、禅僧である雪窓の視点からの仏教批判も行われるのであるが、そこで議論されるのも禅・念仏・法華のみである。

その後、キリシタン教理の概要が説かれる。雪窓は、キリシタンの教えが劣ることを人々が理解できない理由として、仏教側の問題を指摘する。まず、仏教僧は「仏法勝外道劣之義理」を説かずに、「仮二天下制度威一」という状況であることを指摘する。すなわち、体制に寄りかかり、仏教が優れていることを主張できていないということである。それに次いで、「聞下浄土与二法華一相誹謗上。謂、仏法、只勝負之法乎」と述べる。浄土宗と法華宗がお互いに誹謗を行っているので、仏法が「勝負之法」として世間に誤解されているということである。浄土宗と日蓮宗の論争としては、安土宗論がよく知られている。天正七年（一五七九）に安土の町外れの浄土宗寺院浄厳院で日蓮宗僧日珖らと浄土宗僧貞安らによって行われたものである。また、慶長十三年（一六〇八）に江戸城で日蓮宗僧日経らと浄土宗僧廓山らが対論した慶長問答もある。いずれも浄土宗側の勝利に終わったとされるが、この記憶が雪窓ひいては世間にあったということであろうか。いずれにしても、雪窓はここで、浄土・法華に対する批判的立場を明確にするのである。

続いて、『筆記』ではキリシタンを批判していく。本論の主題と異なるため詳述は避けるが、大桑氏はキリシタン批判の基本的論点として「㋑専修性、㋺来世往生性、㋩仏の外在性、㋥疑似仏法性、㋭徒党性・侵略性」を指摘する。少しく説明を加えると、㋑は一神あるいは一経一論のみに依る点、㋺は死後に神の世界に生まれることを願う点、㋩は絶対的真理を自分の外にあるととらえる点、㋥はキリスト教の初祖が仏敵である六師外道の説を学んで創造主の概念を作り上げたとする点、㋭は徒党を組んで国を奪おうとする点ということになる。

このうち興味深いのは、㋥である。「六師外道」とは、古代インドにおいて、仏教以外の思想を信じ、仏教を誹謗する者のことである。『筆記』や『論』においては、キリスト教を外道ととらえる。しかし、このようにキリスト教を位置づけることは珍しく、たとえば、同時期に活躍した鈴木正三の『破吉利支丹』では、キリスト教は仏教の教えを剽窃したものとする。この違いは大きいと考える。「外道」という言葉は、単に仏敵を指す用語ではなく、そこから派生して、宗論などで同じ仏教内の異なる教義を批判するときにも用いられていた。そのため、キリスト教を「六師外道」と位置づけることによって、反キリシタン説法を仏教他宗への批判に接続することができるのである。

このように、雪窓はキリスト教を外道の系譜に位置づけることで、批判する仏教宗派を同じ枠組みに入れて併せて議論することを可能にしている。このような構図を設けて批判をするのは、念仏宗と法華宗である。次に、雪窓はそれらの宗派をどのように批判していくのかを確認する。

三　雪窓の浄土・念仏批判

まず、念仏宗については、次のように述べる。

今時念仏宗、向二西方一立二浄土一、頼二弥陀一口唱二名号一。依二此力一死後生二彼国一。取二如来随宜一法一、為二一定法一、縛二住諸人一、令レ起二執着一。

西方に極楽浄土があるとして、その地への往生を願い、称名念仏を唱えることを特徴としたうえで、これは如来が時宜に合わせておこなった説法を定法とすることで人々を縛っており、執着を起こさせる原因となっていると指摘する。

同じ論理で法華宗も批判する。

日連《(ママ)》宗、頼二釈迦多宝一、頂二戴法華一、口唱二題目一。依二此勲力一、死後生二寂光土一。雖レ然、不レ用二如説修行一、取二一経名一、縛二住諸人一、令レ長二情識一。

日蓮宗は、釈迦を頼みとして法華経を崇めてその題目を唱え、その功徳によって死後に常寂光土に生まれようとする。それが正しいとしても、修行に用いるのではなく、経名をとりあげて人々をその教えに縛りつけ、迷いの心を増大させている。このような内容である。

そして、この両宗の教えをキリスト教と対比する。

喜利志袒亦然。向レ外頼二天主一、依二口誦模様等力一、死後生二彼天一。教二一定法一、令レ起二執心一、為二己徒党一。浄土宗授二十念一作二吾宗徒一。一向唱二頼レ仏言一為二門徒一。日連《（ママ）》令レ頂二戴経一為二自己党一。外道頂上灌レ水以為二己徒一。是故、雷二同一律一、不レ分二沙金一。

キリシタンもまた、自らの外にいる「天主」を頼み、「口誦模様等力」を頼み、死後に天界に生まれることを求める。一つの教えによって執心を起こさせ、徒党を組む。このように、念仏宗・日蓮宗と同じ枠組みで批判をする。そして、それを確認するかのように、浄土宗は十念を授けることで、一向宗は他力を唱えることで、日蓮宗は法華経を頂くことで自らの集団を作るが、それは外道が灌頂を行ったものを仲間とすることと同じであると批判していく。この点をもとに、大桑氏は、「念仏・法華とキリシタンは、共に雪窓の批判する㋑専修性、㋺来世往生性、㋩仏の外在性、㋭徒党性において同一であるとさせるのである」とまとめる。

それに対して、雪窓が依って立つ禅宗については、次のように記す。

夫禅宗者、世尊始於二菩提樹下一、見二明星一成二無上覚一。其後於二霊山会上一、拈二一枝花一示二諸人天衆一。迦葉一人、破顔微笑会二其端的一。其後師子《（ママ）》相続不レ断。

釈尊は菩提樹の下で明星を見て悟った後、霊鷲山で花をひねって人々に見せたところ、迦葉一人がその意味を理解して微笑んだとする。いわゆる、「拈華微笑」であるが、それをもって不立文字・教外別伝という禅宗の基礎的な教えを示し、それが師資相承で今につながっているのだとする。さらに、その後、宋代成立の禅宗史書である『伝法正宗記』を引き、次のようにキリシタンなどとの違いを述べる。

具見二正宗記一、是故、達磨所伝之教外別伝・不立文字・直指人心・見性成仏是也。世尊一代説教、皆従二見星《（ママ）》悟道中一流出。故不レ参二此禅旨一者、不レ能レ解二教中奥意一。故禅宗度生之法、不レ依二一経一、不レ捨二諸法一、用二教中無量方便一、具二仏眼一、随二衆生根性一、令下其離二取着心一見中真如性上。

達磨が伝えた禅の教義である教外別伝・不立文字・直指人心・見性成仏をあげて、それらは釈迦から迦葉に伝わった教えであると位置付ける。そして、釈迦の教説は時宜にあわせて説かれたものであるとして、禅の教えを理解しない者は仏教を理解したことにならないと論じる。それ故に、禅は一つの経典に依らず、来世を望むものではなく、救済主を外に求めず、徒党を組むものでもないとする。また、その直後には、華厳経をひいて、「三界唯一心、々外無二別法一」と唯心を強調する。

このように、キリスト教を媒介としながら、それらと類似するものとして念仏宗と法華宗を批判し、逆にそれらとの相違点を明示することで禅の正当性を示しているのである。しかし、単に念仏宗や日蓮宗を否定するだけに終わらない。次のように、それらを禅によって包摂しようとする。

大聖釈迦、三界独尊、四生慈父、開二大悲門一、引二接衆生一。其法有二二途一。一代所説者為二教門一、霊山会上挙二拈花一者為二禅旨一。故曰、禅是仏心、教是仏語。又開二此二途一、為二禅律教一。迦葉了二達如来大覚円満心一者為二最上乗禅旨一、波離受二持如来大行荘厳跡一者為二清浄律儀一、阿難流二通如来大智開示法一者為二一代教門一。又於二此教門中一、有二大乗小乗殊三学五教品一。故曰、向レ外求レ法名為二外道一、釈尊度生法、万法唯心所レ生。

衆生を引接する教えは二つあり、釈迦在世中の所説は教門で、霊鷲山にて「拈華微笑」にて伝えられたものは禅であるとする。そのため、禅は仏心であり仏語である。そしてこの二つの教えは「禅律教」であるとする。禅教律とは、鎌倉・南北朝時代には共有されていた仏教観であり、それぞれ三学の定・慧・戒に相当する。そして、「禅」は禅宗、「律」は律宗、「教」は諸宗の教学を指す[13]。本文中にも、釈迦の十大弟子の名前を挙げながら、迦葉が深く理解した釈迦如来の心が禅であり、優波離が引き継いだ釈迦如来の行いが律であり、阿難が弘めた釈迦如来の法が教門であると位置づけている。そのうえで、この教門のなかには三学五教の教えが含まれているため、法を外に求めるのは外道であり、釈迦の教えはすべて心より生ずると説く。すなわち、念仏宗や法華宗の教義もまた、この教門に含まれるということである。

それに続けて、戒及び禅について詳述したうえで、この説法に関する記述を、「如レ是説時、信男信女、発二菩薩心一受二三帰五戒一者、一千五百二十人」と結んでいる。前述のとおり、雪窓は戒律についても関心が深く、南都で学んでいる。大桑氏は「雪窓は、排耶を防耶と理解し、その手段を五戒受持に求めたといってよい」とするが、首肯すべきであろう。

以上、『筆記』の宗派観に関わる箇所を検討してきた。雪窓は、キリシタンを批判する説法の中で、念仏宗・法華宗をとりあげて、共通点を指摘しながら併せて批判している。その一方で、禅を、念仏・法華の教えをも包摂する最上の教えとしているのである。それでは、排耶説法と念仏・法華批判は、どちらが主目的なのであろうか。これを考えるためには、この説法が行われた状況を踏まえる必要がある。

四　雪窓の説法の位置づけ

雪窓による説法の契機として、大桑氏は幕閣からの命を受けてのものと指摘したうえで、具体的には保科正之や松平乗寿、長崎奉行馬場利重、井上政重との関わりを推定する(14)。また、西村氏は清朝建国という時代の転換期において、幕府はキリシタン禁制を厳しく進めており、長崎奉行を後ろ盾とする雪窓の説法への期待は大きかったと述べる(15)。

『筆記』の内容を検討するためには、それに加えて、この当時の幕府の宗教政策も考慮にいれるべきであろう。江戸幕府は、慶長六年（一六〇一）に高野山の法度を定め、以降、元和二年（一六一六）までに宗や大寺院ごとに法度を公布した。諸宗内の紛争解決と幕府による統制を目的としたものと考えられ、寛文五年（一六六五）の諸宗寺院法度へとつながる。一方で、慶長十七年（一六一二）には、キリシタン禁制の一環として、棄教したキリシタンに寺請証文を書かせる寺請制度が始まり、これが寺檀制度へとつながる。これらの政策は、全体的には幕藩体制確立のなかで、仏教諸宗をも安定的に支配することを目指したものと理解されよう。

このような状況のなかで、キリシタン禁制とも関わる極めて公的な性格の強い法会において、禅僧が念仏宗と法華宗を批判した意義は大きい。雪窓の説法はキリシタン禁制のなかで実施されたものであり、キリスト教に対する否定的評価は必須であったと考えられる。すなわち、どのような論理であったとしても、キリスト教批判は、必ず行われるべきものであった。そのなかで行われた、念仏宗や法華宗への論難こそ、雪窓の隠された主目的なのである。雪窓の意図を明確に理解したからであろう。だからこそ、雪窓も第二次および第四次の説法において反駁しなければならなかった。しかし、念仏宗や法華宗への批判に終始しては、当時の幕府の仏教政策と合致しない。そのことを雪窓は理解していたため、改めて唯心説から、それらの教義を仏教の一部として位置づけ直し、共存する道を残したのであろう。このような雪窓の幕府の仏教政策への理解は、『筆記』と『論』の対比からも明らかとなる。

『筆記』のもととなる説法を行った翌年、臼杵多福寺に戻った雪窓は、その内容を編纂して『論』を執筆している。これは、幕府に提出された、さらに公的な性格の強い書物である。その特徴は、内容がキリシタン批判にしぼられている点にある。この『筆記』と『論』の差異について、大桑氏は雪窓がキリシタン資料を閲覧したと推定し、そのことに理由を求めている。[16] 一方で、西村氏は具体的に明末仏教の排耶論である『原道闢邪論』の影響を指摘している。[17] 思想的な展開に注目すれば、そのような指摘は注目すべきである。しかし、幕府に提出された書物であるという点が重要なのではないだろうか。

実は、『論』において、各宗派についての議論は、ほとんど行われていない。『筆記』でみられた念仏・法華批判の大部分は削られている。数少ない残存箇所である「初日談義」を確認しておきたい。[18] そこでは、キリシタンからの仏教批判として、南都六宗は盛んに信じられておらず、天台・真言は祈禱を修するばかりで、「愚痴男女」は宗の名を聞いたこともないと記される。その一方で、禅宗・念仏宗・日蓮宗は広く信仰を集めているとして、この三宗を論難していく。それに対して、雪窓は「評曰」としてコメントを記すなかで、特に阿弥陀如来はもとは人間であるとする説、極楽浄土や法界常寂光土を人間界とする説、この二説に反論しながら唯心説を述べていき、結局は念仏・法華を禅教律という枠組みで理解しようとする。

このような議論は『筆記』と同じであるが、仏教僧としてのキリシタン批判という枠内に留まる点が特徴であろう。なぜ、『論』はこのような内容になったのか。大桑氏は、雪窓の説法が一向宗や浄土宗からの反論をよんだという状況、そして南蛮貿易の禁止という時代状況を踏まえると、この改変は当然のこととする。[19] しかし、それでも、両宗への言及を避けるのではなく、それらを禅宗の認識である禅教律の枠組みで示すことには重視すべきである。『筆記』では、キリシタン批判と同じレベルで念仏・法華への批判を展開していき、最終的に唯心説から両宗を同じ仏教として包摂していくが、『論』では、あくまで両宗を擁護し、仏教諸宗の融和を示す形になっているのである。

なお、このような諸宗を対立的にとらえるのではなく、融和的にとらえる議論は中世からすでにみられる。たとえば、鎌倉時代後期に活躍した無住は、禅や密教を学んだ立場から、一宗一経への偏執を否定して、同じ仏教の教えとして諸宗の意義を認める。また、十六世紀半ばに作成された『酒飯論絵巻』では、酒好きの立場からの主張と、下戸で飯好きの立場からの主張が展開された後、それらを調停する議論が示されて終わる。それぞれ、念仏宗、日蓮宗、天台宗であると示されるが、天台教学に基づいて、諸宗がある現実を肯定する内容と評することもできる(20)。ここでの雪窓の論理展開も、このような見解の影響を受けている可能性を考えるべきであろう。

以上、雪窓の長崎での説法は、反キリシタン説法であるため、キリシタンを批判して禅教律の仏教に導くのが表向きの主目的であるが、その形式を借りた念仏宗・日蓮宗批判の説法ととらえるべきであることを論じた。しかし、それは諸宗を安定的に管理しようとする幕府の仏教政策とは異なるものであった。そのために、『論』では念仏・法華批判は削除されたのであろう。

おわりに

本稿では、主に雪窓宗崔が著した反キリシタン書の分析をとおして、彼が近世初期における日本仏教の枠組みをどのように認識していたのかを検討してきた。

まず、近世初期の反キリシタン書は幕府によるキリシタン禁制と関わりながら作成されている、公的性格が強い書物であることを確認した。そのうえで、主に『興福寺筆記』を分析して、十一宗によって日本仏教が成り立っていると認識しているが、念仏宗・法華宗そして禅宗のみを議論対象としていること、その念仏宗と法華宗をキリスト教と同じ枠組みに入れて批判していることを示した。その具体的な内容については、キリスト教との共通点を指摘することで念仏宗・法華宗を批判し、キリスト教との相違点を示すことで禅の優越を論じ、最終的には禅を念仏宗や法華宗をも包摂する最上の教えとしていることを示した。すなわち、排耶説法の形式をとるが、事実上は禅宗の立場からの諸宗批判が行われているのであり、そのなかで特に念仏宗と法華宗を批判しつつ、禅を最上と位置づけているのである。しかし、このような議論は、江戸幕府が構築しようとしていた宗教体制にはそぐわない。そのことを雪窓も理解しており、禅律教の枠組みによる諸宗の教義の包摂を図っているのであろう。

雪窓は日本仏教のうち禅を最上として、特に念仏宗と法華宗を批判的にとらえていた。このような宗派認識を、幕府の宗教政策の方針と交わらせながら明確に表明しているのが『筆記』なのである。近世初期において、他宗への批判を行う方法として、キリシタン批判という形式が借用されていることは注目すべきであろう。

近世初期の反キリシタン書は、幕府によるキリシタン禁制と宗教政策の確立という時代状況を如実に反映したものである。このようにみたとき、このような書物をキリシタン批判という枠組みのみで用いることは、その研究の可能性を縛ることにもなるのではないだろうか。江戸時代初期の宗教文化を明らかにするために、反キリシタン書のもつ世界を多角的に検討すべきであろう。

注

（1）圭室文雄『日本仏教史　近世』（吉川弘文館、一九八七年）。
（2）本節は全体的に海老沢有道「排耶書の展開」（日本思想大系『キリシタン書・排耶書』岩波書店、一九七〇年）を参考にしている。
(3)同書についてのまとまった研究として、末木文美士編『『妙貞問答』を読む』(法蔵館、二〇一四年)がある。
(4)海老沢有道「収載書目解題(破提宇子)」(前掲注2『キリシタン書・排耶書』)。
(5)釈徹宗『不干斎ハビアン　神も仏も棄てた宗教者』(新潮社、二〇〇九年)。
(6)前掲注2参照。
(7)鈴木正三についての近年のまとまった研究成果としては、加藤みち子『勇猛精進の聖—鈴木正三の仏教思想』(勉誠出版、二〇一〇年)、三浦雅彦『鈴木正三研究序説』(花書院、二〇一三年)などがある。
(8)以下の略伝は、大桑斉「第一章　伝記の検討」(大桑斉編『史料研究　雪窓宗崔　禅と国家とキリシタン』(同朋舎出版、一九八四年)による。
(9)西村玲「近世仏教におけるキリシタン批判—雪窓宗崔を中心に」(同著『近世仏教論』法蔵館、二〇一八年)。
(10)大桑斉「第三章　『興福寺筆記』と『対治邪執論』」(前掲注8大桑編著書)。
(11)前掲注10参照。
(12)『興福寺筆記』本文は前掲注8大桑編著書に収録されている翻刻を用い、句読点は私に付した。
(13)大塚紀弘「中世「禅律」仏教と「禅教律」十宗観」(同著『中世禅律仏教論』山川出版、二〇〇九年)。
(14)前掲注10参照。
(15)前掲注9参照。
(16)前掲注10参照。
(17)前掲注9参照。
(18)以下の『対治邪執論』の内容紹介は、前掲注8大桑編著書に収録されている翻刻をもとにしている。
(19)前掲注10参照。
(20)拙稿「宗論からみる『酒飯論絵巻』の特徴—第四段詞書を中心に」(阿部泰郎・伊藤信博編『『酒飯論絵巻』の世界』勉誠出版、二〇一四年)。

浄土僧幡随意による対キリシタン教化活動の歴史的位置

服部光真

はじめに

反キリシタン文学は、キリスト教排除政策を頸木とした近世日本を規定付ける社会的な思想形成の面において、重要な位置を占めていたと考えられる。(1)

しかしいうまでもなくこれら個々の作品の性格は一様ではなく、近世の各時期におけるキリスト教・西洋への理解や関心の所在を示すものとしても注目されている。菊池庸介は、仮名草子として出版された『吉利支丹物語』などに比べ、近世中期以降に成立する「キリシタン実録群」では民衆教化・排耶の指向が薄れるとともに、南蛮人描写が増加し西洋への関心の高まりがうかがえるようになると述べており、(2)南郷晃子も、十八世紀前半までに成立した『吉利支丹由来記』について、「正しい」キリシタンの「由来」の追求が志向されていることを指摘している。(3)一方、仮名草子の『吉利支丹物語』についても、杉山和也は、十七世紀半ばのキリシタンがなお現実的な脅威であった緊張下、キリシタンの知識を正確に伝える目的があったと主張する。(4)また同書については、阿部一彦により仏僧の堕落や松倉苛政への非難にみられるような「当代批判」の構想も読み取られている。(5)

これらの反キリシタン文学は、単にキリスト教批判のためにあったというばかりではなく、当代批判や、キリシタン・西洋文化という他者・他文化認識を深める媒体ともなっていたらしい。プロパカンダのための荒唐無稽なフィクションとして軽視することができないとすれば、個別の作品がいかなる立場の作者によって成立し、いかなる意図を持って流布されていったのかという点についての追究は、いっそうの重要課題となる。

こうした反キリシタン文学の成立との関わりで注目されるのは鈴木正三や雪窓宗崔、不干斎ハビアンら仏者の存在である。(6) 正三の『破切支丹』が寛文二年(一六六二)に刊行され、浅井了意『鬼理至端破却論伝』にその内容が物語化されて引き継がれるなど、反キリシタン思想の社会的形成に一定の役割を果たしていたことは間違いない。しかし、これら仏僧らによる反キリシタン文学・思想書の後世への影響は実際には濃淡あり、また、先述の通り『吉利支丹物語』には仏僧の堕落への批判があるなど、反キリシタン文学全体の担い手のなかに占める仏教・仏僧の位置付けについてはなお考えるべき点が多い。十七世紀半ばまでの時期は、仏教側も諸門流の競合を経て、近世的な本山を頂点とする宗派の確立期にあたり、各宗派・門流は各々の存在意義をアピールし、教義を再定義することを課題としていた。(7) 再編途上にあった仏教側の諸宗・諸門流にとっては、キリスト教との対決は社会的な存在感を示す上でも、また教義を再形成する上でも、小さからざる意義を持っていたと考えられ、こうした事情も考慮する必要がある。

本稿では、如上の問題意識を踏まえて、キリスト教に対して果たしていた仏僧の活動の意義、すなわちその役割や、後世への影響を明らかにするため、慶長十七年(一六一二)~同十八年の浄土僧・幡随意(一五四二または一五五一~一六一五)による九州有馬のキリシタンへの教化の一件を取り上げ、その実態と歴史的位置づけを検討したい。

一　史料状況と諸研究

幡随意（円蓮社智誉向阿白道）は、百万遍知恩寺三三世を勤めた近世初頭浄土宗の代表的な僧侶である。関東十八檀林の上野館林善導寺や江戸下谷幡随院の開山などとして知られるが、その生涯をたどりうる史料は必ずしも豊富ではなく、慶長十七年（一六一二）〜同十八年のキリシタンへの教化の一件についても一次史料は断片的である。しかし資・史料は少ないとはいえ、幡随意・キリシタンの双方の立場からの同時代史料をはじめ、高僧伝、反キリシタン文学、幕府や有馬家による歴史書、有馬・島原地方の地誌など、多種多様なテクストを得ることができるところにこの一件の特徴がある。幡随意・キリシタンの双方の立場からの同時代史料は複眼的な考察を可能とし、また編纂物や文学作品なども、個別資料の性格による描かれ方の相違や相互の影響関係を知る上での好個の素材ともなる。

ただしこうした資・史料の多様性ゆえに、これまで、キリシタン史、浄土宗史、有馬地域の宗教史、近世文学などの諸研究でそれぞれこの一件が取り上げられながら、各学問分野の枠を出て相互に諸研究が参照されることも少なく、したがってこれらの資・史料が総合的に検討されることはなかった。キリスト教を特殊・例外視せず、戦国期から近世初頭の宗教史全体の動向のなかに位置づけるべきとする近年の研究動向(8)を踏まえれば、改めて横断的な検討が必要であろう。

かつて中村元は、キリシタンの娘の亡魂を成仏させた「不焼ノ名号」説話や、熱心なキリシタン伴夢との宗論等の霊験譚を多く載せる宝暦五年（一七五五）刊『幡随意上人諸国行化伝』（以下『行化伝』と略記）によって、当時のキリスト教と日本仏教との対決の特色を論じた(9)。また、近年も根井浄が虚構性に注意を払いつつ、『行化伝』から幡随意によるキリシタン教化の特徴を読み取ろうとしている(10)。しかし、海老沢有道は、『行化伝』には、伴夢との宗論でバテレンが鏡を取り出すと幡随意が畜生道に墜ちた牛の姿で映し出されたという魔法の描写があり、そこには『南蛮寺興廃記』などの「元禄以降に作られた排耶俗書の物語」の影響も見られるとして、後世の作為を看取している。[11] この例を引くまでもなく、伝記類からはただちに史実を読み取ることはできない。あくまでも、近世中期段階のキリシタン像を語る資料として、あるいは高僧伝と「キリシタン実録類」などとの関係性を示す資料として注目するべきであろう。

その点、キリシタン史の海老沢有道、浄土宗史の宇高良哲の研究は、それぞれキリシタン、浄土宗のそれぞれの一次史料に基づいて幡随意の動向を検討しており、重要な成果である。[12] 次節からは、これらの研究に導かれながら、伝記類を相対化しつつ、同時代資料によって幡随意の対キリシタン活動の実相を探りたい。

二　幡随意の有馬下向

延享三年（一七四六）刊『幡随意上人行状』（以下『行状』と略記）によれば、幡随意が幕府に呼ばれ、九州への下向を命じられたのは慶長十七年（一六一二）のことである。「西洋の夷」が世辞を乱し人々を惑わせるという事態が深刻化しているとして、それへの対応を幕閣が評議した。そこで出されたのが「有道の僧」を派遣し、教化するべきという提案であった。徳川家康はそれに同意し、幡随意が指名されることとなる。家康から請われた幡随意は「たとひ命微《な》きも、吾儕《ごせい》固より宜しくこれを謂《い》ふべきところなり」「あえてただ命これ奉じ、以って萬分に報いんや」と了承すると、家康はその勇気を称えて軍扇と陣衣を幡随意に与えたという。その後、伊勢神宮に詣で、一七日の間祈ると、夢の中で神から阿弥陀如来像を授かり、翌朝現われた翁から夢で見たのと同じ阿弥陀如来像を受け取ったという。

これに関連して、『羅山別集』には羅山日記からの引用として、「子丑年」つまり慶長十七年か十八年に、幡随意が伊勢から「肥前有馬郡」に旅立ったことが書き留められており、同時代の記録として重要である。「肥前有馬郡」は正確には高来郡有馬であるが、「有馬郡」という表現もほぼ同時代の天正十五年（一五八七）豊臣秀吉朱印状(13)や、後述の「幡随意覚書」に用例がある。大名らの知行領域の相次ぐ再編によって郡域が流動的となっていたこの時代特有の認識を反映している可能性がある。『羅山別集』と「幡随意覚書」とで共通していることから、幡随意が派遣されたのは「有馬郡」であるというのが当時の共通認識だったのであろう。

この頃の幡随意書状が幡随院所蔵文書として知られている。(14)年月日や差出・宛所を欠くが、奥書によれば、これは山城国宇治大谷新田法乗寺開基大誉覚道が所持していた幡随意の自筆の書翰であり、弟子浄喜により元禄七年（一六九四）にもたらされ、修補して幡随院の什物となったという。

この書状で幡随意は、江戸神田の新知恩寺を建立し、そこを隠退したことを報じ、「然らば則ち鬼利子端とか謂う外道御払い、極老の役にて罷り越し仏意を演ずるべき由、上意に依り、不慮に罷下る。然りといえども病身老体の間、迷惑此事に候。落命程久しくあるまじく候間、十念御回向願い奉り候」と続けている。「鬼利子端とか謂う外道」の平定・教化のために、上意によって、思いがけず下向することになり、病身の老体で迷惑であると漏らしているのである。勇ましく九州下向を了承していた伝記類での姿とは異なり、実際には幡随意自身はこれに消極的であったようである。なお史料的な問題は残されているものの、本史料を所伝の通り幡随意の自筆書状とみて差し支えなければ、「鬼利子端とか謂う外道」という激しい表現も、キリシタンの仮名遣いなども含めて、一次史料に表われた同時代の仏僧による率直なキリシタン認識を示しており、貴重な事例となるだろう。

三　キリシタンへの教化の効果

同じく幡随院所蔵文書として知られる年欠二月四日の幡随意覚書(15)は、有馬下向中のものである。幡随意の署判があるが、宛所を欠いている。七ヶ条からなり、九州下向に際しての大坂からの道筋についての記述などとともに、次の一条がある。

> 一、皆々有馬郡はキリシタンにて、一円参詣聴聞と云う事もこれ無く候。若しくは宗旨に罷り成り候者六七十人御座候へども、布物・志と申す事これ無く候、

幡随意が派遣されている「有馬郡」はみなキリシタンで、幡随意のもとへの参詣や聴聞もない。教化が成功して浄土宗になった者も六、七〇人いるが、布施や志がない、と教化活動が難航していることが述べられている。年号は欠くものの、二月四日の日付から有馬滞在中の慶長十八年（一六一三）に比定できる。『行状』によれば、現地では三福寺に滞在し、伊勢で感得した阿弥陀如来像を祀り、家康から拝領した軍扇を手に執り、陣衣を漚多羅僧（上衣）にして昇堂し、説法したという。そして教化が成功し、有馬直純から寺地が与えられ、満字山観三寺（後の白道寺。有馬家の菩提寺で、同家の転封とともに、後に日向延岡、越前丸岡へと移転した）を建立したとされる。さらに『行化伝』では、先述の通り「不焼之名号」や伴夢との相論などの霊異譚が付加される。このように浄土宗側で作成された幡随意伝では当然のことながら幡随意の教化は成功したものとして描かれるが、幡随意自身が嘆いていたように実際にはそれはうまくいかなかったようである。

その点、同時代のキリスト教側の記録は、幡随意の教化活動が困難であった状況をより詳細に伝えている。京都下京教会の院長などを務めたイエズス会士モレホンによって著され、一六一六年にメキシコで出版された『日本殉教録』[16]には、「寺においても街路においても彼や彼の弟子に対して加えられた嘲笑侮蔑が甚だしかったので、憐れな幡随意は左兵衛（長谷川藤広）に不平を言った。何故なら名誉を受けるどころか全く信用を失うために連れて来られ

たからである。有馬殿が地位の高い人々の何名かを厳罰に処すれば他の者は恐怖心を抱くであろうと考えて有馬殿と協議し、八人か十人のキリシタンを殺しその妻子を公に焼き殺すことに決めた」とあり、幡随意によるキリシタンたちへの教化がうまくいかなかったばかりか、幡随意の名誉が傷つけられる程の事態となっていたため、幡随意から有馬直純やその後見人であった長崎奉行の長谷川藤広に対し、有力なキリシタンの処刑を提案したという。有馬直純のもとでの有馬での迫害や殉教の様子について詳細に報告する「セバスティアン・ヴィエイラのイエズス会総長宛、一六一三年度・日本年報[17]」や、一六二二年に長崎で殉教したドミニコ会士・オルファネールによる『日本キリシタン教会史[18]』も同様に伝えている。『日本キリシタン教会史』では、幡随意は「彼は異教徒の間では著名な学殖豊かな仏僧と見なされていたが、既に老齢、かつ頗る傲慢な人物であった。彼は己を知らぬ相手に対しては自己を誇示するため、その方は幡随意なる人の名を一度でも聞いたことがないのかという癖があった」とまで描写されており、幡随意にとっては散々である。

浄土宗・キリスト教の双方とも立場の異なる、『寛永諸家系図伝』の有馬直純譜では「仰せによりて浄土宗の沙門萬随意を高来の郡に招きて、其の法をひろめしむ、かるがゆえにきりしたんの邪徒みな変す、なを宗旨を変せさる者あれは、これを誅す」とあって、その教化が失敗したとははっきりと記されないが、教化されずに誅伐されたキリシタンがいたことを伝えている。『武徳編年集成』なども同様である。

一方、転封によって有馬家やその菩提寺とは無関係となる有馬地方で成立した『肥前国有馬古老物語[19]』では、「関東より幡随和尚といふ碩徳を申し請い、島中の人民を集め、一七日説法談義成され候へとも、一人も信心聴聞する者これなきゆえ、和尚仰せられ候は、何事を教化いたし候ても役に立たず」と、より率直に教化が失敗したことを伝えている。時代はやや下って十八世紀初頭にかかるが、島原藩の村井昌弘による『耶蘇天誅記』も同様である。有馬・島原地方では、有馬家や浄土宗に憚らず、幡随意によるキリシタンへの教化の失敗が伝えられていたのであろう。[20]

四　口之津キリシタンの存在形態

幡随意の教化と対決した有馬キリシタンたちの動向は、次の有馬領口之津のキリシタンの事例によって詳細にうかがい知ることができる。口之津衆の組には約六百名が加入し、いかなることがあっても棄教しないことを誓約して起請文を認めたという。[21]その起請文の一つと考えられているのが、次のバチカン図書館所蔵「組中連判状」[22]である。

組中　れん判

まん所　Mancio　峯彦兵衛

（以下、四一名連署略）

今度常土のちやう老下向ニ付而組中ニさまたけ於申来者、十類一命可奉捧覚悟候、この為証拠、てうす・はあてれ・ひいりよ・すひりつさんと、三ツのへるさうな御方ヲたてまつり候、仍而如件候

右之人数四十二人

慶長拾八年　　　口津

三月廿二日　　　浦中

「常土のちやう老」すなわち「浄土の長老」とあるのが幡随意のことで、その下向につき、信仰の妨げがあれば身命を捧げて抵抗する覚悟を「てうす・はあてれ・ひいりよ・すひりつさんと、三ツのへるさうな」すなわ

ち、父・子・聖霊の三位一体の神に誓っている。

当時のキリシタンたちは、「空しき誓いすべからず」[23]との戒を遵守し、中世以来の正統派仏教の支配思想に基づき国家体制・社会秩序の根幹を成していた起請文を拒否する一方で、デウスへの誓約を至上のものとしてきた。[24]そのキリシタンたちがここで棄教しないことを三位一体の神に誓約した意味は重いものがある。キリシタンたちは身命を賭して幡随意と対峙していたのである。

冒頭に「組中」とあり、差出には「口津浦中」とある。浦とは、海岸や湖岸などに位置した村落であり、十六世紀には刀禰―おとな百姓を中核とする自立的な浦惣中が形成されていたという。[25]口津浦は南蛮貿易港でもあり、一般の浦よりも大規模な港湾都市に近い存在であったと推察されるが、そのような場に自立性のある地縁的な共同体として「口津浦中」は成立していた。本史料に連判する「まん所」(マンショ)峯彦兵衛ら四二名は名字をもつ者も少なくなく、共同体の上層が中心であろう。こうした地縁的な共同体と重なるかたちで、決死の「組中」なる信仰共同体が形成されていたことになる。幡随意が教化するキリシタンたちの信仰は強い紐帯で守られていたのである。またそれゆえにこそ、幕府は、「念仏講」のような地縁性ある信仰共同体を捕捉し、各地に寺院を開創してきた実績ある浄土宗僧にキリシタンへの教化を期待したのであろう。

五　浄土宗史における幡随意の位置づけ

モレホン『日本殉教録』などのキリスト教側の記録も、幡随意が当時の日本の「異教徒」の間では高名の学僧であったこと自体は否定していない。

幡随意は、徳川家康と師檀関係を結んで、当時の浄土宗鎮西義白旗派で主流派を形成していた増上寺の源誉存応(観智国師)と、晩年は近い立場になっていた。[26]その浄土宗僧侶としての歩みを振り返ると、『行状』や『行化伝』などによれば、幡随意は相模玉縄の二伝寺の範誉義順上人のもとで出家得度し、鎌倉光明寺の奉誉聖伝に師事したとされており、当初から白旗派門資であったと伝えている。

一方で、『浄土列祖伝』[27]や『浄土鎮流祖伝』所収「武江幡随院幡随上人伝」[28]などでは、紀伊和歌山万性寺で出家得度し、京都百万遍知恩寺三一世の岌興善心に師事し嗣法したことを伝えている。[29]『行状』『行化伝』とは異なる所伝を載せるのである。

この時期の幡随意に関する同時代史料を欠くため両説の当否は決しがたいが、永禄十二年(一五六九)の範誉義順から幡随意への浄土宗僧伝爾書之写について宇高良哲が後世の創作である可能性を指摘している点や、後者の説を唱える『浄土列祖伝』(宝永二年(一七〇五)刊)や『浄土鎮流祖伝』(正徳三年(一七一三)刊)などが、『行状』や『行化伝』などよりも成立年代の古い僧伝である点は注意される。

幡随意の嗣法の師が百万遍知恩寺の岌興善心であるとすれば、幡随意がもとは藤田派門資であったとする説が改めて注目されよう。[30]藤本顕通によれば、百万遍知恩寺住持職は天文十二年(一五四三)に後奈良天皇の勅命で入院した二七世の笈翁以来、藤田派僧が占めていた。[31]三一世が後者の説で幡随意の師とされる岌興、三二世は前者の説で幡随意の師とされる奉誉聖伝である。そして藤田派から白旗派に帰属した幡随意が知恩寺三三世住持となることで、知恩寺や末寺の藤田派寺院がスムースに白旗派に転派することが可能となったという。白旗派の拠点寺院光明寺の住持も歴任している三二世の奉誉の位置づけなどなお理解の難しい点は残るが、幡随意が知恩寺の白旗派への転派を推し進めたという説自体には妥当性があるように思われる。幡随意は、浄土宗鎮西義のなかで諸門流が競合するなか、近世初頭にかけて白旗派が他門流を圧倒していく過程の渦中にあった浄土僧だったのである。

このような幡随意の当時の浄土宗における位置づけを考慮するならば、幡随意が有馬に派遣されたのは、浄土宗の門流間の競合のなかで、存応の近くにあって、白旗派の教線拡大の最前線を担っていたということの延長上に位置づけることが可能であろう。ただし、一方で宇高が指摘するように、幡随意は特別な家柄の出身でもなく、また有力檀越をもっていたわけではない。(32) 源誉存応と近い関係にあったという点についても、存応に圧倒されてその支配下に入ったという見方もある。(33) もともと藤田派僧であったかどうかはわからないが、その場合は白旗派にとっては新参、外様的な存在ということになる。いずれにせよ浄土宗白旗派内での幡随意の政治的立場は存外に弱く、それゆえに自ら言うように「不慮」のことであっても、キリシタンとの厳しい対決という最前線に送り込まれることを拒むことはできなかったのであろう。この一件は中世末期から近世初頭にかけての仏教側の諸宗における教団形成の動向とも不可分に位置づけられるのである。

むすびにかえて――近世高僧伝と反キリシタン文学

以上、海老沢有道や宇高良哲らの研究に導かれながら、幡随意の生涯を見当する上で基本資料とされてきた僧伝を相対化しつつ、できるだけ同時代史料に基づいて幡随意のキリシタンへの教化の実相とその背景を検討してきた。慶長十七年（一六一二）に幕府から「不慮」に幡随意に命じられた有馬下向とキリシタン教化は、地縁性のある自立的な信仰共同体の抵抗を前に立ちゆかなかったこと、幡随意は諸門流との競合のなかで念仏講などの同種の性格をもった地縁的信仰共同体を捕捉して各地で寺院を開き、最終的には浄土宗白旗派の教線拡大の最前線を担ってきた実績があったからこそ、その白羽の矢が立ったであろうことを指摘した。

最後に論じ残した点として、『行化伝』にみられるような近世中・後期以降の幡随意伝承の位置づけについて触れておきたい。

『行化伝』については、浅井了意の『伽婢子』からの影響も指摘され、堤邦彦により、了意、鈴木正三ら仏者の仮名草子に端を発する「近世仏教説話」の大枠のなかで位置づけが検討されるべきと主張されている。[34] キリシタンの要素に注目すれば、幡随意の九州下向中におけるキリシタン伴夢との問答の場面については、海老沢有道によって『南蛮寺興廃記』など反キリシタン文学からの影響が指摘されていることは先述の通りである。また、横山邦治は、文化元年（一八〇四）刊『祐天上人一代記』について、その扮本の一つに『行化伝』が用いられていることを明らかにするなかで、島原・天草一揆の天草時貞・森宗意軒のもじりである「七艸燕時隆・郡薮因軒」の妖術を継ぐ竜海と、『行化伝』の伴夢とが対応関係にあることを指摘した。[35]「キリシタン実録類」から『行化伝』を経て、『祐天上人一代記』へと、敵役・妖術使いとしてのキリシタンの要素が受け継がれているのである。

菊池庸介によれば、『吉利支丹物語』や島原・天草一揆を描いた版本の仮名草子作品は、政治情勢の推移や享保の改革による出版取締令の影響で出版が憚られるようになり、代わって写本のかたちで「キリシタン実録群」が流布していったという。[36] このような状況下、俗化した高僧伝は版本として板行されて大々的に流布された。これらは十八世紀以降の社会におけるキリシタン知識の源泉として小さからざる位置にあったと考えられる。

注

（1）服部光真「キリシタン文学・反キリシタン文学の社会的意義」（『説話文学研究』五九、二〇二四年）。
（2）菊池庸介『近世実録の研究』（汲古書院、二〇〇八年）。
（3）南郷晃子「『吉利支丹由来記』の検討」（『説話文学研究』五九、二〇二四年）。
（4）杉山和也「『吉利支丹物語』に於けるキリシタン」（『説話文学研究』五九、二〇二四年）。
（5）阿部一彦「仮名草子とキリシタン思想（一）」（『淑徳国文』二一、一九七九年）。
（6）大桑斉『史料研究　雪窓宗崔』（同朋舎出版、一九八四年）、末木文美士編『妙貞問答を読む』法藏館、二〇一四年）、西村玲『近世仏教論』（法藏館、二〇一八年）など。

(7) 前掲注1服部光真「キリシタン文学・反キリシタン文学の社会的意義」。
(8) 神田千里『宗教で読む戦国時代』(講談社、二〇一〇年)、川村信三『戦国宗教社会=思想史』(知泉書館、二〇一一年)、仁木宏「宗教一揆」(『岩波講座日本歴史　第九巻　中世四』岩波書店、二〇一五年)など。なお服部光真「キリスト教の受容と戦国期の民衆」(上川通夫・川畑博昭編『日出づる国と日沈まぬ国』勉誠出版、二〇一六年)も参照。
(9) 中村元「浄土教とキリシタンとの対決」(『中村元選集〔決定版〕別巻五　東西文化の交流　日本の思想Ⅰ』春秋社、一九九八年)。
(10) 根井浄「有馬島原に派遣された幡随意上人」(『嶽南風土記』一八、有家史談会、二〇一一年)。
(11) 海老沢有道「幡随意上人と伴夢との相論」(『地方切支丹の発掘』柏書房、一九七六年、初出は一九六五年)。
(12) 海老沢有道『キリシタンの弾圧と抵抗』(雄山閣出版、一九八一年)、宇高良哲「神田新知恩寺開山智誉幡随意」(『近世初期浄土宗の群像』青史出版、二〇二一年、初出は二〇二〇年)、『近世浄土宗教団の足跡』(浄土宗出版、二〇一五年)など。なお幡随意の前提に島原地域での運誉の教化活動を見出した根井浄の研究もその位置づけを考える上で重要である(「キリシタン伝来と有馬・島原地方の寺院」〈『日本歴史』四二七、一九八三年〉、『修験道とキリシタン』〈東京堂出版、一九八八年〉、「浄土僧のキリシタン誨諭活動」〈『印度學・佛教學研究』三六‐二、一九八八年〉、「浄土僧のキリシタン改宗施策」〈『嶽南風土記』一六、有家史談会、二〇〇九年〉)。
(13) 鍋島家文書(『佐賀県史料集成　古文書編』三)。
(14) 「智誉書状」(萩原龍夫・杉山博編『新編武州古文書』上、角川書店、一九七五年、八九頁)。
(15) 「白道覚書」(前掲注15『新編武州古文書』上、九〇頁)。
(16) 佐久間正訳『日本殉教録』(キリシタン文化研究会、一九七三年)、五四頁。
(17) 松田毅一監訳『十六・七世紀イエズス会日本報告集　第Ⅱ期第2巻』(同朋舎出版、一九九六年)。
(18) 井手勝美訳『オルファネール　日本キリシタン教会史　一六〇二―一六二〇年』(雄松堂出版、一九七七年)。
(19) 『続々群書類従』一二所収。
(20) 「キリシタン実録群」の『吉利支丹由来記』では幡随意が霊巌に置き換えられているものの、『肥前国有馬古老物語』などに近い内容である。浄土宗系の僧伝に説かれる伝承とは異なる系譜があったということであろう。幡随意を霊巌に置き換えた理由は定かではないが、霊巖の滞在先を伊予とし、霊巖を連れて来た人物を「山崎長門守」とするなど、この場面では固有名詞にあえて虚構を用いた可能性がある。

(21) 前掲注12海老沢有道『キリシタンの弾圧と抵抗』一八五頁。

(22) 松田毅一「在欧日本文古文書三通」（『キリシタン研究　第二部論攷編』風間書房、一九七五年）、前掲注12、根井浄「浄土僧のキリシタン改宗施策」。本稿ではバチカン図書館のデジタルアーカイブ（DigiVatLib）で画像を閲覧し（Shelfmark: Vat. estr. or. 33）、翻刻を一部訂正した。

(23) 『妙貞問答』下巻（『日本思想大系二五　キリシタン書・排耶書』岩波書店、一九七〇年）。

(24) 前掲注8服部光真「キリスト教の受容と戦国期の民衆」、同「Influences on the Propagation of Christianity to the Ruling Order of Japan during the Transition from the Middle Ages to the Early Modern Period: A Focus on Pledges to the Shinto Deities and Buddha」（『日本イベリア関係史：時空をこえる16世紀から現在』ミーニョ大学、二〇一九年）。

(25) 春田直紀「浦から見た中世の地域社会」（大山喬平・三枝暁子編『古代・中世の地域社会』思文閣出版、二〇一八年）。

(26) 玉山成元『中世浄土宗教団史の研究』山喜房佛書林、一九八〇年、四一〇頁）、前掲注13宇高良哲『近世浄土宗教団の足跡』一一八頁など。

(27) 『続浄土宗全書』一六、五一九頁。

(28) 『浄土宗全書』一七、四一七頁。

(29) 吉水英喜「幡随意上人略伝及び伝記類にみられる諸説について」（『共生文化研究』二、東海学園大学共生文化研究所、二〇一七年）。

(30) 大橋俊雄『法然と浄土宗教団』（教育社、一九七八年）一七一頁、藤本顕通「近世初頭浄土宗藤田派僧の活動」（『印度學佛教學研究』三六-二、一九八八年）。

(31) 藤本顕通「中世末期の浄土宗藤田派僧の活動」（『印度學佛教學研究』三四-一、一九八五年）。

(32) 前掲注13宇高良哲「神田新知恩寺開山智誉幡随意」。

(33) 前掲注27玉山成元『中世浄土宗教団史の研究』、四一〇頁。

(34) 堤邦彦「近世高僧伝と実録のあいだ」（『江戸文学』二九、二〇〇三年）、同「江戸の高僧伝説」（『京都精華大学紀要』二六、二〇〇四年)。

(35) 横山邦治「「幡随意上人諸国行化傳」と「祐天上人一代記」と」(『国文学攷』四五、一九六八年)。

(36) 菊池庸介「キリシタン実録群の成立(一)」(前掲注2『近世実録の研究』所収)。

善と悪の葛藤

——十六、七世紀の日本と中国におけるルキフェル説話の展開

呂雅瓊

ルキフェルは、キリスト教の悪の化身である。その名前は『新約聖書』に由来し、中世後期以降、悪魔の名として広まった(1)。キリスト教の伝承では、ルキフェルは神によって創造された天使の長であったが、神に反逆して地獄に堕とされたとされる。

十六世紀以降、ルキフェルの堕落を描く説話(以下、「ルキフェル説話」)は宣教師によって東アジアに伝えられた。本稿は、日本と中国におけるルキフェル説話の受容と展開を探り、キリスト教と東アジアの信仰との交渉の実像を考察する。

一 善と悪の表出——ルキフェル説話の日本への伝来

一五四九年、フランシスコ・ザビエルが日本にキリスト教を伝えた。フロイス・ルイス『日本史』(一五八三～九三)によれば、日本宣教の最初期から、宣教者たちは既に日本人にルキフェル説話を語っていたことがわかる。その説話の内容は、イエズス会巡察使のアレッサンドロ・ヴァリニャーノ編『日本のカテキズモ』に詳細に記されている。

本書は、教理問答師と神学生のために編纂された、日本宗教を批判してキリスト教の教理を解説する文献で、日本で初めてルキフェル説話の全貌を示した重要な資料である。日本語写本（一五八一）とラテン語刊本（一五八六年刊）があり、日本語写本は一部しか現存していないが、その中にルキフェル説話が含まれている。ラテン語刊本から、本書は二巻構成であり、第一巻では日本諸宗教を批判しつつキリスト教の伝承を紹介し、第二巻ではキリスト教の誡命、秘蹟、四終（死・最後の審判・天国・地獄）を扱っていることが確認できる。ルキフェル説話は本書の第一巻に配置されており、天地創造と人間の堕落を繋げる役割を果たしている。

『日本のカテキズモ』におけるルキフェル説話

『日本のカテキズモ』に拠れば、物語は、神が多くの天使を創造し、彼らに知性など多くの恩恵を恵むことから始まる。しかし、神はすぐに天使たちに永遠の至福の位を与えず、まずは「軽キ御法度」を以て彼らの従順を試す。この法度とは、天使たちは神が自らの創造者であることを認識し、神を敬い、奉仕することで、自らの力では得られない快楽や栄光を神から授かるとのことである。

天使の長として創造され、殊に麗しく輝いていたルキフェルは、自分に永遠の栄光がふさわしいと思い込み、傲慢に陥る。神がその恩典を未だ与えないのは不当だと考え、心に神への遺恨を抱くようになる。そして、遂に他の天使たちをもそそのかし、神に対して反旗を翻す。

これに対し、神はルキフェルと彼に与した、「慢心ヲ越シタル程ノ」天使たちを天から地獄へと追放する。その後、ルキフェルとその仲間は地獄で終わりなき大苦患を受けることとなる。ルキフェルはかつての燦々たる風姿も失い、想像できない程の見苦しい姿となる。これが即ち「日本ニ天狗、魔、外道ト云ヘル者」だ、とされる。ルキフェルは、神に抗い、敗北した「鎖ニテ搦メラル犬」のような存在となる。物語は善と悪の対立を描き、悪が最終的に善に敗れる構図を提示するが、語りの焦点は終始悪のルキフェルに置かれている。物語に登場するルキフェルは傲慢や執念、怨念の塊である。遺恨、高慢、逆心、大狼籍といった、激しい感情を込めた言葉が織りなす濃密な描写によって、悪逆非道のルキフェルのイメージが読者の胸に刻み込まれる。このような存在であるがゆえに、世界初の悪行を成し、地獄で如何なる苦しみを受けようとも、後悔は微塵もないのであろう。

「天使」と「アンジョ」

ルキフェルは元々「天使」であり、堕落後は「悪魔」となる。その前後の状態を示す「天使」と「悪魔」という重要語彙の表現を確認したい。

本書では、「天使」は「アンジョ」と表記される。「アンジョ」は、ポルトガル語の「Anjo（天使）」に由来し、その発音を表記したものである。一方、「悪魔」は、日本の「天狗、魔、外道」と同一視されており、ルキフェル説話に続く人間の堕落を描く「楽園喪失物語」の部分では、ルキフェルを「天狗」と称している。即ち、「天使」に関しては原語の発音を表記する「原語主義」、「悪魔」に関しては日本語の相応する語彙を用いる「翻訳主義」がそれぞれ採用されており、対概念の表現に異なる方針が用いられている。

「天使」が日本語の語彙に置き換えられず、「アンジヨ」のまま使用された背景には、一五五二年に来日した宣教師のバルタザール・ガゴによる用語改革がある。初期の宣教師たちは、日本の宗教語彙を借りてキリスト教を伝えていたが、これが日本人に誤解を招くことを懸念したガゴは、用語を変更する方針を打ち立てた。[2] 具体的には、重要な用語に対して、日本語の語彙を用いず、ポルトガル語またはラテン語の発音で表記する方法であった。

仏教語の「天人」と表現されていた「天使」もその改革の対象であった。「天人」と「天使」の違いは、翼の有無の違いだけではない。カミロ・コンスタンチオによると、さらに重要なのは、仏教の「天人」は輪廻に制限され、非人格的な絶対者の幻像であり、人格的かつ霊的存在であるキリスト教の「天使」とは根本的に違うことである。(3) 従って、「天使」も原語で表記されることが決まった。(4)

しかし、このような方針が定められた後も、宣教者の文献に「天使」を「天人」と表記する例が見られるし、日本人も「天人」を通して「天使」を理解していた。例えば、禅僧の雪窓宗崔は『対治邪執論』(一六四八)において、漢訳仏典の『最勝王経』を踏まえてキリスト教教理を解釈し、「諸の梵衆を改み、安助と名付く」と、キリスト教の「天使(安助)」を「梵衆」、即ち「天人」を改めて作り上げた概念とする。また、新井白石は『西洋紀聞』でも類似したことを述べている。

「悪魔」と「天狗」

キリスト教の「悪魔」の用語として、宣教者たちが何故、「天狗」を選んだのか、その要因を直接に示す資料は見当たらない。先行研究は日本の「天狗」とキリスト教の「悪魔」との類似性から、「天狗」を「悪魔」とする合理性を検証した。日本の「天狗」は反仏法・反王法の存在であると同時に、善の側面もあり、怒りやすく執心や慢心があり、飛行や変化の能力を備える。(5) これらの特徴は、キリスト教の「悪魔」と一致する。

特に「天狗」が「仏」の姿で現れる性質は重要である。(6)『日本のカテキズモ』の日本語写本には、以下の記述が見られる。

彼悪ニ極マリケルルシヘルヲ先トシテ其一党ノアンジヨ、イツマデモ天ヨリ払ラハレ、彼悪所ニ於テ苦患ニ

> 責メラルルト見テ、弥我慢ニ極マリ、Dsヨリ無理ヲシカケ玉フト思イテ敵対奉リ、無念、口惜キトノミ思フ瞋恚ニヨテ、叶程ハ、Dsヘ対奉リ背キ奉ル事ヲ致スナリ。去バDsノ御体ニ対シ奉テハ、何事モ相叶ザレバ、人間ニ対シ、悪トタバカリ事ヲ以テDsヲ遠去セ奉リ、見知リ仕ヘ奉ル事ヲ妨ントスルナリ。

ルキフェルとその徒党は地獄に追放された後、神の処罰が不当だと感じ、ますます狂気に陥る。彼らは神に敵対することを望むが、それができないため、人間を神から遠ざけるために悪事を企む。その悪事の代表例が、アダムとイブに禁断の果実を食べさせることであった。

しかし、悪魔の悪行は人祖の楽園追放で終わらない。『日本のカテキズモ』のラテン語刊本によれば、ルキフェルたちは人間をさらに神の「真の知識・礼拝・宗教」から引き離すため、人間が作った偶像に入り込み、託宣を与え、自分が神であることを信じさせる。そして、悪魔は「カミ」「ホトケ」を導入し、神仏に関する虚しい物語を作り、遂に日本を偶像崇拝に引き込んだのである。

このような考え方は『妙貞問答』にも確認できる。同書で修道女の幽貞は「愛宕ノ地蔵ナド云ハ、皆々天狗ノタダ中ニテサフラフゾ」とし、愛宕の地蔵の中に「天狗」がいると語った。言及された愛宕山は京都の北西部に位置し、古くから修験道の聖地とされ、天狗が棲むと考えられていた。「愛宕の地蔵」とは、十五世紀後半以降に現れた、愛宕神と習合された勝軍地蔵を指す。この地蔵は甲冑と武具を纏う異形の仏で、軍神として信仰されている。十六世紀中葉以降、愛宕地蔵信仰は日本各地に広まり、爆発的に信仰されるようになる。[7]

ここで、愛宕山という天狗が集まる著名な場所を挙げることによって、「天狗」は単なる訳語ではなく、中世日本の実体として流通する「天狗」とキリスト教の「悪魔」が二重写しになっていると考えられる。[8]さらに、ルキフェルが日本の偶像に入り込むというキリスト教の考えは、そのまま日本の「天狗」に適用され、「悪魔」と他の無数の像を引き入れ」ていた。中国も、その「他の地方」の一つである。さらに、「悪魔」は日本で「天狗」という名で偶像崇拝を起こしただけではなく、「また世界の他の地方には、なく、実際に宣教者たちに「悪魔」として見なされていたと考えられる。「天狗」が同一視されたのである。つまり、「天狗」は日本の仏教を批判するために用いられた異文化の言葉[9]では

二　善の表象に潜む問題——ルキフェル説話の中国への伝来

一五五一年、ザビエルは日本を去り、翌年ゴアに着いた。彼は中国への布教を強く望んでいたが、志半ばで亡くなった。一五八三年、同じイエズス会のミケーレ・ルッジェーリとマテオ・リッチが許可を得て、広東の肇慶に居住し、そこで教会を建てた。ザビエルが夢見た中国での布教は、ようやく実現した。

一五八四年、最古の漢文キリスト教書が上梓された。その書名は『天主実録《てんしゅじつろく》』で、編者はルッジェーリである。本書はヴァリニャーノの確認を経て刊行され、中国のみならず、ベトナム・朝鮮・日本などの漢字・漢文文化圏の諸国で受容された[10]。さらに、フィリピンで刊行された漢文天主教書にも直接な影響を与えたとされている[11]。最初に中国語でルキフェル説話を語ったのは、この『天主実録』に他ならない。

『天主実録』におけるルキフェル説話

『天主実録』は、キリスト教の僧侶と教えを乞う中国人との間で交わされた問答形式を採り、キリスト教の神論、創造論、霊魂論、救済論、信仰生活を議論する全十六章からなる。ルキフェル説話は創造論の一部であり、神に創造された天使と人間の問題を扱う第五章「天人唖噹《ヤダン》章」に配置されている。

この章において、キリスト教の僧侶は、天使と人間はいずれも神の被造物であるが、天使は純然たる霊的存在

であり、人間は霊魂と肉身を兼ね備えた存在であると語る。従って、天使は人間よりも優れており、神は天使を遣わし、人間を善に導くよう命じる。天使の数は非常に多く、生者と死者を合わせた数よりも多いとされる。この説明を受けた中国人が、これらの天使は全て天国にいるかと尋ねると、僧侶はルキフェル説話を語り始め、天国から追放された天使もいることを伝えた。

僧侶によれば、神が天使たちに対して、自らの分際をわきまえ、それに安んずるよう命じたところ、ルキフェルは自らの「聡明さと美貌」を顧みて、天使たちをそそのかして神への反乱を企てた。これを知った神は、ルキフェルらを天国から追放し、悪魔としたという。

『天主実録』におけるルキフェル説話は、『日本のカテキズモ』と比べてかなり簡略化されている。説話の骨子は変わらないが、感情を揺さぶる繊細な描写や力感に溢れた表現が見られない。典型的な例として、ルキフェルが傲慢になる過程に関する記述が挙げられる。『日本のカテキズモ』では、ルキフェルは自らを観察し、誇りや栄光への渇望が湧き上がり、そこからまだ栄光を与えてくれない神への恨みが爆発するという心理変化が丁寧に描かれている。これに対して、『天主実録』では、ただ「甚だ是れ聡明美貌にして、尤も衆天人に異なる」と淡白にルキフェルの風采に触れ、やや唐突にルキフェルの反乱への呼び掛けへと話を進めている。

その結果、神とルキフェルとの対立や、悪の根源としてのルキフェルといったルキフェル説話から表されるメッセージが伝わるものの、『日本のカテキズモ』と比べて『天主実録』のルキフェル説話は文学性において劣っていると言える。しかしながら、中国語で最初にルキフェル説話を紹介した意義は損なわれることなく、ルッジェーリが模索した文体や用語は、その後の漢文キリスト教文献にも影響を与え続けている。

変幻自在の「魔鬼」

ルッジェーリは『天主実録』において、中国の宗教語彙を用い、キリスト教の概念を表している。ルキフェル説話のキーワードである「悪魔」は、「魔鬼」「悪鬼」「邪神」「魔」と表されており、その中でも「魔鬼」が最も頻繁に使用されている。「天使」の漢語表現は「天人」で一定している。

「魔鬼」とは、「人を害する悪鬼」のことを指す（『漢語大詞典』）。「魔」はサンスクリット語 māra の音写で、修行中の釈迦を誘惑し、その悟りを妨げようとした魔王の名前である。「鬼」の本義は人が死んだ後の魂である。これらの語は古くから使われているが、両者を組み合わせた「魔鬼」は、漢訳仏典の竺法護訳『漸備一切智徳経』（二九一～七）に初めて見られ、迷う衆生は「魔鬼心にあり、仏心を遠ざく」という[12]。

宣教師が中国に進出し始めた明の時代になると、「魔鬼」は仏書や道書はもちろん、俗文学にも多くの用例が見られ、罵言としても用いられ、一般的な用語となった。その基本的な意味は、人々を惑わして害し、正法に仕える者を恐れ、それによって征服される存在である。これを踏まえ、ルッジェーリは「魔鬼」を選び、「悪魔」を表したのであろう。

また、『日本のカテキズモ』や『妙貞問答』と同様に、『天主実録』でも、神仏の霊験を「魔鬼」の仕業とする。その記述は、人々がキリスト教の神を知らずに他の存在を神と誤認する原因について解釈する第三章「解釈世人冒認天主」に見られる。この章で、僧侶は多神論や自然崇拝を否定した後、仏教を批判し、仏教の経典は信じるべきではないと述べる。これを聞いた中国人は、釈迦や弥陀の霊験の原因を尋ねる。僧侶はそれが「魔鬼」の所為であると答える。

上古の時、人甚だ愚直にして、天主を識らず、世人の略《ほぼ》威権有るを見るや、其の死後に及びて、則ち其の貌像を立て、之を祠宇に置き、以て思慕の跡と為す。其の年久しくして、或いは人香を進め紙を献じ、以て祈福の基と為す。魔鬼、人を迷はし、悪を為すことを欲するに因りて、故に神廟に居り、以て世人の祈求に応ず。夫、人の邪神を敬奉せば、其れ既に死するに及び、則ち魂霊は地獄に墜ち、魔鬼の使役せらるる所となる。此れ乃ち魔鬼の幸なり。

（私訓、以下同じ）

人々が祀る偶像は、元々生前に権威を持っていた死者の像であるが、やがてその由来を忘れ、それに幸福を願うようになる。そこで、「魔鬼」は人々を惑わすために偶像に入り込み、彼らの願いに応える。「魔鬼」が操る「邪神」を敬う者は、死後その魂が地獄に堕ち、「魔鬼」の奴隷となる。これは「魔鬼」にとって願ってもないことである。

ルキフェル説話が直接に言及されていない。しかし、僧侶が語ったルキフェル説話の結末に「天人、常に逐わるる恨みを懐き、故に世人を迷誑し、非を為さしめ、悪を作らしむ。人の死後に及び、即ち魂霊を拘え、地獄に進め、以て伴侶と為す。此れ乃ち魔鬼の幸なり」とあり、前記の引用文の傍線部分と同文性が高い記述が見られる。これを踏まえて、ルキフェルが堕落後に追放されたことを恨み、人々が死後に自らの仲間となることを好都合とするため、「魔鬼」が人間を惑わして悪事を働かせ、偶像崇拝もその手段の一つであると理解できる。

中国の偶像の中に、ルキフェルを首領とする「魔鬼」が潜んでいるという考えは、『天主実録』によって初めて紹介され、『天主実義《てんしゅじつぎ》』や、キリスト教の教理を詮ずるディエゴ・デ・パントーハ『龐子遺詮《ほうしいせん》』など、その後のキリスト教文献にも取り上げられる。さらに、宣教師は実践においても、こうした観念をもとに行動していた。明の稗史を記す文秉『烈皇小識』によれば、信者が入信する前に、宣教師はまず「汝の家に魔鬼有りや否や」と尋ね、「有れば則ち取りて来たれ」と命じる。ここの「魔鬼」は、「即ち仏なり」。信者の持って来た仏像は教会で砕かれ、焼かれてしまった、という。

「天人」よりも「天神」

キリスト教の「天使」は「天人」と表されている。『天主実録』はヴァリニャーノの確認を受けたものであるが、「天人」という用語が廃止され、原語で表記するという決定事項が共有されていなかった理由は不明である。確認されたのは、漢文版ではなかったためだろうか。

「天人」はルッジェーリが考案した唯一の用語ではない。彼が編纂した『葡漢辞典』に挟まれた、一五八六年成立と推定される数枚の文書にはルキフェル説話も含まれており、そこにおける「天使」に対応する用語は「天神」である。『天主実録』以降の文献を検討すると、「天人」よりも「天神」またはそれに関連する「神」「神鬼」が多く使用されている。一六三〇年代になると、「天使」の用語は「天神」に定着したと指摘されている。[13]

「天人」が選ばれなかった要因について、「天人」は「天使」の神性を強調していないという見解もある。[14]日本の事例に鑑みると、最も重要な要因は、仏教の「天人」は輪廻を免れず、「不退転」の霊的存在ではないからであろう。中国聖教の三柱石と礼賛されるキリスト教者の楊廷筠も、著書『天釈明辨』で仏教の天堂に生きる「天人」の問題点に触れており、「天堂の上に、福の尽きる時あり。福尽けば則ち苦しむ」と述べている。

しかし一方、「天神」も完璧な用語ではない。漢語の「天神」は、天上にいる神々全般を指し、昊天上帝、日月星辰、司中、司命、風師、雨師などを含む。仏教の伝来により「天神」は「天衆」の総称としても用いられるようになり、道教においては地上の人々を監視し、その善悪に応じて裁きを下す存在である（『中国歴史大辞典』『岩波仏教辞典第三版』）。

この用語について、燕鼐思[15]（Jozef Jennes）は、「神」は①死者の中の比較的高級な霊魂を指し、そのより普遍的な意味は②超越的存在を指すため、問題のある用語であると指摘している。氏はこれ以上の説明を展開していないが、①は「魂魄」の「魂」を示すだろうと考えられる。肖清和も、[16]②の意味から「天神」は信者の中で多神論の誤解を招く恐れがあると述べている。

三　善になりうる悪――中国の偶像崇拝の正当化

「天神」は実際に如何に受け止められたのか。その一端をかいま見せるのが、キリスト教の典籍や宣教師との対話に基づき、キリスト教を批判する許大受『聖朝佐闢《せいちょうさへき》』である。

許大受（一五七〇年代～一六四〇年代）は浙江省湖州府徳清の出身であり、その父は福建巡撫を務めた許孚遠である。大受は父の功績により国子監への入学が許され、そこで儒学を学んだ。また、彼は道教と仏教にも通じ、特に仏教に傾倒していたという。

一六二〇年以降、杭州はキリスト教の拠点となり、その近くにある徳清でもキリスト教が発展していた。梅謙立[17]（Thierry Meynard）によれば、大受は杭州と徳清でキリスト教者に接触する機会が多く、一六二一から翌年まで、ルッジェーリやリッチに続く最も重要な宣教師とされるジュリオ・アレーニと交流があったという。

一六二三年、大受は『聖朝佐闢』を執筆し、三教一致の立場からキリスト教を批判した。明代の四大高僧の一人とされる藕益智旭は、「邪党の口を閉ざすのにこの一書は頗る足りる」と、この書を高く評価している。

「閻魔王」になるルキフェル

ルキフェル説話は、『聖朝佐闢』の第三章、キリスト教の霊魂論や創造論を批判する「闢裂性」に配置されている。「闢裂性」とは、キリスト教は人間、動物、植物の魂が異なると唱え、相近き「性」を分裂させることを批判する意である。この章で、大受は人間の境遇の懸隔について問い詰め、アレーニは人間の堕落に関する「楽園喪失物語」を答えとして示す。大受はさらに人間を誘惑する「魔鬼」の由来を聞き、そこで、アレーニはルキフェル説話を語り始める。

天主、初めて世界を成し、随ひて三十六神を造る。第一の鉅神を「輅齊弗兒《ルチフア》」と曰う。是れ仏氏の祖と為す。自ら其の智を天主と等しと謂い、天主怒りて地獄に貶す。亦た即ち是れ今の閻羅王なり。然れども輅齊、地獄に入りて苦を受くるも、而して一半の魂神、魔鬼を作して世間を遊行し、人の善念を退けしむ。

ここでは、①キリスト教の神に創造された「三十六体の神」、②ルキフェル（輅齊弗兒）が仏氏の祖であること、③堕落後のルキフェルが閻魔王であることといった、これまでのルキフェル説話に見られない要素が盛り込まれている。②の仏氏の祖は即ち釈迦の祖である。ルキフェルが率いる「魔鬼」たちが仏像に入り、神変を起こし、信仰を集めることから、仏氏の祖とされたのであろう。

③の「閻魔王」は、インドの古い神であり、地蔵信仰などと結びついて中国に伝わり、道教と習合して形成された、冥界で死者の罪業を裁く神であり、古くから広く信仰された神格である。[18] この記述も、閻魔信仰という偶像崇拝がルキフェルの所為であるという視点から解釈できる。つまり、日本の「愛宕の地蔵」の只中に「天狗」がいるように、中国の「閻魔王」も「魔鬼」が変化した結果と考えられる。

①ルキフェルを「第一の鉅神」、即ち、最も偉い神と仰ぐ「三十六体の神」については、さらなる検討が必要である。『聖朝佐闢』の別箇所によれば、「（キリスト教の典籍に―引用者補）又曰く、今の玉皇上帝、特に天主初めに造りし三十六神の内の一神なり。其の天主を謟するを知るを以て、故に不次にして此の職にひきあげ、居らし

む」としている。つまり、道教の「玉皇上帝」も、キリスト教の神が最初に創造した「三十六体の神」の一体であり、神を喜ばせたため、現在の地位に破格の抜擢を遂げたという。「謟」は「慆」に通じ、「喜ぶ」という意味である。

ルキフェルと同様に、「玉皇上帝」も神が最初に創造した天使の一人である。大受は、この記述はキリスト教の典籍に由来すると断っているが、そのような文献は確認されていない。これについて、黄一農[19]は、「三十六体の神」は、道教の「三十六天」に準えた表現であると論じる。キリスト教者は、道教の「三十六天」を司る三十六体の神々をキリスト教の神が創造する者であると意図的に主張し、道教の神々を貶し、キリスト教の地位を上げようとするのである。また、キリスト教の神と「玉皇上帝」との混同を避けるため、キリスト教者はあえてキリスト教の教理から乖離した言い方をし、「玉皇上帝」をキリスト教の神が創造する「三十六体の神」としたと、同氏は指摘する。

道教の言説を吸収し、キリスト教の教理体系における比較的低い地位に位置付けることで、道教に対するキリスト教の優越性を示すという黄氏の見解には同意できる。しかし、「玉皇上帝」をルキフェル説話に巻き込むことが、キリスト教の神との混同を避けることを目的とする点については疑問を抱かざるを得ない。

「玉皇上帝」の全称は「昊天金闕無上至尊自然妙有弥羅至真玉皇上帝」で、道教において最高神格である「三清」を補佐する「四御」の首位に立ち、天神・地祇・人鬼を統括する存在である。民間で次第に最高神格と崇拝されるようになり（『中華道教大辞典』）、キリスト教にとって対抗しなければならない強敵である。

しかし、キリスト教者は主に「玉皇上帝」とキリスト教の神が同一ではないと明言し、「玉皇上帝」は元々人間であるから神ではないとするか、「玉皇上帝」はキリスト教または儒教から盗んだ名号であると主張する。「玉皇上帝」を天使とすることによって、キリスト教の神との区別を示すという論法が確認されていない。さらに、キリスト教者が果たして意図的にかかる解釈を考案したのかも再検討する余地がある。
この問題をさらに突き止めるため、大受と交流があったアレーニの言葉を記録する『口鐸日抄《こうたくにっしょう》』が重要な手がかりとなるだろう。

「正神」「邪神」の論理

一六三〇年三月から一六四〇年六月までの、アレーニを中心とする宣教師たちと福建省の士人との交遊を記録したのが『口鐸日抄』である。本書には中央高官や地方官、郷紳など、様々な階層の士人が登場し、談話内容は科学、宗教、哲学に及んでいる[20]。

同書によれば、崇禎六年（一六三三）十月二三日に、アレーニは、「玉皇上帝」が元々人間で、その上に「三清」が存在するため、キリスト教の神と同一ではないと中国の士人に語ったという。前述の通り、「玉皇上帝」の人間性を強調するが、「玉皇上帝」を天使とはしない。

また、崇禎四年（一六三一）八月八日に、アレーニは「玉皇上帝」について触れている。この日、鄭懋興という士人がアレーニに、キリスト教が「天主の命ずる所の者に似たる城隍神」を祀らない理由を尋ねた。それに対し、アレーニはまず「城隍神」の起源を解き、その信仰の問題点を指摘した。彼によれば、キリスト教の神が世界を創造した後、九品の天使を造り、その中に城郭を守護する天使がいたといい、中国の「城隍神」はこの種の天使のようであるという。しかし、今の人々は「城隍神」の真実を知らず、死者を「城隍神」として祀り、さらに「玉皇上帝」の説を捏造し、「城隍神」がその命令に従うと信じていると語った。これらの説は荒唐無稽であり、深く戒めるべきだと結論付けた。「玉皇上帝」は引き続き否定されるが、その指示を仰ぐとされる「城隍神」は実際には神に創造された天使であるという見解が注目に値する。この見方は、「玉皇上帝」を天使とする『聖朝佐闢』の記述と、構造的に類似している。

類似した言説は『口鐸日抄』に他にも見出され、崇禎五年（一六三二）四月二一日の問答である。今度の対象は、「人家の火土之神、郡邑の城隍之神、天下国家の山川岳瀆之神」へと拡大されている。黄貴宇という士人が、これらの神々もキリスト教の神の命令を受けて国々を護る者ではないかと質問し、なぜこれらの神々を祀らないのかと尋ねた。

この質問に対して、アレーニは再び天使の概念を持ち出し、キリスト教の神が創造した「天、地、人間」にはそれぞれ守護の「神」がいるため、「人類を守護する神」「物類を守護する神」「天地山海を守護する神」の存在を認めた。しかし、これらの「神々」は無形の存在であるため、偶像を立てて祀るのは誤りであるとも述べた。中国の士人が中国の神々の正当性を問うが、アレーニは「天神」の概念を当てはめ、その存在自体は確かで正当なものだとした。

さらに、崇禎十一年（一六三八）八月十六日の朱宗伯相国との対談で、アレーニはキリスト教の「天使」と中国の神々との関係について、より明確な理解を提示した。この対話で、朱宗伯はキリスト教が一切の神祇を不問に付するのは行き過ぎではないかと質問した。それに対し、アレーニはまず「唯唯否否」と肯定も否定もせず、「正神」「偽神」の論理を展開した。

> 神に二等有り。一は正神と為り、天学の称する所の天神なる者、是なり。一は偽神と為り、乃ち已に死せる人類にして、人の妄りに神と認むる者なり。

アレーニによれば、「神」には「正神」と「偽神」の二種類があるという。「正神」は即ちキリスト教の「天神」、つまり「天使」である。「偽神」は死者で、人々は無分別にそれらの死者を神としたのである。「偽神」への信仰はルキフェルらの「魔鬼」によって作り上げられたものであるが、アレーニはそれについて言及していない。続く対話で彼は、中国の「城隍神」が「偽神」でなければ、つまり過去の人間でなければ、キリスト教の儀礼で祀ってもいいと述べた。

これらの事例から、宣教の実践において、キリスト教の天使崇敬の思想を通じて中国の神祇信仰を正当化する論理が確認できる。偶像を立てて崇拝するのは誤りであるが、中国の神々は必ずしも「魔鬼」の仕業ではなく、「天神」であるかもしれない。この論理は、「天使」の漢語表現が「天神」であるからこそ成立したと思われる。つまり、「天神」という用語によって、中国の「神」はキリスト教の「天使」と初めて結び付けられ、悪魔が作り上げた偶像崇拝として否定されず、「天使」としてキリスト教の信仰体系において神に次ぐ地位に整合される可能性が生まれたのである。だからこそ、「アンジヨ」という表現が選ばれた日本では、類似した論理が見られないのではないか。

この論理は実践の中でさらに発展することが予想される。この視点から考えると、大受が『聖朝佐闢』に記した、「玉皇上帝」がキリスト教の神によって創造された「天神」の一体であるというキリスト教の典籍に由来する記述は、キリスト教者が意図的に取った教理から逸脱した解釈ではない可能性もある。むしろ、宣教師たちが天使崇敬の思想を通して中国の神々を正当化する論理を適用した結果であると考えられる。

まとめ

以上、「天使」「悪魔」といった重要語彙の表現に焦点を当て、十六、七世紀の日本と中国におけるルキフェル説話の表出と展開の具体像を確認してきた。

ルキフェル説話を通して、キリスト教の善悪観が伝えられたのみならず、日本と中国の偶像崇拝を悪のルキフェルに帰着させることで、その断罪も実現された。宣教者たちは、現地の人々に身近な悪の存在――日本では「天狗」、中国では「魔鬼」――をキリスト教の「悪魔」と同一視し、ルキフェル説話を受け入れやすい形で伝えた。

一方で、「天使」は、日本では「アンジヨ」、中国では「天神」として表出された。日本では一時的に「天人」という用語も使用されていたが、「天人」と「天使」の違いを考慮し、早い時期から原語の発音を表記する「アンジヨ」に切り替え、以後もそれを用い続けた。中国でも「天人」がしばらく用いられたが、やがて「天人」とほぼ同時期に考案された「天神」に定着していった。

「天神」という「天使」の漢語表現によって、中国の神祇信仰が天使崇敬と結びつき、正当化される論理が生み出された。中国の神々は必ずしも悪のルキフェルによる偶像崇拝とは限らなくなる。一六一〇年以降、カミロ・コンスタンチオ、ジョアン・ロドリゲスなどの日本における「アンジヨ」の使用の経緯に精通した宣教師や、ニコロ・ロンゴバルドなどの中国にいる宣教師によって、「天使」の用語としての「天神」が問題視され、「用語論争」が引き起こされる。このような用語問題を伴い、両国におけるルキフェル説話の位相のさらなる変化と融合、そしてそこから見出されるキリスト教と東アジアの信仰との交渉の究明は、今後の課題としたい。

使用テキスト
フロイス・ルイス『日本史』＝柳谷武夫訳『日本史』（平凡社、一九六三～七八年）。『日本のカテキズモ』日本語写本＝海老沢有道・井手勝美・岸野久編『キリシタン教理書』（教文館、一九九三年）、ラテン語刊本＝家入敏光編『日本のカテキズモ』（天理図書館、一九六九年）。『対治邪執論』『妙貞問答』＝海老沢有道・H．チースリク・土井忠生・大塚光信校注『キリシタン書・排耶書』（岩

波書店、一九七〇年）。『西洋紀聞』＝松村明・尾藤正英・加藤周一校注『新井白石』（岩波書店、一九七五年）。『天主実録』、『葡漢辞典』に挟まれた文書＝王慧宇編注『天主実録今注』（台北利氏学社、二〇二三年）。『漸備一切智徳経』＝SAT大正新脩大藏経テキストデータベース。『烈皇小識』＝中國基本古籍庫所収『清鈔明季野史彙編前編本』。『天釈明辨』＝張西平他編『梵蒂岡図書館蔵明清中西文化交流史文献叢刊』第一輯第二四冊（大象出版社、二〇一四年）。『聖朝佐闢』＝梅謙立・楊虹帆・賴岳山『明・許大受《聖朝佐闢》校注』（仏光文化、二〇一八年）『口鐸日抄』＝葉農編『艾儒略漢文著述全集』（広西師範大学出版社、二〇一一年）。

注

（1）J. B. ラッセル『ルシファー：中世の悪魔』（野村美紀子訳、教文館、一九八九年）。

（2）東京大学史料編纂所編『イエズス会日本書簡集訳文編之二（下）』（東京大学出版会、二〇〇〇年）。

（3）Schurhammer, Georg. *Das kirchliche Sprachproblem in der japanischen Jesuitenmission des 16. und 17. Jahrhunderts*. Tokyo: Deutsche Gesellschaft für Natur- und Völkerkunde Ostasiens, 1928.

（4）土井忠生「『十六・七世紀における日本イエズス会布教上の教会用語の問題』」（キリシタン文化研究会編『キリシタン研究第十五輯』吉川弘文館、一九七四年）。

（5）米井力也『キリシタンの文学：殉教をうながす声』（平凡社、一九九八年）、小峯和明「キリシタン文学と天狗―『サントスの御作業』を中心に」（同氏編『キリシタン文化と日欧交流』勉誠出版、二〇〇九年）、筒井早苗「『サントスのご作業』における「天狗」」（『金城学院大学キリスト教文化研究所紀要』一〇号、二〇〇七年）など。

（6）（5）の筒井前掲論文、三〇頁。

（7）黒田智『たたかう神仏の図像学：勝軍地蔵と中世社会』（吉川弘文館、二〇二一年）。

（8）（5）の小峯前掲論文、七三頁。

（9）（5）の米井前掲書、一〇二頁。

（10）Chan, Albert. *Chinese Books and Documents in the Jesuit Archives in Rome: A Descriptive Catalogue, Japonica-Sinica I–IV*. Armonk, NY and London: M.E. Sharpe, 2002.

(11) 王雯璐『明清時代におけるカトリック漢訳教理書の研究』(東京大学博士論文、二〇二二年)。
(12) 顧満林「梁武帝改〝磨〞作〝魔〞之説考辨」(『漢語史学報』第十三輯、二〇一三年)。
(13) 肖清和「嫁接与改造：晩明漢語天主教文献中的神与鬼」(『宗教学研究』第二期、二〇二〇年六月)。
(14) 王慧宇編注『天主実録今注』(台北利氏学社、二〇二三年)。
(15) 燕鼐思『天主教中國教理講授史』(田永正訳、河北信徳室、一九九九年)。
(16) (13)の肖前掲論文、二〇九頁。
(17) 梅謙立・楊虹帆・頼岳山『明・許大受《聖朝佐闢》校注』(仏光文化、二〇一八年)。
(18) 李殿元『天神地祇：道教諸神伝説』(四川人民出版社、二〇一二年)。
(19) 黄一農『両頭蛇：明末清初的第一代天主教徒』(上海古籍出版社、二〇〇六年)。
(20) 岡本さえ「中国人の比較思想：《口鐸日抄》の対話から」(『東洋文化研究所紀要』第百十七冊、一九九二年三月)。

『天草版平家物語』の歴史像とジェンダー

樋口大祐

はじめに

『天草版平家物語』（以下天草版と略称）は『エソポ物語』『金句集』と合綴の形で一五九三年に九州の天草で刊行されたローマ字表記の書物である。四巻で編成されており、巻一と巻二第一は覚一本系統、巻二第二以降巻四までは百二十句本系統の諸本の影響を受けているとされる(1)。冒頭、

この一巻には日本の平家といふHistoriaと、Morales Sentençasと、EuropaのEsopoのFabulasを押すものなり、然ればこれらの作者はGetioにて、その題目もさのみ重々しからざる儀なりとみゆるといへども、かつうはことば稽古のため、かつうは世の徳のため、これらの類の書物を版に開くことは、Ecclesiaにおいて珍しからざる儀なり。

とあり(2)、『平家物語』をHistoria（歴史についての物語）と規定した上で、異教徒の手になるものではあるが、「こ

とば稽古」と「世の徳」のために教会にて刊行する旨が記されている。続いて不干ハビアンの署名による序文があり、イエズス会の司祭等から

我らこの国にきたって、天の御法を説かんとするには、この国の風俗を知り、またことばを達すべきこと専らなり。かるがゆゑにこの両条の助けとなるべき日域の書をわが国の文字にうつし、梓にちりばめんとす。汝この書を選んでこれを編め

との指示を受けたことが記されている。ここでも、「この国の風俗を知り、また言葉を達す」ることが本書刊行の目的であったことが示されている。

Historia の原義は歴史についてのナラティヴ[3]であり、過去に生起した事柄とその語りという意味の二重性を含んでいる。加えて天草版は「平家物語」（Feiqe Monogatari）と題されているものの、もとの覚一本や百二十句本の構成を大きく改変し、諸本が有していた歴史認識の骨格をなす章段群を削除しており、その歴史像は全く別のものになっている。他方、覚一本等では遠く離れた位置にあった諸説話を接合した結果、複数の人物の多彩な説話群が連鎖する、列伝体的な歴史叙述のスタイルに変貌している。

本稿では以上のような天草版の性格について、巻一及び巻二第一を対象に、覚一本と比較しつつ、その歴史像及び女性芸能者の位置づけの二点を中心に検討していきたい。天草版は主に国語史の貴重な資料として研究が蓄積されてきたが[4]、文学史上においても重要な存在感を放っている。言い換えるとそこには、言語文化を共有しない人々にとって、『平家物語』のどの部分が普遍性をもって立ち現れるのかという、世界文学的なテーマが示されているように思われる。以下、具体的な記述を引用しつつ考察したい。

一　巻一の歴史像——忠盛、重盛、そして鹿谷事件の人々

まず、天草版巻一の題目を引用し、そこに示されている歴史像について検討したい（巻末の目次ではなく、本文中の題目による）。


第一．平家の先祖の系図、また忠盛のほまれと、清盛の威勢栄華のこと。

第二．重盛の次男関白殿へ狼藉をなされたこと。これ平家に対しての謀叛の根源となったこと。

第三．成親卿位あらそひゆゑに、平家に対し謀叛を企てられたことが顕れ、その身をはじめ、くみしたほどのもの搦め取られ、そのうちに西光といふものは首をうたれたこと。

第四．重盛卿父の清盛に成親卿を害せられぬやうに、教訓をせられたこと。

第五．成親卿の子息少将についてのこと。

第六．重盛父清盛の法皇へ対し奉っての憤りの深いことを諫められ、その謀として、勢をあつめられたこと。

第七．成親卿と、その子少将流罪に行はれたこと。

第八．成親の最後のこと。その北の方都にて尼になりかの後世をとむらはれたこと。並びに少将かさねて鬼界が島へ流され、そこで康頼や、俊寛やなどと憂き目をしのがれたこと。

第九．康頼と、少将とかの島で熊野詣のまねをし、また卒塔婆をつくって流されたことを蘇武が雁書にひきあはせて語ること。

第十．鬼界が島の流人を許さるるについて、あとに残らるる俊寛の悲しみ深いこと。

第十一．少将、康頼みやこへ帰らるる道すがらのこと。

第十二．有王鬼界が島に渡って、俊寛に会ひ、俊寛死去せらるれば荼毘をして、その遺骨をくびにかけ、都に帰り上り、方々修行して、その後世をとむらうこと。

覚一本の簡潔な章段名と比較して冗長な印象だが、これはフロイス『日本史』[5]などとも共通する、ポルトガル語文学の通有の特徴であろう。ここでの目覚ましい特徴は、覚一本冒頭の「祇園精舎」のような一定の世界観や歴史認識を示す、本来の物語の骨格部分が削除され、忠盛、重盛、成親以下鹿谷事件の関係者を視点人物とする連鎖物語の形に編み直されていることである。

本来歴史叙述は無数の事象の中から記述に値する事象を選び出し、それらを一定の因果関係の下に整序することで成立するジャンルである。そこには判断基準のための歴史哲学が存在しており、覚一本の場合[6]、その歴史哲学にあたるのが冒頭の巻一冒頭の「祇園精舎」の章段における「盛者必衰」「奢れる人も久しからず」等の表現、及びそれに続く異国本朝の事例（「是等は皆旧主先皇の政にも従はず、楽みをきはめ、諫をも思ひいれず、天下の乱れむ事をさとらずして、民間の愁る所を知らざッしかば、久しからずして、亡じにし者ども也」）で示される朝廷の至高性と朝敵必滅の思想であろう（なお、同様の思想は巻五「朝敵揃」前半でも展開されるが、後半で延喜帝と鷺の故事の紹介を通じて、それが過去のものになっている状況が示唆されている）。

他方、天草版の冒頭部分ではこの歴史哲学は極限まで圧縮され、清盛の紹介もそこそこに、その父忠盛のエピソードが展開する構成になっている。

（右馬の允）検校の坊、平家の由来が聞きたいほどに、あらあら略してお語りあれ。

（喜一）やすいことでござる。おほかた語りまらせうず。まず平家物語の書きはじめにはおごりをきはめ、人をも人と思はぬやうなるものはやがて亡びたといふ証跡に、大唐、日本においておごりをきはめた人々の果てた様体をかつ申してから、さて六波羅の入道先の太政大臣清盛公と申した人の行儀の不法なことをのせたものでござる。

ここでは「おごりをきはめ」以下、覚一本の「奢れる人は久しからず」に近い文言が選ばれている。しかし、覚一本ではその直前に置かれている「旧主先皇の政にも従はず」という、朝廷への反逆を示す文言が削除されているため、この後展開する「清盛公と申した人の行儀の不法なこと」が、一般的な人倫に反する行為としてのみ読まれる結果を生み出している。覚一本においては、この朝廷の至高性が現実の歴史の中で失効する（挙兵当時は朝敵として認識されていた頼朝が朝廷に軍事的に勝利し、幕府まで開いてしまう）過程を、どのように叙述しうるかということが重要なテーマだった。[7] しかし天草版では、朝廷の至高性が前提とされないため、政治的に罪を得た人々と朝廷との間の緊張関係が主題化されず、専ら彼らの個性的な物語という位置づけに変容しているのである。

物語の骨格に関わる危険な営為だが、これは「教会」による意識的な改変だったろう。天草版は個々の人物の物語を、その歴史哲学的前提から切り離して語り直すことを通じて、言語文化を異にする人々にも共有可能な物語に変成することを試みたのである。

二　忠盛の称揚

覚一本で「祇園精舎」に続くのが「殿上闇討」だが、天草版は「祇園精舎」とは対照的に、この平忠盛の挿話についてはかなり忠実に覚一本の詞章を語り直している（五節の起源の紹介の文脈では、人物の呼び名等が簡略化されている）。また、覚一本にない記述として、忠盛が舞を公家たちに辱められたことを記述した後、五節における公家の振る舞いの伝統を紹介する記述の前に

（右馬）さてさてそれはいたづらなことを公家たちはせられたの？

（喜）そのことでござる。あの公家たちがこのやうなことをせらるることは、いまに始めぬことでござある。


という会話が挿入され、さらにその紹介後には

（右馬）そのやうに悪口狼藉をせられたれども、みな人がこらへてゐたよの？

（喜）そのことでござる。上古にはかやうのことがござったれども、ことは出できなんだが、末代にはなんとあらうぞというて、みな人も忠盛の面目が失われた時は、気遣いをいたされたと、きこえてござる。

（右馬）してそれはなんと果ててあったぞ？


という会話が追加されている。さらに、「殿上闇討」の後、覚一本では次章「鱸」に移り、忠盛の鳥羽院との和歌の贈答の説話が記されているが、天草版ではそこにも

（右馬）さてさて忠盛といふ人はおぞい人であったの？

（喜）して．こればかりとおぼしめすか？　忠盛といふ人は文武二道の人でござった。

という会話が挿入されている。天草版の編者は忠盛の堅忍不抜の人となりに特に関心を示している。そこには、天草版刊行の二年前に刊行された『サントスの御作業』(8)で紹介される聖人たちに対する眼差しに近似するものを読み取ることができるのではないか。

三　重盛をめぐって

覚一本では「鱸」の前半で忠盛の死を記した後、清盛の出世とその予兆を示す熊野権現の霊験譚を記しているが、天草版ではこの「鱸」説話は採用されていない。他方、「鱸」に続く「禿髪」の説話は天草版でも採用されており、時忠の暴言（「この一門でない人は皆人非人じゃ」）、人々がこぞって平家一門の装いを模倣したこと、清盛が少年を集めて密偵に仕立てたこと等が詳しく紹介されている。覚一本では続いて「吾身栄花」が続き、重盛と宗盛が大臣兼大将として左右に並立したこと、および清盛の八人の娘の栄華の話題が続くが、天草版では娘の紹介が先行し（固有名詞は建礼門院のみ）、その後

（右馬）して清盛の嫡子をばなんというたぞ。
（喜）重盛と申した。また次男は宗盛、三男をば知盛と申した。この人々の威勢いづれをいづれとも申さうずるやうもござなかった。

と、三人の息子が紹介されている。この順序の逆転はこの後、重盛を主人公とする話題が連鎖して語られることの起点を記すためであろう。覚一本ではその後、「祇王」「二代后」「額打論」「清水寺炎上」「東宮立」と続くが、

天草版では「祇王」を巻二の冒頭に異動させ、「二代后」以下を削除して、重盛次男の資盛と関白藤原基房の従者同士のトラブルに清盛が介入する、「殿下乗合」説話に直接接続している。注意すべきは、この巻一第二の題目「重盛の次男関白殿へ狼藉をなされたこと（以下略）」で名指されているのが清盛でも資盛でもなく重盛であることである。また、この天草版巻一第二は覚一本の記述をかなり忠実に踏まえているが、その締めくくりにおいて重盛が登場し、彼が清盛の指示で関白への乱暴を働いた部下を追放したことが語られ、「帝王もこれをきこしめされ、公家たちも伝へ聞いて、この重盛をば別して感ぜられてござった。」との文言で締めくくられている。つまり、天草版巻一第二は、最終的に重盛に焦点化する形で完結するのであり、これはこの後、第四と第六においても反復されることになる。

覚一本は「殿下乗合」の後、「鹿谷」で成親の紹介と鹿谷山荘における平家打倒の陰謀の宴について記した後、「俊寛沙汰　鵜川軍」「願立」「御輿振」「内裏炎上」と続いて巻一を終え、巻二に入って「座主流」「一行阿闍梨之沙汰」と、後白河院と山門の対立事件の記述が続き、「西光被斬」で鹿谷陰謀の発覚と成親の捕縛、西光の処刑に進む。他方、天草版巻一第三では「鵜川軍」から「一行阿闍梨之沙汰」に至る山門との対立抗争事件は完全にカットされ、成親の紹介、鹿谷山荘の陰謀の宴の記述に直接続く形で陰謀の露見と成親の捕縛、西光の処刑、成親への拷問等が語られていく。そして、続く第四は覚一本「小教訓」、第五は覚一本「少将乞請」、第六は覚一本「教訓状」のみに対応する形をとっており、再び重盛が主人公として焦点化されるのである。天草版巻一第一～第六は忠盛―重盛のラインを、理不尽な現実に対抗して理想を追求する英雄的な人物として描き出し、彼らの言動を物語の骨格になぞうとしているといえよう。

その後、巻一の後半を占める第七～第十二では、もっぱら鹿谷事件で清盛に罰せられた成親、およびその子成経や北の方の家族愛、さらには鬼界が島に置き去りにされる俊寛と有王の師弟愛が中心の叙述が続く。この後半部分では、迫害を受けた人々の間で相互に見られる愛情がフォーカスされ、政治的な迫害の中に一縷の光が差し込むような構成になっている（このような話題の選択も、聖書の被迫害者の物語等との微弱な照応関係を読み取れるように思われる）。覚一本では俊寛の死去に続いて重盛の自殺同然の（かつ浄土教的な色彩の強い）死が描かれるのだが、天草版では重盛の死に全く触れないまま、俊寛の死で巻一の語りを終えている。覚一本に見える重盛の晩年の言動が天草版編者の関心をひかなかったことが伺われよう。

なお、「教訓状」に対応する天草版巻一第四の、重盛が清盛の後白河院幽閉計画を諫める言葉の中に、後白河院のもとで平家一門が栄達を遂げ、多くの所領を得たことに続いて、

いまこれらの莫大の御恩を忘れて、みだりがはしう法皇を傾けさせられうずることは天道の御内証にもそむきまゐらせられうず。

という表現がある。覚一本の当該部分は「今これらの莫太の御恩を思召忘て、みだりがはしく法皇を傾け奉らせ給はん事、天照大神・正八幡宮の神慮にも背候なんず。日本は是神国なり。神は非礼を享給はず」とあり、「天道の御内証」が「天照大神・正八幡宮の神慮」の言いかえであることがわかる。重盛の一連の発言や彼の様子に関する形容表現の中には、儒教や仏教のキーワードの引用が少なくない（「刑の疑はしきをば軽んぜよ、功の疑はしきをば重んぜよ」「積善の家には余慶あり、積悪の門には余殃とどまる」「内には五戒を保って慈悲を先とし、外には五常を乱らず、礼儀を正しうする人であれば」「普天の下王土にあらずといふことはござない」等）。それらは覚一本における儒教・仏教のキーワードの引用を翻訳したものであるが、たとえば「五常」は『金句集』にも採用されており、(9) 天草版の趣旨と矛盾するものではなかったのであろう。しかしながら、上記の神国思想に基づく表現だけは「天道

の御内証」に置き換えられているのである。[10] ここから、天草版が、重盛の発言のうち、神国的な語彙以外は許容していることがわかろう。晩年の厭世的な重盛を描かないことも含め、天草版は重盛について、選択的に対処しているのである。

四　「祇王」の位置づけ

最後に、天草版における女性芸能者の位置づけについて検討したい。天草版の構成で最も特徴的な事象の一つが、巻二第一に祇王説話が配されていることである。覚一本の順序では「祇王」は巻一「吾身栄花」に続く章段であり、この順序を尊重するなら天草版では巻一第二の位置に来なければならないのだが、実際には巻一が俊寛の死で語り終えられた後を受け、巻二第二で以仁王の乱について語られる前に位置づけられている（前述のように巻二第二以降は百二十句本系統の諸本が原拠と考えられており、ここは覚一本系統の諸本が使用された最後の章段ということになる）。

また、覚一本「祇王」は他の章段に比べてかなり長文の説話であるが、天草版でもその大半の文言が省略されずに語られている（省略されているのは白拍子の起源に関する伝承と、末尾で後白河院の長講堂の過去帳に言及される部分のみである）。祇王説話は従来、『平家物語』の他の記事との連関が薄く、傍系説話の位置づけだったのだが、天草版ではその直前の俊寛・有王の物語と同じ程度の重みで語られている。

市井外喜子氏は祇王説話が巻二冒頭に置かれた理由について、「清盛に対する私憤から出家する祇王、宗盛に対する私憤から高倉の宮以仁王に対して（中略）謀叛を企てた頼政、この親子（清盛・宗盛）の「fuxiguina coto」が、平家衰亡の前兆となることを語るのが、巻第二冒頭章段（祇王）であり、第二章段から第八章段に及ぶ七章段（高倉宮以仁王の事件）の主題目である」[11] と述べ、頼政の謀叛を語る次章段との相同性に着目しており、一理あるように思われる。しかし、祇王の言動と頼政の言動に直接のつながりはなく、両者の関係は連続的ではない。そのような配列となった背景には、前述の如く、天草版が日本史に即した系統的な歴史叙述ではなく、個性的な登場人物の列伝を志向しているという事情があるだろう。加えて、「祇王」説話が採用された理由として、当該説話が女性芸能者（「遊び者」）を主人公としていることも作用しているのではないだろうか。巻一において、女性登場人物は成親北の方と成経息子の乳母六条の二名程度でしかない（物語後半においては数多の平家一門の女性たちの言動が語られている）。序文にある如く日本の歴史を知ることが天草版編纂の目的であるなら、登場人物の大半が男性に偏りやすい軍記物語の傾向はそのまま受容できるものではなかったのかもしれない。その意味で、祇王説話を取り入れる意義があったのではないだろうか。

もう一つ、物語後半で活躍する維盛北の方、通盛北の方、重衡北の方等が権門の女性たちであるのに対して、祇王や仏御前が芸能民（白拍子）である点も見逃せない。彼女らの社会的位置の不安定さを示す挿話として、仏御前が清盛の邸に推参した際の清盛、祇王、仏三者の、白拍子の行動形態に関する認識の差異は興味深い。仏御前が

> 我は天下に聞こえたれども、当時さしもめでたう栄えさせらるる西八条へ召されぬことこそ本意ないことじゃ。遊び者の習ひなれば、定めて苦しうもあるまい。いざ推参してみう

と考え、西八条に参ったのに対し、清盛は「そのやうな遊び者は人の召しに従うてこそくるものなれ、さうな う推参することがあるものか」と、「遊び者」を権門の指示に従うべき存在とみなしている。それに対して祇王が

遊び者の推参することは、常の習いでござる。そのうへ年もまだ若うござるが、たまたま思ひ立って参ったをすげなう仰せられて帰させられうことは、不便な儀ぢゃ。いかほど恥づかしうかござらう。わが立てた道でござれば、人の上とも存ぜぬ

と自身を仏御前と同じ位置において彼女を擁護するのである。このやりとりから、本来は神仏の依り代的な神聖な意味を認められていた彼女らが、「乞食」業として差別されていく道筋が見える。また、彼女たちの出家は、白拍子（遊び者）としての愛欲に深くなじんだ生活を悔い改めることとして賛辞をもって記述されている。[12]このような職業差別を埋め込まれた女性芸能者の立ち位置は、キリスト教信仰におけるマグダラのマリアの立ち位置と一部重なるところがないだろうか。岡田温司は、ヤコポ・デ・ヴォラギネ『黄金伝説』におけるマグダラのマリアの表象について「悔悛と瞑想的生活」「回心前と回心後の対比」「そのたぐい稀なる美貌と富」等の特徴を列挙している。[13]もちろん、両者は同じではないとはいえ、天草版において祇王や仏御前は、マグダラのマリアと同じ、男性視点による「改悛した罪深い女」[14]として重視されたのではないかと思われる。そのことが孕む問題点については、また別途論じる必要があるだろう。

本稿では天草版の巻二第一までの部分しか検討できず、その後の諸章段についてはあらためて論じる必要がある。他日を期したいと思う。

注

（1）大津雄一・日下力・佐伯真一・櫻井陽子編『平家物語大事典』（東京書籍、二〇一〇年）研究篇「天草本」の記述により、

一部表記を改めた。なお、近藤政美『天草版「平家物語」の原拠本、および語彙・語法の研究』(和泉書院、二〇〇八年)は、巻一および巻二第一は覚一本系統を原拠としつつ、百二十句本系統をも参照しているとしている。

(2) 『天草版平家物語』の引用は江口正弘注釈『天草版平家物語全注釈』(新典社、二〇〇九年)に拠り、ローマ字表記の原本に関しては亀井高孝編『キリシタン版天草本平家物語』(吉川弘文館、一九六九年)を参照した。

(3) ヘイドン・ホワイト『メタヒストリー』(岩崎稔監訳、作品社、二〇一七年)、原著一九七三年。等参照。

(4) 天草版の先行研究には、土井忠生『吉支丹文献考』(三省堂、一九六三年)、清瀬良一『天草版平家物語の基礎的研究』(渓水社、一九八二年)、鎌田廣夫『天草本平家物語の語法の研究』(おうふう、一九九八年)、市井外喜子『天草版平家物語私考正・続』(新典社、二〇〇〇年、二〇〇五年)、福島邦道『天草版平家物語叢録』(笠間書院、二〇〇三年)、近藤前掲書等がある。

(5) 完訳フロイス『日本史1―織田信長篇Ⅰ 将軍義輝の最期および自由都市堺』(松田毅一・川崎桃太訳、中公文庫、二〇〇〇年)所収の総目次参照。

(6) 覚一本の引用は梶原正昭・山下宏明校注『平家物語』上(岩波新古典文学大系、一九九一年)に拠った。

(7) 一般的に軍記文学が朝廷(王権)の至高性を表象するジャンルであることについては、大津雄一『軍記と王権のイデオロギー』(翰林書房、二〇〇五年)参照。

(8) 福島邦道『サントスの御作業 翻字研究篇』(勉誠社、一九七九年)、米井力也『キリシタンと翻訳』(平凡社、二〇〇九年)「キリシタンと説話」参照。

(9) 注8書「キリシタン文化」参照。

(10) 米井力也『キリシタンの文学』(平凡社、一九九八年)第四章「デウスの御内証」参照。同氏は「内証」が本来は仏教語であることを踏まえたうえで、当該記述について、「『天草本平家物語』の「天道」を「デウス(神)」と同定することには、この書物がもともと日本語文献であるということから慎重にならざるをえないが、この改変が「デウス(神)の御内証」という表現を意識したものだった」可能性を指摘している。

(11) 市井氏注4書『天草版平家物語私考 正』1「天草版平家物語巻二の構成」。

(12) 末尾近く、仏御前の出家を知った祇王の言葉「我らが尼になったことを世にありがたいことのやうに人も言ひ、わが身にも思うたが、これは身を恨み、世を恨みてのことなれば、様をかふるもことわりじゃ．今そなたの出家に比ぶれば、ことのかずでもない．そなたは嘆きもなし、恨みもなし、今年はまだ十七にこそなる人が、これほど穢土を厭うて、浄土を願はうと深う思ひおいりあったこそまことの大道心とは見えたれ」等参照。

(13) 岡田温司『マグダラのマリア』(中公新書、二〇〇五年) 第一章五「『黄金伝説』のなかのマグダラ」参照。

(14) 同書第一章四「隠修士としてのマグダラ」等参照。

第2章　物語化するキリシタン・バテレン

多様なる「南蛮」
——『切支丹宗門来朝実記』のバテレン表象を起点に

南郷晃子

はじめに

芥川龍之介『神々の微笑み』は次のように閉じられる。

南蛮寺のパアドレ・オルガンティノは、——いや、オルガンティノに限った事ではない。悠々とアビトの裾を引いた、鼻の高い紅毛人は、黄昏の光の漂った、架空の月桂や薔薇の中から、一双の屏風へ帰って行った。南蛮船入津の図を描いた、三世紀以前の古屏風へ。
〈中略〉さようなら、パアドレ・オルガンティノ！さようなら。南蛮寺のウルガン伴天連！(1)

一六〇九年、長崎で他界したパードレ、オルガンティノと重ねられる、幻想の「ウルガン伴天連」は、十八、十九世紀に流布した写本群の登場人物である。(2) 大正期の芥川は「近代化」の最中も日本が抱え続けた、イマジナリーな「西洋」を体現する存在として、南蛮寺の伴天連ウルガンを取り上げた。日本が西洋なるものと対峙し、そして同化しようとしたそのとき、江戸の写本世界のバテレンが立ち現れるのである。

しかし、そのバテレンとは実際どのようなものだったのだろう。想像上の「南蛮」そしてその先の西洋はどの眼差しの先でも同じ像を結んでいたのか。本論はこの写本群におけるバテレンの表象について、そしてさらには写本のバリエーションについて考えるものである。この膨大な写本群の多様な側面、すなわち、江戸におけるキリシタン・「南蛮」表象の決して一様ではない側面を示してみたい。

一　キリシタン写本群（実録類）について

まず「この写本群」について説明をしておきたい。端的に述べると、バテレンが日本に来て去るまでのことを、虚構に基づき描くものである。『切支丹宗門来朝実記』『切支丹来由』『南蛮志』『伊吹艾』など多様な書名があるが、内容は粗々共通する。南蛮大王の命を受けた「ウルガン伴天連」が織田信長の庇護をうけ日本での布教を行うも、秀吉の治世になりイルマンのハビアンが宗論に負け、キリスト教は禁止され宣教師は国外に追放になる、というものである。(3) 伴天連（バテレン）は冒頭で天候を操ることができるとされていたり、禁教後潜伏したキリシタンがなぜか秀吉の前で正体を隠し奇術を見せたりなど、耳目を驚かすキリシタン、バテレンの様子が描かれる。膨大な量があり、現在もネットオークションなどで出回っている（次章も参照）。

この写本群について丹念な調査を行った菊池庸介はこれらを「実在の事件や人物について、事実であることを標榜しつつ小説的に書き、主に写本で流通し成長する読み物」である実録にカテゴライズするが、的確な指摘であろう。(4) また、姉崎正治、海老沢有道をはじめとする多くの先学が言うとおり、(5) 寛永十五年成立（一六三八）とされる版本『吉利支丹物語』からの影響が顕著にみられる。(6)

二　バテレンの描写

『切支丹宗門来朝実記』のバテレン

まずは『続々群書類従』第十二に含まれ入手が簡単であり、内容も写本群の内でオーソドックスなものとみなせる寛政元年（一七八九）写の『切支丹宗門来朝実記』から、バテレンの姿を見てみたい。

「宇留岸伴天連」――諸本により表記が変わるが、以後本論では引用を除き「ウルガン伴天連」と統一して表記する――は天倫峯にこもり修行をしていたが、日本奪国を企む南蛮国の王の依頼により、キリシタンの教えで人心を和らげるため日本に使わされることになる。その姿を引く。表記を常用漢字、現代仮名遣いに統一している。なお本章での引用は以後同様にした上、適宜、句読点と濁点を補い、カタカナをひらがなに改める。

宇留岸常人とは替り、長九尺余。頭ちいさく、いろ赤く、目は丸くして歯は馬のごとく雪よりもしろく、爪は熊のごとく、長髪、髭は鼠のいろ、年は五十斗と見えたり。身にはあいとという物を着し、木綿のようなる物なり。裾はみじかく袖長く、左りまえに合せ、風俗卑き体、瑠璃のよう成香追を頭にかけ、懐中にも香袋を入、薫じ渡りけり。扨御礼之儀式は両足爪を揃、向へ差出し、手を胸に当て、頭をあおのけに致が礼也。

ウルガン伴天連は巨大で頭は小さく、肌の色は赤い。目は丸く歯は馬のようで雪よりも白い。その爪は熊のようで、長い髪と髭は鼠色で、年齢は五〇歳ばかりに見えた。身には「アイト」という木綿のようなものを着ていた。裾は短く袖長く、左前に合わせている。

このバテレンの姿は、版本『吉利支丹物語』の影響下にあり『吉利支丹物語』のウルガン伴天連の姿と比較しながら、様々な指摘が行われている。『吉利支丹物語』のウルガン伴天連の登場シーンも引いておきたい。

人間の形に似て、さながら天狗とも見越し入道とも名のつけられぬ物を一人渡す。よくよく尋ね聞けば、バテレンというものなり。先その形を見るに鼻の高きことサザイ殻のイボのなきを吸付けたるに似たり。目の大きなることは、眼鏡を二つ並べたるがごとし。まなこの内黄なり。頭小さく足手の爪長く、背の高さ七尺あまりありて、色黒く、はなあかく、歯は馬の歯より長く、頭の毛鼠色にして額の辺に織部盃を伏せたるほどの月代を剃り、物言う事かつて聞こえず。声はフクロの鳴くに似たり。諸人こぞって見物道をせきあえず。面体の凄まじきこと荒天狗と申ともかやうにはあるまじきと人皆申あえり。その名をウルガンバテレンといふ。心中にはキリシタンの法門を広めたく存ぜしかども、先しばらく日本のにん民の知恵をはかりみると見えたり。(7)

『吉利支丹物語』におけるウルガンの服装も引いておく。

身にはアビトという物を着たり。此アビトと申物は、毛氈の如くなる物にて、色はねずみ色なりしが、袖長く裾はじかりにして、さながらコウモリの羽を広げたるに似たり。

この『吉利支丹物語』の描写についてJan C. Leuchtenbergerは「『吉利支丹物語』では宣教師はグロテスクな存在であり、人間の位置より低く、動物の低いレベルにおかれ描かれている、さらには天狗、見越し入道と動物よりさらに悪意のある悪魔としての表象になっている」と指摘し、[8] 杉山和也が、境外の民への説話の類型的な表現を取り入れているとする。[9]

「動物より低い」かどうかは別に「向うの山のいただきより、その背なお高し」（『宿直草』第十一「見こし入道を見る事」）という化け物「見越し入道」を用いた表現は、やはり巨大であることの異形性を強調するのであろう。[10]『吉利支丹物語』が『切支丹宗門来朝実記』などのように写本化することに伴い、虚構性を増すことについては、前述菊池庸介が論じているが、あらためてウルガン伴天連描写に絞って両者を比較すると『吉利支丹物語』では顔の色が黒であったのが『切支丹宗門来朝実記』では赤になっている。また「眼の内が黄」といった表現や、宣教師の髪型についての「織部盃を伏せたるほどの月代」という表現、そして「物言ふ事かつて聞こえず。声はフクロの鳴くに似たり」という言葉の不明瞭さの表現が『切支丹宗門来朝実記』では消えている。

これにより実際のバテレンからは遠ざかっているとも言えるが、かえって奇異な印象は薄まっている。また礼を述べる様子として「両足爪を揃、向へ差出し、手を胸に当て頭をあをのけに致が礼也」という記述が加わる。両足爪を揃えという点は不明だが、[11] 手を胸に当て、頭をのけぞらせる、という表現はフランシスコ・ザビエルの肖像を連想させる。手を胸に当て頭を上に向けるという信仰を表明する宣教師の絵姿と重なることが注意される。[12]

とはいえ七尺から九尺と巨大になっていることや天候を操るという描写はやはりバテレンの虚構性の増大といえよう。全体的には、このバテレンは、先行研究の指摘通り、実録らしい虚構性、娯楽性を持つといえよう。ただし様々な情報が混ざり合ううちには、より「正確」に表そうとする努力の痕跡も混ざっていることも注意される。

ウルガン伴天連の服

キリシタン写本群ではウルガン伴天連の外見が描写されていたが、「絵」が登場するものは管見には入っていない[13]。しかし関連写本のうち、天草・島原一揆に重点を置く函館市中央図書館所蔵『天草征伐』[14]にウルガン伴天連の絵がある（図1）。そもそも『吉利支丹物語』の絵入り改版本寛文五年（一六六五）の『吉利支丹退治物語』では、ウルガン伴天連はだらしなく着物を着崩した天狗のような顔をしたものとして描かれていた（図2）。これに対し、この『天草征伐』のウルガンの服は上下に分かれて、上着には二列の釦らしきものが並ぶ。この表象はどこから来ているのだろう。左前に着た着物ではないし、ましてや法服でもない。むしろこれは当時の日本人にとってリアリティを持つ西洋人の姿を反映しているのではないか。

寺島良安『和漢三才図会』巻十四「外夷人物」には「天竺」や「小人」に混ざり「阿蘭陀人」が見える。服は

図１　「天草征伐記　巻之一」、函館市中央図書館所蔵

図２　『吉利支丹退治物語』（部分）京都大学附属図書館所蔵、https://rmda.kulib.kyoto-u.ac.jp/item/rb00012882

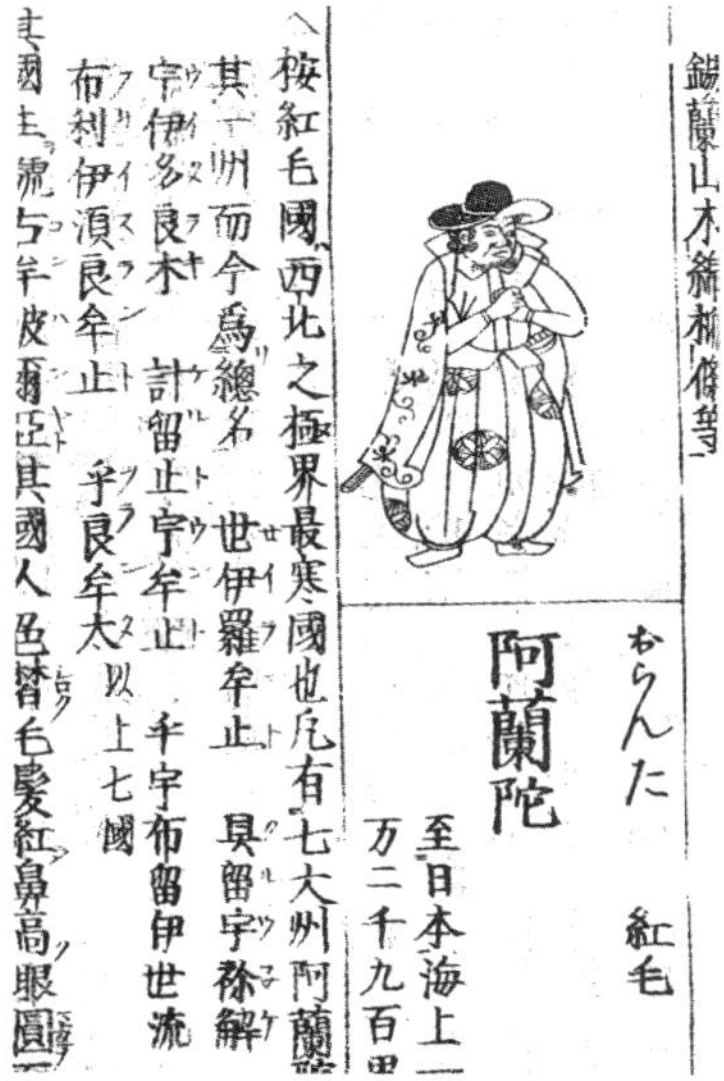

図３　寺島良安尚順編『和漢三才図会』第十五（部分）、国立国会図書館デジタルコレクション https://dl.ndl.go.jp/pid/ 2596362 巻十四だが、当デジタルコレクションでは第十五。

図４　白馬山人著・北斎図『新版万国人物双六』国立国会図書館デジタルコレクション https://dl.ndl.go.jp/pid/1310694

上下に分かれているが釦ははっきりとは見て取れない（図3）[15]。しかし『新版万国人物双六』を確認すると「ヲランダ」人は釦の着いた服を着ているようにみえる（図4）[16]。また似た構図を持つ正保年間（一六四四〜一六四八）の記が入る二種類の『万国総図・万国人物図』の「おらんだ」の人物は明確に釦のついた上下別れた服を着ている（図5、図6）[17]。『天草征伐記』のウルガン伴天連は右手にスコップのようなものを持っており『万国総図・万国人物図』のオランダ人も右手に袋を持っていることも注目される。引用関係を明言することはできないが『天草征伐記』の絵は「南蛮・紅毛人」の服装からの影響が考えられよう。帽子を被らず小さな月代があるのは本文の反映ではないか。

なお『愛知県史　別編文化財4典籍』に似た絵が掲載されている[18]。『吉利支丹宗門渡和朝根元記』の説明に伴う絵だが、同書にこの絵はなく詳細不明である。しかしこれは、『天草征伐

図５　「万国総図・万国人物図10章ー屏001」（部分）、神戸市立博物館蔵

図６　「万国総図・万国人物図10章ー屏002」（部分）、神戸市立博物館蔵

記』の絵が一回限りの表象ではなく、継承されたものだったことを示す。

フラテン伴天連の顔

　フラテン伴天連は写本化に伴って登場するバテレン[19]、といってよいのではないか。曖昧な言い方になるのは『吉利支丹物語』には「ふらでん」という伴天連は登場するものの、個人名ではないと考えられるためである。同書には「文禄の年号の頃、秀吉太閤の御代に、ふらでん、というバレテンを数多渡す」とあり、二十六聖人の殉教の記事が続く。すなわちこの「ふらでん、というバレテン」は殉教者の大半を占めた、フランシスコ会士を指すと理解される[20]。

　しかし、『切支丹宗門来朝実記』や多くのキリシタン写本ではフラテンは一人の伴天連の名前である。彼はウルガンに呼び寄せられ、薬草あるいはその苗を持ってやってくる。『切支丹宗門来朝実記』はフラテン伴天連を「一丈五寸、髪髭黄なり、装束等大かた宇留岸に同」と、一丈五寸で髪や髭は黄色、その服装はだいたいウルガンと同じだったとする。

諸本のうちには、このフラテン伴天連の顔色について述べるものがある。関西大学所蔵『南蛮切支丹日記』はウルガンに呼び寄せられて日本にきたフラテン伴天連の様子を「貌の色ろ青く髪髭黄也。衣装はあびと」と描写する。フラテンは青い顔色をしている。『南蛮切支丹日記』独自の描写ではなく東京大学所蔵『伊吹艾草記』や後述『南蠻寺興廃記』等々、フラテンの顔の色を青とするものは少なくない。これは実録的な、南蛮人の「奇妙」さを強調する色なのだろうか。『吉利支丹来由』では「伯翁」なる人物が「色青ク」とされているが[21]「伯翁」は、すぐれた知恵を持つ人物として登場しており、顔色の青さは必ずしも侮蔑的な表現にはならない。

これに対し静嘉堂文庫所蔵『耶蘇宗門始末記』の「フラテン」は「顔色黒く髪髭は黄色衣服はウルカンのごとし」とされ顔色は黒い。杉山和也は『吉利支丹物語』のウルガンが「色黒く」とされていることについて、『平家物語』や『保元物語』における鬼海島の人々の表象と通う「境外の民」への類型的表現と指摘する[22]。

顔色が青というのは、西洋人の外見描写として違和感がないように直感的には思える。先にいくつか挙げた図にみられるような「南蛮人」は「黒」くはなく、近しいのはむしろ青になろう。「他」なるものとしての表象をどのように選ぶのか、色ひとつをとっても写本の特色がある。「境外の民」として「黒」いのか。流布する西洋人の姿に近く「青」いのか。バテレンの姿のバリエーションは、この写本群の表現する「南蛮」が一元化できるものではなく、写本それぞれが描こうとしたものがあったことを示す。

三　写本のバリエーションについて

チースリクの区分

『切支丹宗門来朝実記』を中心に論じてきたが、先述の通りキリシタン写本群には多くのバリエーションがある。次いでひとつの指標として、また今後の研究の展開に資するため、これまで見落とされてきた先行研究である Hubert Cieslik による一九四三年の論考"Nanbanji-Romane der Tokugawa-Zeit"「徳川時代の南蛮寺物語」の分類を大まかに内容をとり、紹介しておきたい。[23]

一、伊吹艾グループ。伊吹艾、あるいはそれに近いタイトルを持つもの。

二、切支丹宗門来朝実記グループ。最もよく知られ、広まっているグループ。キリシタンの信仰についての報告として一般向けのものと、南蛮寺の歴史を強調したものの二つの大きなグループに分けられる。

三、切支丹由来実記グループ。[24]『吉利支丹由来記』の影響を受けたと考えられるもの。[25]大久保石見守の一件を含む。キリシタン大名や武士に関する報告が続き、主に武士の間に広まったと考えられる。

四、『キリシタン来由記』など。[26]キリスト教の教義、一六一四年の十五ヵ条法令に関する規定、および仏教寺院によるキリスト教徒の監視に関する事項、いわゆる寺受の設立についての章をいくつか続ける。これらの文献は仏教寺院で禁止された宗教に関する情報として作成されたと考えられる。寺院での実用的な使用が意図された。このグループには、一七九七年の手稿である東京大学の『切支丹来由記』、日付のない『耶蘇宗門興廃録』が含まれる。

五、『金華傾嵐抄』。南蛮寺の物語と島原の話が融合したもの。融合の時期は不明だが一七六〇年から一七七〇年頃か。京都大学所蔵のものは、作者正木残光子、作成年は寛文八年（一六六八）と記されるが創作とみなせる。

島原の話に重きを置く『金華傾嵐抄』をここで項立てするのは適当ではないだろう。ほかの点も検討の余地は十分あろうが、まずは重要な指標としてここに挙げておく。その上で本論では、四の十五ヵ条法令を含むものと一の伊吹艾のタイトルを持つものについて、論者なりの見解を加えこの写本群の多元性を示したい。なおそれぞれ拙稿において触れたことがあるが、写本全体のうちで捉えたものではなく、またその後加わった新たな知見も多いためここにまとめて論じることとする。

「十五ヵ条法令」を含むものについて

あらためて確認するとチースリクは「一六一四年の十五ヵ条法令に関する規定」を含むものをひとつのグループとする。チースリクがその例として、挙げた写本が東京大学総合図書館所蔵の『吉利支丹来由』である(27)。

同書には、指摘通り「慶長十五年癸丑五月日　奉行」が出したという体裁を取る十五ヵ条の「東照宮御掟　宗門寺檀那請相之條々」が付帯している。一部分を抜き出して紹介しておきたい。前述の原則に則った上、原文を書き下した形にして示している。論の都合により冒頭にA、Bという記号を加えている。

A、切支丹の法は死を顧ず、身より血を出て死るを成佛と立故、天下法度厳密也。実に邪宗邪法也。茲因て死るを吟味を遂べき事

B、非田宗切支丹不受不施三宗共に一統也。渠《カレラ》が貴所の本尊は牛頭切支丁次《テイス》仏と曰。丁次《ス》を大宇須《テイウス》と名乗也。此仏を念じて鏡を見れば仏面と為る。宗旨を転ずれば鏡の面て犬《イヌ》と見ゆる。是邪法の鏡也。一と度此鏡を見者深く牛頭切支仏を信仰し、日本を魔国となす。然と雖ども宗門吟味の神国故、一と通り宗門へ元付今日人に交《マジワ》り内心不受不施にて宗旨寺へ出入ずんば、則ち是依て吟味遂べき事

Bの悲伝宗や不受不施というのは、日蓮宗の異端とされた一派を指し、これらを「一統なり」と断じている。[28]この「掟」を付帯する写本は他にもあり、管見の限りでは上智大学キリシタン文庫や関西大学に所蔵されている。特に関西大学図書館所蔵『南蛮吉利支丹来朝実記』は、東京大学総合図書館所蔵の『吉利支丹来由』とよく似ている上、書写年の明和四年（一七六七）は『吉利支丹来由』より古い。

さて、この「宗門寺檀那請相之條々」という箇所は、各地の村役人や寺院においてしばしばみつかる「宗門檀那請合之掟」や「東照大権現并御歴代御條目」といった名を持つ文書とほぼ同じものである。同文書について拙稿でも考察を試み、『切支丹宗門来朝実記』と共通する表現があることを粗々論じたことがあるが、[29]この時点ではキリシタン写本群と一体になっている諸本の存在は気がついていなかった。誤記・誤認もあり課題が多い拙稿であるため、まとまっている朴澤直秀「寺院制度と葬送仏教」から、この寺院等に流布する「掟」の説明を引く。[30]

基本的には十五ヶ条からなり、天下諸寺院宛の幕府法令の体裁を取っている。内容は、幕府により禁じられ寺請による摘発の対象となっていた切支丹・不受不施・非田宗の見分け方を示し、それによって宗門改を厳密に行うようにとの指令である。しかし、不受不施寺院の寺請禁止は、一六六九年（寛文九）年、非田宗の禁止は一六九一（元文四）年で、ともに慶長一八年よりあとである。すなわち「請合之掟」は非田宗の禁止よりもあとに作成された偽の法令、ということになる。

つまりこれは幕府法令の体裁を取る偽法令である。「宗門檀那請合之掟」などとして寺院に流布した偽文書が、ここではキリシタンの来朝を語る物語に伴われている。

この『吉利支丹来由』が付帯する「掟」は、その物語部分と呼応している。『吉利支丹来由』「宗門奇瑞之事」

の段ではバテレンは布教に「鏡」を使う。信仰心がないものがみると鏡に映るのは「鶏犬牛馬或鼬鼠魚鳥」の姿である。そして「死後生天波羅伊査有」と昼夜唱えると、今度は玉の鳳蓮七宝を連ねて紫磨黄金の肌で横たわる仏の姿になる。そうすると「打首び磔に逢い或は水火の責を受て牛裂車裂になり肉礚なるとも」苦しみ嘆くことはなく、死を早くすることが成仏だと思うようになるという。そして柄の長さ二尺ばかりの蝿打のように銅の針を植えたもので身体を打ち血を流すようになる。

これらは「掟」のA「切支丹の法は死を顧ず、身より血を出て死るを成佛と立」B「此仏を念じて鏡を見れば仏面と為る。宗旨を転ずれば鏡の面て犬と見ゆる。是邪法の鏡也。一と度此鏡を見者深く牛頭切支仏を信仰し」という箇所と、響き合う。

では物語が先か「掟」が先かという疑問が起こるが、少なくとも引用したAとBの部分につながる部分は物語が先に成立していたのではないか。自ら血を流し信仰心を深めることは『吉利支丹物語』に見える。またはじめ動物の姿に映り、入信した後は仏の姿に映るという魔法の鏡は、享保一四年（一七二九）の記を持つ東北大学狩野文庫所蔵『嶋原実記』には存在が確認できる。[31] また近松門左衛門脚本『傾城島原蛙合戦』（享保四年（一七一九）、竹本座初演）には、同様の来世を写すという触れ込みの、はじめは動物の姿が見えるが邪法の修行をすると仏の姿が映る魔法の鏡が登場する。[32] これに人々が誑かされ、キリシタンを思わせる邪宗門の信徒となる様子が書かれるのである。享保四年は『嶋原実録』の成立年代から考えても早い時期であり、近松が写本類を踏まえた可能性よりも、『嶋原実録』など早い時期の写本が、近松作品を取り入れた可能性が高いだろう。

「宗門檀那請合之掟」は「一八世紀後半の時点で確かに存在していた」もので「成立や分化はそれ以前に遡る」と推定されており、[33] 少なくともこれら、入信をそそのかす魔法の鏡や、身から血を流すことが成仏だといった部分については、物語が先んじてあると考えられよう。[34]

『伊吹艾』について

『伊吹艾』あるいはそれを書題に含むものの多くは『切支丹宗門来朝実記』にはない前文を持つ。「柴田吉左衛門」という武士、のちに出家して西心と名を改める人物が[35]、伊吹山の近く柏原で養生をすることになる。そこで当地ではなぜ伊吹艾が広まったのかと問い、得た答えがこの本だというものである。なぜこの本が答えになるのかといえば、本文中に信長が伊吹山中に薬草園を作ることをバテレンに許可し、そこにフラテン伴天連が持っていた薬草を植えたという記述があるゆえである。

例えば東京大学所蔵『伊吹艾草記』には「南蛮流外治は灸法を用いるゆえ艾原多く植作らせける」との一文が加わっているが、伊吹艾系の題名を持つものは、本文中でも伊吹艾の効用を強調する傾向がある[36]。すなわち、冒頭の一文と紐付く形で、実録の本文に若干の変更を施した、そのようなものから派生した一群と捉えられる。伊吹艾については、本家争いなどもあり、艾を扱う商売とこの伊吹艾系の写本の流布が関連しているのではないかという推測を拙稿で示した[37]。

その後、ノートルダム清心女子大学所収の『耶蘇宗門朝渡根本記』に接した[38]。外題「耶蘇宗門興廃記」、内題・目録題「耶蘇宗門朝渡根本記」、明和六年（一七六九）に宮崎光保の写しという奥書を持つ「美濃不破山下不破家所蔵」であったものである。本文は『切支丹宗門来朝実記』と大きく変わる点はない。しかし、末尾に伊吹山艾のいわれをうかがいたいと、再度、伊吹山山中に南蛮国のウルガン伴天連とフラテン伴天連が、信長の許可を得て薬草園を開いたという話がくり返され、そして薬草の中に「南蛮艾」という艾があり、これが病に大変効くという話が始まる。その口調は「灸治ばかりに用ると思召るまじ。少しばかり白湯にて御用有らばこわり腹下り腹しぼり腹痢病霍乱吐逆風ひき鼻づまり湿にうたれて頭重きに良し……」と薬売りの口上である[39]。なお本文とこの部分は、同紙に連続しており、また明和六年（一七六九）という奥書はこの箇所より後部にある。

奥書も注目される。

這一巻は当伎郡高田の庄杉野何某より宇都宮豊彦の許に来り侍り。ていすの興亡いとめつらにおほえて老の初もいつしか又一紀の老を重ねぬれは、燈下の筆すさひ、なをたふへくもあらねと、略禿毫の走るに任せ侍候

この一巻は「当伎郡高田の庄の杉野何某」から来たという点に注意したい。「当伎」は「たぎ」とよみ通常は「多藝」郡である。『古事記』では倭建命が伊吹山の神を怒らせ氷雨に打たれたのち通った場所がこの地であり、ここで足が「たぎたぎ」しくなったためこの地を「当芸野《たぎの》」というという。『伊吹艾』の前文では柴田吉左衛門は、中山道柏原で療養をし本を手に入れることになるが、多芸は中山道をもう少し東に行ったところの垂井の宿に近い。伊吹山から遠くない、街道に近い場所からこの本が伝わってきたという来歴があるのだ。

キリシタン来朝譚を語る写本群の流布の一角に、伊吹艾や関連の薬を売る商売における利用があったのではないかという推測を、本資料は補強する。

おわりに

近世の禁教下の日本では、バテレンの名前など広まりようがない。したがって写本で広がったこのウルガン伴天連こそが、最も知られるバテレンであり、次いで知られるのがフラテン伴天連だっただろう。だからこそ、芥川龍之介は日本らしいキリスト教、私たちが内面化した「西洋」──「南蛮」を象徴する存在としてウルガン伴天連を挙げるのである。

しかしこの写本は、尋常ではない量が存在する。なぜこのような量、そして多様な書題で流布するのか。単純な娯楽としての利用だけではなく、いくつかの利用の流れ、方向性がそこにあったとみなすべきであろう。そしてそれは「南蛮」という「他」への眼差しが一元化できるものではなかったということを示している。

実録類としての「虚構化」の展開はキリシタン、バテレンが目の前にいない、キリシタンが自在にフィクショナルになることを許した時代の産物である。しかし西洋の脅威がせまると受容が増大する。はじめての版本が、慶応四年（一八六八）の『南蠻寺興廃記』であり、活発に排キリスト教運動を展開していた浄土宗の僧侶鵜飼徹定（杞憂道人）によるものであった。「少しは世界地理に関心を持っていた某知識人によって改編・改題せられたものであろう」[40]とされるこの本でのフラテン伴天連は青い顔をしている。綯い交ぜの「正しさ」とともに、「南蛮」は人々の不安をあおっていくのである。

【謝辞】
本稿を書くにあたっては東京大学総合図書館、関西大学総合図書館、静嘉堂文庫、上智大学キリシタン文庫、ノートルダム清心女子大学、函館市中央図書館、神戸市立博物館をはじめ非常に多くの機関のご厚意を賜りました。記して御礼申し上げます。
また本研究はJSPS科研費22K00317の助成を受けたものです。

注

（1）芥川龍之介「神々の微笑み」（『奉教人の死・煙草と悪魔　他十一篇』岩波文庫、一九九一年）。

（2）例えば岩波書店編集部編『岩波西洋人名辞典』（岩波書店、一九八一年）など辞書類においてもウルガン伴天連をオルガンティノ神父のこととするのが通例化している。

（3）写本のなかには南蛮大王が登場しないものもある。

(4) 菊池庸介『近世実録の研究—成長と展開』（汲古書院、二〇〇八年）。

(5) 姉崎正治「キリシタン物語類の俗書」『切支丹伝道の興廃』（同文館、一九三〇年）、海老沢有道「『切支丹宗門来朝実記』考」（日本宗教学会編『宗教研究』一三九、一九五四年）同『南蛮文学入門』（教文館、一九九一年）など。

(6) のちに絵入りで改版され『吉利支丹退治物語』になるがここでは必要がない限り『吉利支丹物語』と呼ぶ。また寛永十五年は刊記ではない可能性が指摘されている（朝倉治彦、柏川修一編『仮名草子集成』第二五巻解説、東京堂出版、一九九九年）。

(7) 前掲『仮名草子集成』第二五巻、『吉利支丹物語—現代語訳』（キリシタン文献を読む会、二〇二一年）参照。

(8) Jan C. Leuchtenberger, *Conquering Demons: The "Kirishitan," Japan, and the World in Early Modern Japanese Literature*, Center for Japanese Studies The University of MICHIGAN,2013

(9) 杉山和也「『吉利支丹物語』に於けるキリシタン」（『説話文学研究』第五九号、二〇二四年七月）。なお杉山は『吉利支丹物語』がキリシタンに関する正確な知識を含むことにも言及しているが、「アビト」すなわち「Hábito」も宣教師の法服の名を反映している。『切支丹宗門来朝実記』では「アイト」である。

(10) 木場貴俊氏（現、京都先端科学大学）によると、これは「見越し入道」の現在確認しうる一番早い例。第三六回東アジア恠異学会（二〇〇五年）の南郷による報告「近世キリシタンをめぐる「怪しい」語りの考察」席上での指摘。

(11) 関西大学所蔵『南蛮切支丹日記』では「足ノ指先キヲソロヘ両スネヲノハシ」。

(12) 「聖フランシスコ・ザビエル像」（十七世紀前期　神戸市立博物館蔵）。

(13) ただし存在する可能性は十分にある。

(14) 『天草征伐』は『嶋原実録』からの展開のひとつとされる。詳細は菊池、二〇一三年参照のこと。後述『嶋原実録』との前後関係など検討すべきとの指摘があり、キリシタン来朝譚の過渡期を考える上でも重要になるが、ここでは踏み込まない。

(15) 寺島良安『和漢三才図会』正徳五年（一七一五）跋。「西洋」という国も含まれるが、その国の人は白い布で頭を覆っている。今日の「西洋」とは異なる。

(16) 白馬山人著・北斎図『新版万国人物双六』天保一四年（一八四四）〜弘化四年（一八四八）、国立国会図書館デジタルコレクション https://dl.ndl.go.jp/pid/1310694

(17) 神戸市立博物館所蔵。図5の頭書には「正保酉」の字がみえ、図6の頭書には「正保丁酉春吉辰／於肥州彼杵郡／長崎津開板」

とあるが、正保年間に丁酉の歳はない。

(18)『愛知県史　別編文化財4典籍』（愛知県史編さん委員会『愛知県史　別編文化財4典籍』愛知県、二〇一五年）。

(19) 諸本により色々な表記がされるが、ここではフラテン伴天連に統一する。

(20) 京篤二郎『耶蘇宗門根元記』（名古屋キリシタン文化研究会、一九九四年）。また『吉利支丹由来記』の考察に際してもこの変化について言及し（拙稿『吉利支丹由来記』の検討―反キリシタン文学再考のために」『説話文学研究』五九号、二〇二四年七月）、そこでは見落としていたが、Hubert Cieslik "Nanbanji-Romane der Tokugawa-Zeit" *Monumenta Nipponica*, Vol. 6, No. 1/2, Sophia University,1943も『吉利支丹物語』のフラデンがフランシスコ会士を意味する可能性を指摘している。なお姉崎は『吉利支丹由来記』から版本『吉利支丹物語』、来朝実記系写本群へという影響関係を想定しており、その上で『吉利支丹由来記』の「ブラ天」はアルメイダの訛伝でそれを後続写本が踏襲したと理解している（姉崎、一九三〇年）。しかし『吉利支丹由来記』は版本『吉利支丹物語』よりあとの成立であり、版本『吉利支丹物語』の記述を後続諸本が誤って理解したととらえるべきである。

(21) 成立年代不詳、筑波大学等所蔵、同書の詳細は拙稿、二〇二四年。

(22) 杉山、二〇二四年。

(23) なお本論文はドイツ語であり、専門的な知見を持つ者による翻訳が待たれる。

(24) 元の論文では「五」と表記されているが、「三」の間違いと考えられるため「三」と表記する。

(25) チースリクはおそらく姉崎正治の説（「キリシタン物語類の俗書」『切支丹伝道の興廃』同文館、一九三〇年）を踏襲し『吉利支丹由来記』を一六二〇年から一六三〇年頃に成立し『吉利支丹物語』とともにキリシタン実録に影響を与えたとするが、実際は『吉利支丹物語』以降の成立であると考えられる（拙稿、二〇二四年）。

(26) 原文では漢字が示されていないためカタカナにした。

(27) 外題「吉利支丹来由　全」内題「吉利支丹来朝由事　全」。寛政九年（一七九七）養蓮寺於舎中写之恵明写。チースリクは「切支丹来由」と表記するが、書写年代や内容から本書のことと判断される。

(28) 大橋幸泰は異端が「キリシタン」に統一されていくことを論じる（大橋幸泰「近世潜伏宗教論―キリシタンと隠し念仏」校倉書房、二〇一七年）。

(29) 拙稿「宗門改めをめぐる諸問題」(『鶴甲論叢』第一〇号、鶴山論叢刊行会、二〇一〇年)。
(30) 朴澤直秀「寺院制度と葬送仏教」(『シリーズ日本人と宗教―近世から近代へ　第三巻生と死』株式会社春秋社、二〇一五年)。
(31) この鏡に「三世鏡」という名がつくのは、時代が下るのではないかと考えられる。
(32) 拙稿、二〇一〇年において『傾城島原蛙合戦』と「宗門檀那請合之掟」および『切支丹宗門来朝実記』との関連を指摘済み。ただ拙稿では同書の著者名について、誤りを犯していることを追記しておきたい。
(33) 朴澤、二〇一五年。
(34) 『嶋原実記』系の内容に「宗門檀那請合之掟」が付帯したものが広まったという流れが考えられるが、詳細は稿を改めたい。
(35) なおこの人物は仮託だとみなせるが、「柴田」の名字を持つ。除災のための絵図において、「アマビコ」という生き物との出会いを喧伝する人物が「柴田」という名字を持つ武士であることが多いと指摘する長野栄俊の論(「予言獣アマビコ考―「海彦」をてがかりに」『若越郷土研究』第四九巻第二号、福井県郷土誌懇談会、二〇〇五年一月)を踏まえると興味深い。除災や健康を売りあるく「柴田」ネットワークといったことを考えさせられる。
(36) 厳密には、艾をタイトルに含まないものでもこのような記述を持つものあり、傾向としての指摘になる。一律に区分できないのが相互に影響する実録の難しさでもある。
(37) 拙稿「キリシタン実録類と江戸の商業活動　―『伊吹艾』を中心に」(『神戸大学国際文化学研究推進センター研究報告書』二〇一七年)。
(38) 拙稿「「キリシタン」の幻術―『切支丹宗門来朝実記』系実録類と地域社会の「キリシタン」」(東アジア恠異学会編『怪異学の地平』臨川書店、二〇一八年)にて一部紹介済み。
(39) さらに続く箇所では、子ども時代に唐人から「伊吹山薬草丸」の作り方を教えてもらったという伊吹村を在所とする「我」が登場する。(拙稿、二〇一八年)
(40) 「『南蛮寺興廃記』解説『南蛮寺興廃記・妙貞問答』」(東洋文庫一四、平凡社、一九六四年)。

『切支丹宗門来朝実記』の世界——伝本小考

小峯和明

一　反キリシタン文学の物語群へ

十六世紀、大航海時代の波に乗って西洋からキリシタン宣教師が東アジアに渡来、精力的に布教活動を展開した。日本ではフランシスコ・ザビエル以後も次々と宣教師達がやって来て、織田信長はこれを積極的に受け入れたが、豊臣秀吉は禁教令を発して弾圧に乗り出し、続く徳川政権もキリシタン禁令の政策を受け継いだ。ポルトガルやスペインの世界制覇の企図を察知していたし、デウスを絶対至上神とするキリシタンの教義は戦国時代を終わらせた統一政権にはそぐわなかった。禁令の政策に同調し、キリシタンに強く反駁したのが既存の神道や仏教などの宗教界で、とりわけ仏教界は強固な思想上の弾劾、排撃を担い、教義をめぐる宗論も活発に行われた。

これらキリシタン反駁を企図して制作されたのが反キリシタン書（排耶書）である。従来は思想書としての面ばかり着目されてきたきらいがあるが、一方で物語系の作品も『伴天連記』や『吉利支丹物語』などを皮切りに種々作られた。禁制化に伴う出版統制によって主に写本で貸本屋などを媒介に広まり、バテレン幻想をより肥大化させる役割を担った。これら写本群はかなりの数に及ぶが、いかに作られ、いかに読まれ、どのような影響を及ぼしたのか、諸本相互にどのような関係にあるのか、その実態はまだ充分解明されていない。

近年ようやくこれら物語系の反キリシタン文学が注目されるようになった段階である。たとえば、菊池庸介『近世実録の研究―成長と展開』（二〇〇八年）に実録物の一環として「キリシタン実録群」の概要が明らかにされ、先駆的な意義を担ったが、個々の作品から見ていくと、まだ多くの問題が残されている。他に伊吹艾系本に着目する南郷晃子論（二〇一八年）もあり、拙論でも概略を述べたことがある（二〇一二年）。

ここでは、最も写本が流布した『切支丹宗門来朝実記』を中心にその世界を読み解き、私的に研究課題としている〈幻想の異文化交流〉の面から検討したいと思う。しかし、全面的な検証に至るまではまだ多くの階梯があり、小稿ではその考察に至る前提として、架蔵本を中心に諸本の様相についてふれておきたい。

まずは当書の物語の概要を『吉利支丹文庫』所収の活字本に拠って述べておこう。


南蛮国の合志尾大王が日本征服を企図するが、右将軍呑力と左将軍呉輝大臣との武闘派と知略派が対立する。かつて南蛮四二ヶ国が日本を度々攻めたが、一度も勝てず、北狄の泉向皇帝が攻めても日本は神国で神明の守護強く、制圧できなかったという。三千里西の天倫峯岸という所に宇留岸伴天連、富羅天伴天連など外道の術を使う切支丹がいて、呉輝大臣の脅しが功を奏し、宇留岸が先に日本に赴く。宇留岸は遠眼鏡や鉄砲、伽羅、蚊帳、数珠など七種の宝物を携え、一年半で長崎に着き、やがて織田信長に対面がかない、布教が認められて建立した永禄寺に入るが叡山の反発もあり、南蛮寺に名を変える。宇留岸の要請で南蛮王は富羅天も日本に派遣、布教活動を展開する。貧苦病人の救済事業を行い、三世の鏡で来世を見せたり、クルスによる儀礼なども行い、やがて信者が拡大し、高山右近など大名の信者も出て、信長は逆に後悔する。

ついで秀吉の時代になり、零落した日本人三人、バビヤン、コウスモウ、シュモンのキリシタンによる救済と入信にふれる。バビヤンは中井半兵衛の母に接近し、その縁で白応居士と宗論を行うが完膚なきまで論破される。秀吉は蒙古襲来の先例を語り、切支丹の弾圧を始める。南蛮寺は破却され、伴天連は送還、宗門改めが厳しくなり、バビヤンらは逃走し、コウスモウとシュモンは市橋庄助、嶋田清庵と名を変えて堺の医者になる。後に二人の評判を聞いた秀吉に招かれ、妖術を披露し、卵を鶏に変えてまた卵に変えたり、富士山や近江八景のパノラマを眼の前で見せたり、奇術の限りをつくすが、最後に秀吉が藤吉時代に手討ちにした菊女の幽霊まで出したために、秀吉の逆鱗にふれて拷問、処刑される。

その後、徳川の時代になって踏み絵をはじめ弾圧は苛烈になり、そして島原天草一揆に至る。

南蛮国の征服幻想をはじめ、妖術使いなどバテレン幻想の肥大化がうかがえ、同時に薬草の栽培をはじめ、困窮者や難病人の救済など、慈善事業の面にもふれる。おおよそ十七世紀半ば頃の語りの現在に立って、信長・秀吉から江戸初期に至る激動期を振り返り、キリシタン伝来から島原天草一揆に至る変転をとらえた物語系の歴史叙述になっている。

二　架蔵本の様相

『切支丹宗門来朝実記』の写本はおびただしい数に上り、今も古書肆で時折り出てくるほどで全貌がつかめない。書名も様々で、逐一内容を検討しないと同一書かどうか判断しにくい。すべて写本でおおよそ一冊本の体裁である。続々群書類従本や比屋根安定編『吉利支丹文庫』第一輯（警醒社書店、一九二六年）などの活字本に拠るのが一般的だが、かなり本文は流動的で、諸本によって落差が大きく、活字本だけでその全体像をとらえることは不可能である。

ここではひとまず架蔵の写本十五点を主対象とし、これらの伝本間の差異を検証したいと思う。諸本によって差違が大きく、系統論を立てるのは難しく、関係は錯綜している。以下に書名や奥書、識語、表記体など簡略に書誌情報を列挙する（便宜上、元号の下に西暦年を併記した。紙幅の都合で書誌の詳細は略す）。

①『切支丹興廃録』内題・尾題（外題なし）。明和八年（一七七一）が起点。末尾裏に「真珠院　浄龍物」。漢字片仮名交じり（片仮名小書き）。寺院での書写伝来か。

②『南蛮記』外題・内題・尾題。奥書「天明四甲辰（一七八四）十二月　川中島戸部村畑中　西村聖五郎」。漢字平仮名交じり、部分的に片仮名（人名、てにをは）。

③『切支丹実記』外題・内題・尾題。表紙・天明八（一七八八）戊申季。遊紙・絵入り刷り物「秋葉山大権現／火盗雙除所」。漢字平仮名交じり。⇩項目見出し表題

④『切支丹来朝由来記』内題。元表紙・外題切り取り、後装本表紙欠失。元表紙「寛政十一年（一七九九）未三月写之　斎藤富治郎」。安永八年（一七七九）が起点。裏見返しに「河合徳助・朱印」。末尾に「小夜中山記」引用四行。漢字平仮名交じり。

⑤『切支丹宗門来朝実記』内題。遊紙（後補）「切支丹来朝実記」、「文化四（一八〇七）卯夷則日　筆者国富住人本主よしたり」。「雲川・錦巻クチウカ」の墨印。裏表紙見返し「仁志満喜」。漢字平仮名交じり。以下の跋文あり。

去ル所より吉利支丹宗門来朝実記と表題有し書物を借用いたし、写し畢りて見れば、文に重なり多く、或は文たらず、亦文いやしき所も多く侍る。是は作者の誤りか、扨は筆者の誤りか。依て拙者見くるしき釘の折に能似たる手跡を以て工にはあらね共、愚か成かんなにて、頗るしらけて写し畢。

⑥『南蛮耶蘇宗門根源記』内題。外題「南蛮耶宗門根源記」、目録題「南蛮国誌」、尾題「耶蘇法根源記」。奥書「文政十一年（一八二八）春写之　竹内義隆」。巻頭・末尾「かし本・愛知県渥美郡豊橋町中八町　博集舎」の朱印。漢字平仮名交じり（読み仮名・片仮名）。⇓項目見出し表題

⑦『切支丹由来実記』外題・内題。奥書「天保三年辰（一八三二）二月写之　信州更級郡広田村　羽生田翼尺人」。漢字平仮名交じり（読み仮名・片仮名）。⇓項目見出し表題

⑧複写本『切支丹宗門来朝実記』内題。外題・尾題「切支丹来朝実録」、奥書「天保六乙未（一八三五）三月姫ノ郷村住　高橋左衛文之丞長敷写之」。漢字平仮名交じり。（香川県観音寺市木ノ郷　高橋巧氏所蔵本の複写）⇓前半欠

⑨『破切支丹宗記録書』内題。外題「切支丹発記物語」。遊紙・奥書「爾時安永六年（一七七七）丁酉五月于時嘉永五年壬子（一八五二）霜月下旬写之也　歳八拾之隠居写之」。末尾識語「爾時安永六年丁酉夏日　海応斎　鈴木玄泰令昌」。漢字片仮名交じり。

⑩『切支丹宗門来朝実記』内題。外題「切支丹来朝実記」、尾題「切支丹興廃実記」。奥書「嘉永六癸丑（一八五三）四月写之　新三郎・花押」。巻頭・末尾に壺型墨印。漢字平仮名交じり。

⑪『切支丹宗門来朝実記』内題。奥書「于時安政六己未（一八五九）季穐吉日　写之也」。末尾裏「田所啓太郎」。漢字平仮名交じり（部分的に片仮名）。

⑫『切支丹宗門由来実記』内題。外題・尾題「切支丹由来実記」。奥書「時爾明治十九年戊（一八八六）三月下旬　常田廣吉より借用写之畢　上水内郡入山村影山住　小林隠士寿山書」。宝暦六年（一七五六）、明治十九年記載。漢字平仮名交じり。

⑬『切支丹宗門実記』外題。内題「実録」。末尾裏「六呂師村住」。「岡田氏」朱印、「清水」三文判印。漢字

片仮名交じり。

⑭『幾里志太無来朝記　上』外題。表紙「上下一冊写之」。「納」の墨円印。漢字平仮名交じり。⇓末尾の島原天草一揆の記事詳しい

⑮　題簽剥落。前半のみ、序文あり。漢字平仮名交じり。

書写年時に関しては、②③④が早く、天明、寛政期の十八世紀末期書写、⑨は安永六年（一七七七）の識語がある。また、本文末尾のキリシタン伝来や島原天草一揆などから語りの現在時点までの年代計算の表示で、①の明和八年（一七七一）が最も古い。

諸本の区分のおおよその目安は以下の通り。

（1）書名の相違：外題・内題を問わず、『切支丹宗門来朝実記』⑧⑩⑪、『切支丹宗門実記』、『切支丹由来実記』『来朝実記』③④⑤⑦⑫⑬⑭などの「実記」系と、それ以外のもの、『切支丹興廃録』①、『南蛮記』②、『南蛮耶蘇宗門根源記』⑥、『破切支丹宗記録書』（外題「切支丹発記物語」）⑨とに区分けできる。⑩は尾題に「切支丹興廃実記」とあり、一定せず、かなり流動的であることが分かる。⑨の外題「切支丹発記物語」は、別に『切支丹発起』（架蔵）なる写本もあるが、内容は重なりつつも相違する（後述）。

（2）本文の表記の相違：片仮名本①⑨⑬とそれ以外の平仮名本とに大別できる。①②は片仮名小書き体である（②は本文平仮名であるが、てにをはの類は片仮名小書き）。

（3）見出しの表題の有無：表題あるもの③⑥⑦。他の諸本はない。これらは内容を項目に分けて見出しの表題をつけたもので、巻頭に目録としてまとめて載せるもの③⑥と、本文中のみ⑦とがある。

③は巻頭に以下のような表題の目録が一つ書きで付く。上段に列挙し、下段に本文中の表題との違いを示し、

本文題のみに見られるものは太字で示した（○印は合致）。

一南蛮王謀叛之事	○
一伴天連由来之事	○
一宇留義志日本え渡ル事	○
一堺住吉社震動之事	住吉社—住吉大明神
一伴天連織田信長公え御目見得之事	—永禄寺建立付リ南蛮寺と号する事
一婦羅天日本え渡ル事	婦羅天—婦羅天伴天連
	婦羅天伴天連信長公へ御目見得之事
一南蛮寺繁昌切支丹進之事	○
一加賀国善惣恵順和泉国呉服屋安左衛門同国辻村百姓善五郎此宗門ニ入上野修門と名改之事	×
一織田信長公南蛮寺建立後悔之事	×
一荒木津守村重逆意之事	○
一波以屋武修理か宅え往事	往—往し
一白翁居士波以屋武宗論	波以屋武—ばひやん
	修理大夫宗論談太閤え諸儀申上る事
一南蛮寺滅亡之事	
一稠敷御詮義にて改宗被仰付事	下と入れ替え

一上野修門罰科被行事　　上と入れ替え

⑥は全体が「南蛮国誌」として上下に分かれ、上は目録なく、本文中の表題だけで、「南蛮国王日本攻取謀評之事　附り異人来朝之事」「信長公異人安土え召さるる事」の二段のみであるのに反し、下には目録表題がつく。しかも本文は、「南蛮耶蘇根源記」下巻として、「三徒子諸人を誘導する事」の表題から始まる。以下、下段に本文表題との差異を示した。

南蛮国誌目録下

三徒子諸国廻諸人を誘導する事	三徒子諸人を誘導する事
信長公耶蘇宗門を貶儀し給ふ事　附り信長公薨御之事	宗門―法
南蛮寺之者共秀吉公へ取入ンと謀ル事　附り法論之事	○
秀吉公南蛮寺を破却し給ふ事　附り四人之者共幻人被召捕事	四人之者共幻人―幻人
秀吉公幻人を伏見え被召事　附り幻人死刑之事	○
耶蘇残党往々ニ出没する事	○

⑦は目録表題はなく、本文表題だけがついている。

南蛮大王謀叛評定之事
破天連由来之事

宇留岸日本へ渡る事
信長偽りヲ以宇留岸を安土へ引取事
堺住吉社震動之事
破天連信長へ目見へ之事
永禄寺建立　附り南蛮寺と号スル事
富羅天日本へ渡る事
富羅天信長へ目見へ之事
南蛮寺繁昌切支丹勧之事
ばひあん、こうすまう、しゆもん三人の事
信長南蛮寺建立後悔之事
荒木摂津守村重迷意之事
ばひあん由井修理が宅へ行事
白翁居士はひあんと宗論之事
太閤え修理宗論ヲ申上ル事
南蛮寺滅亡之事
こうすもふしゆもん罪科に行る事
御当代に至り御詮義厳敷改宗被仰付候事

以上の三点で、③⑦は比較的共通する項目が多いが、それぞれ重なりつつ相違する面もあり、一定しない。⑥

では、目録表題と本文表題とではずれが生じている。これらの表題がどの時点でつけられたのかも不明であるが、読解の便宜をはかって読みやすくしようとしたもので、最初からあったとは考えにくい。

三　冒頭と結末の差異

諸本の差異で特に際立つのが冒頭の書き出しと結末である。まず冒頭はおおよそ、信長糾弾型①③④⑤⑦⑨〜⑬⑮、南蛮国紹介型②⑥⑭、前半欠⑧となる。（以下、引用の表記は私意により、太字も引用者による）典型例として、①によれば、

抑、切支丹宗旨之来由ヲ委尋ヌルニ、人皇百七代正親町院ノ御宇、永禄十一戊辰ノ年、織田上総之介平信長ト申ハ、奸邪心ノ内ニ深ク、外ニハ神社仏閣ヲ破却シ、其領地ヲ奪、我慢放逸之振舞、多シ。故、宗護ノ善神モ見放シ玉フニヤ、天魔、其虚乗ジテ、外道ノ邪法ヲ此土ニ引入、切支丹宗門ニ渡ス。民此ノ為ニ身ヲ亡ス者、幾千万ト云数ヲ不知。此宗門ハ、南蛮国ヨリ渡ル所ノ邪法也。

と、キリシタンの由来のそもそもは仏教を弾圧した織田信長が「外道の邪法」たるキリシタンを受け入れたためだ、と信長糾弾から始まり、ついで南蛮国に視点が移っていく、という展開が標準的である。

これに対して、南蛮国紹介型は、②によれば、

夫、切支丹宗門と云うは、人王百七代正親町院御宇、永禄十一戊辰之年頃、南蛮国より渡る所の邪法也。南蛮国と云は、西は天竺シナタ国、南はウメ国、北は蜀の国に続き、東海漫々たり。（⑮はほぼ等しく、「天竺支

那陀国」の漢字表記、「蒼海まんまん」となる。⑭は「西は天竺月支国、北葱嶺、南は鳥馬国、東は大蒼海渺々たる」となる。また⑥はそれらとも相違する。

抑、今の世に切死丹宗門とて、従公儀堅く御制禁有て津々浦々迄、御領私領国は、此頃天下一流に人別宗門を御改有て、所々の寺判を取、悉く仏法に帰せしめ給ふ。其由来を尋るに、昔し、天主教とて是を切死丹の事也。此邪法、我朝に来る事、人皇百七代正親町院の御宇、永禄十一戊辰の年に南蛮国より渡るなり。

宗門改めにふれ、天主教の呼称や「切死丹」なる表記などもみられる。切支丹伝来をすべて信長に帰着させる前者の型から信長の名を消去する後者の型に移行したと見ることができよう。菊池論では、「信長批判は作品全体に行き渡っているわけではなく、この部分にのみ現れるものであり、A系統にあらたに書き加えられたもの」(一四一頁)とするが、先引の①本では、天魔がその機に乗じて外道の邪法を引き入れ、ために切支丹の信者が増えて幾千万という犠牲者が出たのだ、という論法であり、これは本書全体にかかわる論理とみるべきであろう。そして時代が下るにつれて、キリシタン伝来を信長だけに帰着させる見方が次第に薄れてきて、この部分が消されていったと考えることもできよう。江戸時代における信長観の変転にもかかわり、早計に結論づけえない問題であろう。

さらに見れば、伝本間の差異は、冒頭以上に結末の方に大きな落差があり、系統分けをさらに困難にしている。ここでもその位相差に着目するにとどめるほかない。まず標準的なものは、以下の①のごとき例である。(太字は引用者)

寛永十四年、肥前国**天草ニテ一揆**起リ、此時モ切支丹多シ。頭取アシ塚忠右衛門、本田作左衛門、千々輪五郎左衛門、赤星内膳、毛利惣意斬等ヲ始メトシテ、天草天ノ四郎ト云者ヲ大将ト而、古城ヲ拵ヘタテコモルトイヘドモ、大軍ニ責落サル。**嶋原記**ニ委細有リ。切支丹徒党三万七千余人誅伐ス。永禄十一歳、此宗旨渡リ、天正十三年迄十八年ノ間繁昌ス。同年南蛮寺滅亡ス。同十六年ニ、バビヤン、シユモン罪科ニ行ハル。慶長十六年、肥前国宇七郡ニ起リ、罪科ニ行ハル。天正十三年ヨリ慶長十六年迄二十六年目ニ当ル。寛永十四年□□□是**天草陣**也。是故ニ厳敷御法度也。西国、九州、長崎御奉行所ニテ、彼ノ**絵像ニ踏マスル**也。永禄十一年ヨリ明和八辛卯年迄、凡二百五年ニ成ル。**嶋原陣ハ**寛永十四年ヨリ明和八辛卯年迄、百三十四年ニ成也。

天正十三年の南蛮寺の破却や寛永十四年の島原天草一揆、踏み絵の制度化などにふれる。物語の語りの現在を示す年代との時間差を示す例が多く、語りの現在が諸本によって異なる。右の①では、明和八年（一七七一）であるが、④は同じ型で安永八年（一七七九）、『吉利支丹文庫』所収の活字本では、「宝暦五年」（一七五五）である（『続々群書類従』本も同）。

以下、諸本ごとに末尾を提示しておこう。（難字や虫損は□で示す）

② **天草の事**は**天草記**に委敷有程ぞ今爰に不記、依而略之。
人王百十代正明院御宇　家光公大猷院殿御時に大将軍時貞、二月二十八日未の刻、落城。
大矢田村住人甚兵衛倅十七才にて切支丹徒三万七千余人、御敗伐邪蘇宗門と云々。

③ 其後十三年過、寛永十四年、家光公御代、肥前国**天草にて一乱起し**とかや、**嶋原記**に委細あり、略すものなり。

⑤ 寛永十四年、肥前国天草にて**一揆**起る。此時、切支丹の従者三万七千余人、誅伐と云々。是は**嶋原記**とて委しき書物に有。依て爰に略す。

⑥ 此後又十二年過て、肥後国**嶋原に起る事**あり。別に記するが如し。是を以て思ふに、今の世は仏法世法まさしき世に生れて、国ゆたかに家をさまりて安穏に日を送る事、偏に御政道の御恵それいくばくぞや。

⑦ 其後十三年過て肥前国**天草に一揆**起り、此時又切支丹多しと、**嶋原記**、**天草軍談**等に見へたり。

⑧ 寛永十四年に**天草一揆**起る。

⑨ 折節、此宗徒民間に有て既に寛永年中、**天草動乱**有依之、御公儀より悉御吟味被遊、日本国中之府中城下在々に至迄、御制札為掛置給ふ。殊に長崎にては於御奉行所、彼**伝宇須絵像を諸人に踏せて**、異国人之引見る由、切支丹宗門之者は是を踏事、成兼ぬる由なり。是より御代恭平に治国民安土の思を為、戸ささ、又御世は万々世幾久しとも限無く豊に住る、君が代之流之未之我等迄、不飢不寒、安楽に暮事、是皆仏神儒三道之徳成、是を護持し是を敬せよ。

切支丹宗記禄下終

天和年中より日本国中之江中村々え、御法度之御制札を奉掛置事也。破天連之訴人、銀五百枚被下同宿立帰、訴人に銀百枚緞、令伊留慢同宿立帰之訴人成共、訴人に出る品に従り五百枚可被下由、今御制札を被掛置也。

⑩ 寛永十四年に又起り、**天草軍**なり。是も又誅伐し玉ひける。是より西国、九州辺にては毎歳宗旨改の□**絵踏み**といふて、旦那寺にて、切支丹本尊を箱に入れ、一人別に是踏むとなり。

⑪　寛永十四年に又起る。**天草軍**是也。諸宗宗旨改し節、御法度の切支丹并転びの類族にても御座無く候とは是より初る。西国、九州辺にては、毎年長崎奉行所より**切支丹本尊の絵像**を借りて宗旨改之節、檀那寺にて本尊を抱子等迄、踏せるといふ。則絵踏と言なり。

南蛮国帝王

令甚尾大王　左将軍　呉輝大臣

右将軍　呉我大臣

呉呑大臣

天輪岸切支丹宗　医術

宇留岸　破天連　本道　伊留満

富羅天　破天連　外科　伊留満

⑫　寛永十四年又天草に起り、其故、厳敷御制禁也。九州にて毎年度々**彼仏の絵像を取出し、踏ますする事**疑なし。

永禄十一戊辰年、宝暦六年迄、百八十九年に成る。**天草嶋原陣**、寛永十四年より宝暦六年迄、百二十年に成也。宝暦六年より明治十九年迄、凡百三十二年、永禄十一年より起て三百二十一年明治十九年改如

⑬　其後十三年過て、家光公の御代、鐘鋳十四年肥前国**天草一揆起**。此時又、切支丹多く、其事**嶋原記**に委くあり、切支丹徒党、凡三万七千□□誅伐なり。永禄十一年に此宗門渡り、天正十三年迄十八年、繁昌す。南蛮寺、同年に滅亡す。慶長十六年又起る。罪科に行る厳敷御法度被仰付、九州長崎御奉行所にて、毎年、**彼伝宇須絵僧を踏す**となり。

⑭　嶋原天草一揆の記事詳細

⑮　後半欠落（日本人キリシタンのコウスモウらが出て、南蛮寺が繁盛するところで終わっている）

これによれば、寛永年間の島原天草一揆に終局を見る点では諸本共通しており、さらに九州を主とする踏み絵（絵踏み）に言及するもの①⑨⑩⑪⑫⑬と、言及しないもの②〜⑧⑭とに大別できる。また、島原天草一揆の呼称も様々で、「天草一揆」①⑤⑦⑧⑬、「天草陣」①、「天草島原陣」⑫、「島原陣」①、「天草の事」②、「天草の一乱」③、「天草動乱」⑨、「天草軍」⑩⑪、「島原に起る事」⑥等々、島原よりも天草の呼称の方が多い。「一揆」の例が多く、他に「陣」「軍」「動乱」「乱」「事」等々の呼称がある。また、軍記名の「嶋原記」①③⑤⑬、「天草記」②、「嶋原記、天草軍談」⑦を挙げるものと、そうでないもの⑥⑧⑨⑩〜⑫との差異もある。特に⑦が「島原記」と「天草軍談」の双方を挙げているのが着目される。

〈島原天草軍記〉はそれ自体、一つのジャンルと認められるほど作例や伝本が多く、個々の事例と結びつけることはできないが、『切支丹宗門来朝実記』などの反キリシタン文学と〈島原天草軍記〉のひろがりとは共鳴しあうといえる。ちなみに「天草軍談」の書名を持つ伝本は内閣文庫他、数点見られる（目黒将史・二〇〇九年）。

いずれにしても、本書にも島原天草一揆が時代を画する事変だったことが深く刻印されている。本書の末尾から一揆がもたらした影響力の大きさがあらためて浮かび上がる。①に典型化されるように、永禄のキリシタン伝来や天正の南蛮寺の棄却、慶長のキリシタン弾圧、そして寛永の島原天草一揆と、大きな事件が回想され、語りの現在からの年代の時差が計られ、そこに歴史を見出そうとしている。『切支丹宗門来朝実記』がキリシタン渡来とその後の変転をたどる歴史叙述たるゆえんである。⑭のような『切支丹来朝記』を表題にしながら、後半は島原天草一揆の記述に展開している伝本もあるほどだ。

四　『南蛮寺物語』『南蛮寺興廃記』『切支丹発起』との関連

今まで架蔵の伝本のみでかいま見てきたごとく、『切支丹宗門来朝実記』の本文がいかに流動的であるかがよく分かるが、さらに内容は当書とかさなりつつも別の作品と判断せざるを得ない諸本も存在する。それが『南蛮寺物語』と『南蛮寺興廃記』、『伊吹蓬由来』であり、さらに『切支丹発起』である。それらの関係の如何が次の課題となる。

ここでは、ひとまず架蔵の『南蛮寺物語』『南蛮寺興廃記』『切支丹発起』（いずれも写本一冊）の三点を対象とする。

まず『南蛮寺物語』は、今のところ国会図書館本（明和五年・一七六八、阿波国文庫の印あり）が知られているだけであるが、架蔵本は寛政三年（一七九一）書写である。奥書は、国会本は以下の通り。

切死丹の徒三万七千余人誅伐
右の本書も写誤りか難解書所々推量を以て増減する也
明和五年戊子七月写之　（国会本）

これに対して架蔵本は、

寛政三辛亥年十二月吉祥日写之
大護山見寿院内嶺□　（架蔵本）

とある。さらに双方の本文の相違を見る上で、末尾を比べると、以下のようになる。（〈 〉は割注）

その後、十二年過ぎ、寛永十四年十月、肥前国天草一族一揆起り、嶋原合戦となる。〈人皇百十代本院の御宇、家光公の時〉翌年十五年寅の二月二十八日に落城。大将四郎が首は細川越中守家人神野佐左衛門といふ者、打取る。大将増田四郎時貞、未の時、落城、大矢田村の住人、甚兵衛子十七才とかや。此後、御代静まり、治国平天下と成る。此天草の事は嶋原軍記に詳しければ、ここに記すに及ばざる故、これを略しおはんぬ。（国会本）

其後、十二年を過、寛永十四年十月、肥後国天草一揆起る。嶋原合戦と成之。翌年十五年寅二月二十八日に落城。大将四郎□首は細川越中守内神野佐左衛門打取也。夫より天下太平、御代万々歳豊なるこそ目出たけれ。（架蔵本）

架蔵本より国会本の方が、記述が詳しくなっている。国会本はさらに改丁して、以下のような識語が見られる。

右、南蛮寺物語、童蒙ノ見安キ為メ、豆粒仮名ニテ模□候様ニ、トノ懇望併仮名計ニテハ、文義難解故、所々漢字ニテ平仮名付ニ写者也。箇様ニ委ク平仮名計ハ殊ノ外、辛労殊更腐毫老筆故、文字又ハ仮名遣ノ誤等、蒙用捨者也。穴賢。

私曰

此書之後、又寛文七八年の比、尾州海道海西中嶋領のうちに、切支丹宗門はびこり、そのともがら数百人死罪におこなはれ、橋町裏に大堀をほり、死骸を埋、その上に寺を立、橋町裏大仏の寺これなるよし承る。当明和五年子の年まで百三四五年になる也。

尾張の切支丹弾圧の記載も見られ、書写の場の環境にかかわるのであろう。

一方、冒頭は表記の差異はさておき、双方ほぼ等しいので、ここでは架蔵本のみ以下に引用しておこう（平仮名と片仮名表記が混在する）。

夫吉利支丹宗門と言は、人皇百七代正親町院御宇、永禄十一戊辰ノ比、南蛮ヨリ渡処の邪法ナリ。南蛮国といふは、天竺支那多国、南海国、此ハ蜀ノ続キ、東は滄海満々タリ。此国広サ拾万里四方、其内ニ四拾貳ヶ国有リ。日本ヨリハ西南ニ当リ、海上三万七千四余里ヲヘダテリ。此惣帝王ヲ豪仁□大王ト申ケル。此国ノ臣下ヲアツメテ、是ヨリ北東ニ当リ、日本ト言小国有、小国ナレドモ天竺、北海、阿蘭陀、其外国ヨリ船ニ積渡ル物ヲ買留メテ帰スタメシナシ。

『切支丹宗門来朝実記』冒頭の、信長にふれない南蛮国紹介型であることが分かる。細部の比較は煩雑になるので、ここでは割愛するが、要するに『南蛮寺物語』は『切支丹宗門来朝実記』の異本というより一つの変相と見なすことができるだろう。

ついで、『南蛮寺興廃記』は、杞憂道人こと鵜飼徹定によって、慶応四年（一八六八）に木活字版で刊行されたもので、同題の写本はほぼその写しとみなされる。序文に、

天正中織田氏剏建南蛮寺、欲興耶蘇教。蓋出于一時籠絡之権謀耳。然其毒焔煽惑四方、甚難於攘之。凡閲六十余年、而殲滅其党、万世治安之妙策、於是乎成矣。（略）頃日余閲南蛮寺興廃記、其言雖鄙俚、邪徒狡黠之意、粗可見也。兵略云、知彼知己百戦不殆、今洞察其禍心、審其姦計、口誅筆伐攻之使妖魁気死。然後、火其書、絶其跡可也。戊辰王正人日、題於古経堂芸窻下。

云々と激烈な文章で綴られ、巻末には排耶書で知られる雪窗宗崔の『邪教大意』がついている。

当書では、『切支丹宗門来朝実記』に見られた冒頭の南蛮国の紹介は、信長が叡山の強訴にあって永禄寺を南蛮寺に名称変更し、ウルガン一人では布教できないだろうということで、南蛮国に招聘する段について、「南蛮切支丹国ト云ハ」として紹介される。

国号イヌバニヤ并ホルトカルカステラト云、海上日本里程一万二千余里、世界ノ図ヲ以テ見ル時ハ、唐土日本ヨリハ西方ニ当ル国ナリ。

然ルニ、南蛮ト号スルコトハ、此国ノ従属ノ亜嫣港呂宋等、日本ノ南方ニ当レリ。故ニ南蛮ト号スル者歟、アマカハ、ルスン等ハ、日本ヨリ里程八百里ニテ、殊ニ日本ヨリ南ニ当リ、イヌニヤノ隣国ニモ非ズシテ、其国ノ従属タルコトハ、アマカハ、呂宋等ハ守護モナキ島ナル故、南蛮人往々ニ其嶋ニ船ヲ止メ、今ハ南蛮人多ク住居ス。

隣国ニエケレスト云国アリ。諳尼利亜、インキリヤトモ、イキリストモ云。阿蘭陀ノ西ニ在ル嶋国ナリ。日本里程一万千七百里ト云。此イキリスハ南蛮国ト別種ナル由、云伝フ。然レ共、イヌニヤ、アマカハ、ルスン、イギリス此四国ハ寛永十一年ヨリ日本来船停止ナリ。

世界地図を前提にした説明で、イギリスなども視野に入り、かなり時代が下がった経緯を示している。また、末尾は以下のようになる

寛永三年ヨリ十二年過テ、寛永十四年、肥前国天草嶋原ニ切支丹ノ一揆蜂起シ、原ノ城ニタテ籠ル。関東ヨリ上使下著。九州ノ諸家責囲テ、翌年十五年寅ノ二月二十八日落城。大将四郎ヲ細川家神野佐左衛門、討取、男女二万余人、原ノ城ニシテ滅亡ス。夫ヨリ永ク南蛮宗断絶シテ再度不起。此年寛永十五年ヨリ南蛮イヌハニヤ、アマカハ呂宋エクレス、此四ケ国ノ船入津停止セラル。天正十三年ン万事破却ヨリ寛永十五年天草落城五十四年ニ至ルナリ。

これは先の『南蛮寺物語』とほぼ等しい。さらに本書末尾には、以下の注記が見られる。

此書ハ、切支丹根元記ト云書ノ大概ナリ。彼書ノ発端ニ切支丹ノ地理ヲ釈シ、コウシンビト云国ノ大王、日本ヲ奪ンガ為、群臣ノ内、巨喜大臣ト云者ヲ三千里西ノ吉利支丹ト云国ニ遣ハシ、其国ノ天林峯ト云峯ニ、梅檀樹ト云木アリ。其所ニ住ム、ウルカン、フラテント云破天連、秘蔵宗ト云義ヲ修行シテ、自在ヲ得タリ。之ニ命ジテ日本ヘ渡来セシメ、秘蔵宗ヲ以テ日本ノ人民ヲ従ヘ靡ケ置キ、其ウヘニテ一鼓シテ取ルベシトテ、先ヅウルカンヲ渡セシコト、其外衆臣謀計ノ次第、ウルカン両破天連、ケリコリヤス両イルマンノ

計策等、コレヲ載ト雖ドモ、日本ニテ見聞スル処ハ、可執之国ノ書モ伝ラズ。其国ノ談事、何等ノ口伝ヲ以テ書載タルヤ。最モ不脱無疑、故ニ発端ヲ除テ此書ニ載セズ。

此書、所謂南蛮切支丹国ノ地理ハ、西川如見先生ノ説ニ依テ書載スル所ナリ。

以下、西川如見『華夷通商考』などの地理的考証を加え、「コウシンヒ」などという国はないので、これらの記述は略し、表題も「南蛮寺興廃記」と改めた、という。依拠したとされる「切支丹根元記」に関しては未詳だが、その改訂版ということになり、おおもとは『切支丹宗門来朝実記』にあるとみてよいだろう。

ついで架蔵の『切支丹発起』（外題「切死丹発起」、内題上に朱書で「南蛮寺興廃記」）を取り上げよう。奥書に「宝暦十一巳三月　写是者也　海老名秀直」とあるように、宝暦十一年（一七六一）写本で、部分的に朱書きの加点や注記が見られる。伝本は、新城図書館牧野文庫本（天明二年・一七八二写）と東北大学狩野文庫本（天保十三年・一八四二写）の二点が知られるだけである。ここでも冒頭と末尾を引いておこう。

抑、切支丹ト云邪宗ノ来由ヲ悉ク尋ルニ、南蛮国ノ片原ニ切支丹ト云小国有。此国ヨリ渡リ来ル故ニ、宗門ノ号トセリ。其根元ヲ云バ、吾ガ朝人王百七代ノ帝正親町ノ院ノ御宇、永禄十一戊辰四月、黒船一艘、肥前国長崎ノ津ニ来着ス。

時ニ長崎勤番ノ奉行頭人通辞ヲ以テ是吟味ス。諸役人問曰、「何ノ国ヨリ来ル、ナンジガ名ハ何ト云者ゾ」ト。答云ク、「吾レハ雨留眼破天連ト云者ニテ、仏法ヲ弘ンガ為ニ南蛮国ヨリ来レリ」。亦曰、「其南蛮ト云ハ、吾ガ秋津洲ヨリ何ホド道ノリ有ゾ、何レニ当ル」。答云、「日本国ヲ去ルコト海上三万七千余里ヲヘダテ、西南ニ当レリ」。亦問、「其国ハ何ホドノ国ナルゾ」。答云、「西ハ天竺志那陀国、南ハ雲面国、北ハ陶蜀国ニツヅキ、四方十万里ノ大国ナリ。其中ニ四十二ケ国有リ。吾レハ、四十貳ケ国ノ中ニ切支丹国ノ者ナリ」（以下略）。

ウルガンと長崎奉行の通辞とのやりとりで、次第に南蛮国の様相が浮き彫りにされる。『切支丹宗門来朝実記』や『南蛮寺物語』などでは、外部の世界として南蛮国が客観的に記述されていくのに対して、ここでは主体が日本に移っており、後発の系統であることを示唆する。新城本と狩野文庫本もほぼ等しいが、たとえば架蔵本の「秋津洲」は他の二本では「日本」になっている。

一方、末尾は新城本や狩野文庫本とは異なり、架蔵本にはさらに以下の追記が見られる。

其後亦十二ヶ年スギテ、寛永十四年十月ノ頃ヨリ肥前ノ国天草四良時貞ト云者、切支丹ノ宗旨ヲ発シ、西国不残キブクス。是ニ依テ、江戸ヨリ打手ノ大名数百騎ヲ向ケラレ。切支丹一騎ノ者ドモ、原ノ城ニ籠ル。細川越中守内神野須左衛門、大将時貞ヲ打取リ、一年ニシテ、寅ノ二月二十八日落城セリ。此天草四良ハ、波比野無ガデシノ末ナリ。此軍乱ノ事ハ、嶋原軍ン記ニ委クシルス故、ココニ略ス者ナリ。
切支丹宗門、永禄十一年ニ南蛮国ヨリ渡リ、天正十三年迄十八ヶ年ハ、大ニ繁昌シテ、秀吉公是ヲ退治シ玉イシガ、其残徒諸国ニ有テ、末切支丹ノタユル事ナシ。然ルニ、六十年目ニシテ、寛永十五年ニ及ンデ人王百十代本院御宇、将軍右大将家光公ニ至テ、切支丹ノ残徒ノ根ヲタチ玉イシヨリ以来、再ビ発ル者ナシ。誠ニ大猷院殿ノ御聖徳、後代迄デモ伝リテ、天下太平、国土安治ナル事、慈ヲ万世ニタレ玉フトモ云フベシ。カカル世ニ生レテハ、目出度事、難有ト可云。

引用の前半「ココニ略ス」までは他本とほぼ同じだが、それ以降の後半は架蔵本のみに見られる。家光の謚号である「大猷院殿」（写本「献」を「猷」に改める）の名が見えるのは、最初に挙げた諸本一覧の『切支丹宗門来朝実記』の②があるが（「大猷院殿」）、他に例が少なく、永禄から寛永に至るキリシタン渡来から廃絶までの歴史を総括し、国土安穏をことほぐ納めの型になっている。

以上、説明が煩雑になったが、結論から言えば、『南蛮寺物語』『南蛮寺興廃記』『切支丹発起』等々はすべて『切支丹宗門来朝実記』に発する分流下の変奏とみることができよう。これが『切支丹宗門来朝実記』の枠内の異本と言えるか、すでに系統を異にする固有性を持つ作品とみなせるかはまだ詳細な検証が必要で、ここではそこまでの準備ができていない。今は見通しだけ述べれば、書名はそれぞれ別物であっても、内容は広義の『切支丹宗門来朝実記』の経脈にあるといえ、ひろく〈切支丹宗門来朝実記・群〉と名付けてもよいかもしれない。ただし、『南蛮寺興廃記』のみは鵜飼徹定による改編が見られるし、『切支丹発起』は起点がすでに日本内部に移っているので、異本とみなすことも可能であろう。

五　東大本『南蛮妖法記』について

架蔵本の紹介だけで紙数を費やしてしまったが、今後は菊池論などに拠りつつ他の諸伝本との比較も可能な範囲で総合的に試みる必要がある。たとえば菊池リストに指摘する東京大学図書館蔵『南蛮妖法記』が「本文は他本よりも増加傾向にある」（一三八頁）を手がかりに当本を見ると、確かに管見の諸本と比べてかなり増広の度合いが高いことが知られる。三巻仕立てで以下、見出し項目の表題を列挙すると以下のようになる。

上巻

南蛮国地理事、降陳毘王欲得日本事、南蛮群臣評義之事、胡雅一聘幻人事、胡雅二聘幻人事、胡雅三聘幻人事、宇留龕渡日本事、宇留龕顕奇術事、信長公召宇留龕事

中巻

宇留龕始謁信長公事、弘法得否評定事、宇留龕陳訴事、南蛮国王評議事、浮羅天渡日本事、南蛮寺弘法事、破美闇朱紋等事、南蛮寺繁昌之事、荒木高山謀叛事

下巻

修理大夫老母ノ事、破美闇伯翁問答ノ事、破美闇蒙神罰事、秀吉公異見之事、南蛮寺滅法之事、秀吉公放下御覧ノ事、近来邪宗禁制事、大久保石州滅亡事、寺請状権輿之事

詳細は他日を期すほかないが、表題だけから判別できるように、おおよその展開は『切支丹宗門来朝実記』に該当し、最初に架蔵本の分類に見た、項目見出し表題付きの③⑥などと部分的に重なるが、より細分化されている。

さらに本文を見ると、巻頭から以下のようになる（〈 〉の部分は割注）。

後漢書七十五曰、永寧元年、撣国王雍曰、遣調使献楽及幻人能変吐火支解易牛馬頭跳丸数至乎。是南蛮幻人ヲ外国ニ贈ル最初也。

夫、切支丹耶蘇宗門ト云ハ、人皇百七代正親町ノ院ノ御宇、永禄十一戊辰年、南蛮国ヨリ渡ル所ノ邪法也。〈王代一覧曰、人皇百六代、後奈良院御宇、天文二十年八月ノ頃ヨリ南蛮ノ船来テ、耶蘇ノ宗旨興レリ。是永禄十一年ヨリ十七年已前ノ事ナリ〉

抑、南蛮国ト云ハ、〈蛮語ニイスハニヤ、ホルトカル、カステラ等ト云ナリ〉西ハ天竺支那陀国ニ隣リ、南ハ留馬国ニ続キ、北ハ蜀ノ国ニ渉リ、東ノ方ハ蒼海漫々タリ。

先述の『南蛮寺興廃記』をふまえた後出の一節であることが知られるが、何より巻頭に『後漢書』を引用する例は他に見当たらない。後段でも、

唐ノ玄宗皇帝ヨリ日本国王聖武天皇へ献ル所ノ書ニモ、「日本国王主明楽美御徳、彼礼儀之国神霊所扶」ト張九齢モ書ケルトカヤ。サレバ、宋ノ太祖皇帝ハ日本ノ皇統不易成ルコトヲ聞テ、(以下略)。

とあり、中国の事例の引用が際立っている。

末尾はやはり島原天草一揆の「天草ノ役載テ諸書ニアリ。故ニ煩ハシク不載ノミ」で閉じられる。そしてさらに注視されるのは、末尾の「評曰」以下の文が続くことである。

耶蘇宗ノ妖法タル神国ノ大道ヲ暗マシ、我大日本ヲ滅サントス。可忌可悪ノ邪教ナリ。其宗法ノ提宇須尊ヲ崇敬スルコト、此天帝ヲ仰クコトハ、其語コソ替レ、**日本ノ神道モ唐土ノ聖人ノ道**ニモ在リテ、同事ナレドモ、耶蘇ハ天帝ノ伝説ニ方便ノ妄語ヲ附会シ、剰へ幻術ヲ用ヒテ衆ヲ誑惑シ、万国ヲ彼南蛮へ従ハシメントスル謀計ニテ、甚ダ可悪所業ナリ。但、神国ノ法ヲソコナヒ、国敵トナルコトハ、此耶蘇法ノミナラズ、是マデ行ハルル仏法諸宗モ然リ。然ニ仏法ハ、元唯何心ナク吾朝へ貢ギ渡シタル物ナリ。**切死丹教**ハ日本国ヲ奪ハン為ニ渡シタル法ナレバ、同ジ邪法トハイヘドモ、此故ニ耶蘇宗ヲバ殊ニ厳シク根ヲ断チ滅スコト也。

又願クハ、仏法ノ諸宗モ元来吾朝ヲ傾ケ、大道ヲカキ暗マスコトナレバ、追々禁断有タキコトナルベシ。彼耶蘇ノ日本ノ俗ニ違ヘル第一血ヲアヤスヲ修行トシ、魔術ヲ以テ本トセリ。穢ラハシク忌忌シキコト也。仏法モ又穢事ヲ専トス。是ハ世ニ無キ仏菩薩ト云フ物ヲ信仰サセ、財宝ヲ貪リ、神明ヲ軽シメ、妄誕附会ノ説ヲナスコト、切死丹宗ヨリモ甚シク、日本ノ政法ヲ穢シ、大道ヲ穢サントス。速ニ禁断アルベシ。治国平天下、忠孝勧善ノ道ハ、**我ガ日本ノ神道サテハ唐土聖人ノ教**ヨリ外ニハ、天地間ニ正法善道アルコトナシ。**神儒**ニ違フ物ハ、外道異端邪法ナルコトヲ弁フベシ。

傍線を付したように、キリシタン批判の返す刀で仏教界をも非難しており、太字のごとく神道と儒教を是とする立場にあることを表明している。排外的な立場はもとより幕末から明治期に至る攘夷や廃仏毀釈の思想などにより近いように思われる。十七世紀頃形成された『切支丹宗門来朝実記』が、国際情勢を背景に、時々の思想状況などに応じて時代ごとに物語が増殖され、上書きされていった経緯を示しているのであろう。

最後に一点のみ興味深い事例を取り上げておきたい。『切支丹宗門来朝実記』には、一般に知られていない南蛮寺の内部の光景の紹介がなされる注目すべき場面があり、奥の間にキリストを抱いた聖母マリヤ図が飾られていることは諸本共通するが、本書は特に際立った内容となっている。

厨子ノ戸張ヲ巻キ上クルニ、内ニ細金ノ絵像アリ。身ニ無価錦ノ衣袍ヲ着シ、頭ニ七宝ノ玉冠ヲ頂キ、年齢将ニ三十歳許リノ女性ノ姿ニテ、懐中ノ嬰児ヲ懐キ、乳ヲ含メタル躰也。此尊ヲ「三駄麻呂耶」ト号ス。是則、天帝提宇須ノ母君ナリ。衆生ヲ愍レミ玉フコト、母ノ子ヲ思フニ斉シクシテ、違フコトナシ。至心ニ合掌称呪スベシト勧ケレバ、異口同音ニ称呪ノ時、不思議ヤ、絵像ノ懐ノ子忽走リ出テ、拝スル者ノ身ト合体シテ見エズ。其時、彼ノ絵像ノ女性、静ニ絵絹ヲ離レ歩ミ出テ、媚愛戯笑ノ顔ヲナシ、衆人ノ頂ヲ摩サスレバ、衆人酒ニ酔ルガ如ク心恍惚ト成リ、何カハ知ラズ信心、肝ニ銘ジ、命ヲ惜ムコトモ知ラズトカヤ。

傍線部のごとく、「絵像」すなわち聖母像図からまず赤子のキリストが走り出して拝む者と合体し、さらにはマリヤも絵から抜け出して、拝む者達の頂を撫でた、とある。聖母像をめぐる霊験譚の一種で、図像からマリヤが抜け出す話譚は、マリヤの伝記・霊験譚集成の中国での漢訳本『聖母行実』にも見られる（小峯・二〇〇八年）。悪魔の妨害に対して絵像から聖母の手が出てきて絵師を救い上げる話（巻三第六）などがあり、中世日本の『古今著聞集』の「図画」に見る絵師伝説の話題などにも共鳴してくる。詳細の検討は他日を期したい。

以上、諸本の比較のみに終始したが、『切支丹宗門来朝実記』は、南蛮国という架空の異世界と日本征服幻想、バテレンの妖術や呪物、南蛮寺内部の具体的光景、切支丹の慈善社会活動、バビアンと白翁との宗論問答等々、終局としての島原天草一揆に至るまでの起伏に富んだ展開をたどる歴史物語として意義深いものがある。

従来は荒唐無稽の一語で退けられてきたが、南蛮バテレン幻想に止まらず、一方でキリシタンの貧者や病者の救済や薬草園の開設など、慈善社会運動にも言及しており、医術も幻術も表裏の関係になる。いわば、幻想の〈異文化交流文学〉の一環としての意義を持つ。

『切支丹宗門来朝実記』は固定化した単一の作品ではありえず、常に流動し、時代ごとに意匠を変えてゆく複合的な動体としてあった。さらなる続稿を期したいと思う。

参考文献

（1）海老沢有道「切支丹宗門来朝実記考」（『宗教研究』一三九、一九五四年）。

(2) 同・訳『南蛮寺興廃記・邪教大意・妙貞問答・破提宇子』平凡社・東洋文庫、一九六四年。
(3) 京篤二郎、澄子「『吉利支丹宗門渡和朝根元記』―解題と翻刻と」『青山玄教授退任記念論文集』一九九九年。
(4) 菊池庸介『近世実録の研究―成長と展開』汲古書院、二〇〇八年。
(5) ジャン・ロイクテンバーガー「江戸文学に於けるキリシタンの再征伐」小峯和明編『キリシタン文化と日欧交流』アジア遊学・勉誠出版　二〇〇九年。
(6) 目黒将史「〈島原天草軍記〉の基礎的研究―附・伝本一覧」小峯和明編『キリシタン文化と日欧交流』アジア遊学・勉誠出版　二〇〇九年。
(7) 南郷晃子「キリシタン実録類と江戸の商業活動―『伊吹艾』を中心に―」『神戸大学国際文化学研究推進センター研究報告書』二〇一七巻、二〇一八年。
(8) 同「〈キリシタン〉の幻術―『切支丹宗門来朝実記』系実録類と地域社会の〈キリシタン〉」東アジア恠異学会編『怪異学の地平』臨川書店、二〇一九年。
(9) 小峯和明「東アジアの〈東西交流文学〉の可能性―キリシタン・天主教文学を中心に」『東アジアの文学圏―比較から共有へ』アジア遊学・勉誠出版、二〇〇八年。
(10) 同「キリシタン文学と反キリシタン文学再読―闘う文体」『文学』岩波書店、二〇一一年一一、一二月。
(11) シンポジウム報告「キリシタン文化と説話文学―十六世紀の前後の〈異文化交流文学史〉」『説話文学研究』五九号、説話文学会、二〇二四年（小峯「聖母マリヤの霊験記『聖母奇蹟物語』―「バレト写本」と漢訳『聖母行実』」）。
(12) 鬼束芽依編『創られたキリシタン―排耶書・実録・虚構系資料』西南学院大学博物館研究叢書、二〇二四年。

＊東大本に関して、呂雅瓊氏のお世話になった。

東北キリシタンをめぐるまなざし――地域資料の断片から

井上　舞

はじめに

十七世紀の初頭、日本列島の各地で苛烈なキリシタンへの弾圧が続くなか、東北では他地域より一足遅く、キリスト教の布教が進んでいた。取り締まりも比較的穏やかで、各地のキリシタンは弾圧を逃れて東北の各地に身を潜めた。しかし、穏やかな時間は長く続かなかった。東北でも始まった厳しい取り調べによって、ある者は棄教し、またある者は棄教を拒み刑場の露と消えた。その痕跡は各地で確認される一方で、彼らの生き様を記録した文献は多くはなく、しかも断片的である。

弾圧の時期が終わり、表面的にキリシタンの姿が失われた後、この地域のキリシタンの記憶はどのように表象されていったのだろうか。もちろん、広大な東北の地にあって、キリシタンに対する対応は為政者の思惑や現地の状況によって異なるだろうし、取り締まりの程度も相違があるだろう。それを「東北」と一括りにしてしまうのは必ずしも好ましいものではないのかもしれないが、本稿ではひとまず、先の問題を考えるために、東北地方全体を視野に入れ、各地の資料に残るキリシタンに関する言説を拾い上げ、そこから垣間見る地域のキリシタンへのまなざしについて検討したい。なお、以下では引用箇所を除き、日本の歴史上に登場するキリスト教徒については鈎括弧なしのキリシタンと表記し、伝承の中などで特定のイメージを付され、地域資料の中に立ち現れたキリシタンについては「キリシタン」と表記する。

一　東北キリシタンの潜伏と迫害

まず、東北におけるキリスト教の概況を確認しておきたい。東北にキリシタンが現れたのは、天正十八年（一五九〇）。豊臣秀吉の奥羽仕置きによって、キリシタン大名蒲生氏郷が会津に入城したのが最初とされる。その後、幾人かのキリシタン大名が罪を得て東北の地で過ごすことになるが、彼ら自身は積極的な布教を行おうとはしなかった。本格的な布教の始まりは、慶長十七年（一六一二）に伊達政宗が仙台領での布教を許可したのがその最初とされている。以降、幾人もの宣教師がこの地を訪れ、各地で精力的に布教活動を行っていった(1)。同年に江戸幕府は禁教令を出し、以降、キリシタン取り締まりの態度を厳しくしていった。他方、伊達政宗の行動からもうかがえるように、まだこの時期、東北地方の藩主たちは概ねキリスト教に寛大であった。そのため、各地のキリシタンたちは弾圧を逃れて北へと向かった。

東北の鉱山には、各地の弾圧を逃れたキリシタンが多く潜み暮らしていたという。もっとも、逃れてきた者ばかりではない。鉱山で働く鉱夫たちのなかにもキリシタンが存在した。盛岡藩士伊藤祐清が、藩の歴史をまとめた『祐清私記』には、盛岡藩三代当主南部重直の時代のこととして、朴木金山の採掘にあたっていた丹波弥十郎なる人物が連れてきた、千人あまりの鉱夫の中にキリシタンが大勢いたことを伝えている(2)。丹波弥十郎は、佐渡金山でも稼業しており(3)、移動を通じて各地の鉱山にもキリシタンが増えていったと考えられる。鉱山では山師をはじめとして大工・掘子・金場女など、様々な役割を持った人々が働いていた。鉱山での労働は過酷とはいえ、女子供にできる仕事もあり、鉱業をもっぱらにする者だけでなく、出稼ぎの農民なども鉱山に立ち入っていた。弾圧から逃れたキリシタンもそこに紛れ込んでいた。各地でキリシタン取り締まりが一段落してからのこと、各地の鉱山では、鉱夫のほかに坑内に立ち入る者を近隣の農民に限ったり、宗門改めを徹底する手配を行っている(4)。それはつまり、以前は誰でも容易に鉱山に立ち入ることができたということである。十六世紀初頭、新しい鉱山、あるいは鉱脈の発見や、銀山奉行大久保石見守による開発により、いっとき活況を呈した日本の金銀山であったが、慶長の終わり頃には産出量の減少が目立つようになっていた。産出量を増やすためには人手が必要となる。鉱夫の中にキリシタンがいようと、外からキリシタンが紛れ込もうと、咎めている余裕はなかった(5)。そして侵入が容易であるために、宣教師たちもまた、鉱夫に身をやつして坑内に入り、信徒を慰撫し、布教のために各地の鉱山を渡り歩いていた(6)。東北の鉱山は、行き場を失ったキリシタンたちの吹きだまりであった。

東北の大名たちはキリシタンに寛容であり、禁教令の後もしばらくは形ばかりの取り締まりを行っていた。しかし幕府からの圧力に屈し、徐々にその取り締まりは厳しくなっていった。仙台藩では元和九年(一六二三)頃から取り締まりが厳しくなり、翌年には、仙台藩とも縁が深く、鉱山伝いに遠く松前まで布教を続けていたカルバリヨ神父が捕縛され、処刑された。秋田藩でも奉行梅津政景が主導して取り締まりが始まっていた。捕縛の対象となったのは、城下のキリシタンだけではない。東北有数の銀山である院内銀山でも各地から集まっていたキリシタンが捕縛された。彼らは、寛永元年(一六二四)六月三日、そして同月十一日に処刑された。

三日に処刑されたのは三十二名。十一日は五〇名にのぼる。しかし、こうしたキリシタンの「殉教」に関する日本側の史料は極端に少ない。秋田の事例に関しては、梅津政景の六月三日の日記に「一、御城御鉄砲にて罷出候。一、きりしたん衆三十二人火あぶり、内二十一人男、十一人女。一、天気よし」(7)と記されるのみで、十一日の出来事は記録すらされていない。この時期、迫害され処刑されるキリシタンや宣教師の姿を見つめ、つぶさに記録していたのは、イエズス会の会士であった。彼らは信徒たちが迫害を受ける様を見聞きし、報告書にしたため、それは海を渡ってローマへと送られ、大切に保管された。今日、日本におけるキリシタンや宣教師の活動を知ることができるのは、これらの手紙に依るところが大きい。なお、梅津政景がただ一行で記した六月三日のキリシタンたちの殉教の様子もまた、ローマへと報告されている。そこには敬虔なキリスト教信者として「喜んで死んでいく」者たちの姿が描かれた。磔刑に処されたときのキリストと同様に手足を縛られることを望み、自らを鞭打ち、皆で聖書の一節を歌い、やがて炎に包まれていく様を、記主は詳細にかつ美しく描写する。(8) しかしこうした美しい殉教者としてのキリシタンのイメージは、当然のことながら日本では語ることを許されないものであった。

苛烈な取り締まりを経て、やがてキリシタンは東北の各地から姿を消した。処刑された者ばかりではない。拷問によって棄教した者も多かった。棄教者は「古切支丹」の肩書きを付され、その子孫も類族帳に記録されて、男は六代、女は三代にわたって監視・管理された。こうした中で、キリシタンはどのように記憶され、どのように描かれたのだろうか。以下、東北の各地に残されたキリシタンに関する伝承を拾い上げ、そこに描かれる「キリシタン」の姿を読み解いていきたい。

二　仏教寺院とキリシタン

陸奥国磐井郡大籠村（現岩手県一関市）付近は、古くから製鉄が盛んな地域として知られ、その起源を語る伝承がいくつか残されている。このうち「裁僧坊物語」と題された資料は、永禄年間（一五五八〜七〇）に千松大八郎・小八郎という兄弟が同地に製鉄を伝えたとする。さらに同書は彼らを「切支丹の先生」とし、近隣に三万以上の弟子があったと記している。(9) 前述のように、東北地方にキリスト教が伝えられたのは天正十八年の頃とされている。つまり、この伝承では製鉄の起源を伝えると同時に、東北のキリスト教布教の起源を語る内容となっている。他方、キリシタンとは無関係に製鉄の起源だけを語る資料もある。「大籠風土記」が載せる伝承では、兄弟はキリシタンではなく、旧姓を布留といい、同地の支配者である千葉土佐によって備中国から招聘されたとある。(10) また、安永年間(一七七二〜一七八二)に仙台藩が支配下の各村に命じて提出させた「風土記御用書上」は「大籠風土記」と類似の伝承を載せる。同書では、布留大八郎は天正年中に備中国一宮の吉備津宮から呼び寄せられた者で、近隣の住人に「御鉄吹方」を伝授し、子孫が神事を司る「山ノ神宮」と「十二神宮」は「山中守護」のために「布留外記」(大八郎)を勧請したと記されている。(11)

細かい異同が多いものの、千松あるいは布留大八郎がこの地域の製鉄業の創始者であるという点についてはいずれも共通している。なお、千松兄弟がキリシタンであったと伝える「裁僧坊物語」は、正確な成立年代は不詳であり、(12) この伝承の派生時期については引き続き検証が必要ながら、製鉄とキリシタンを結びつける言説は、古くからこの地に根付いていたようである。仙台藩の博物学者、里見藤右衛門が寛政十年(一七九八)に著した、仙台藩領内の土産について解説した『封内土産考』には、大籠を含む磐井郡東山および気仙・本吉から産出される「鉄」が紹介されている。同書は、博物学者の著書らしく、単に鉄が名産であると紹介するだけでなく、たたら製鉄の製法まで詳しく説明し、製鉄技術を「実に大造の術なり」と感想を延べる。そして末尾を「是を棟梁するものを匠と云ふ。切支丹類属の者なり。鉄を採る法。上古蛮夷より伝来の遺風にてもありけるにや」(13) と締めくくっている。この記述からは、当時、切支丹類属が同地の製鉄に関わっていたことが窺える。その一方で、採鉄の方法は、大昔に「蛮夷」からもたらされたものともある。鉄製品を生み出す鍛冶の技に、人々は人ならぬ存在を感じ取っていた。先の布留八郎の出身地である吉備地方に伝わる「温羅伝承」をはじめとして、全国各地に残る製鉄関係の伝承にはしばしば異形の存在が登場する。わざわざ「蛮夷」の話題を付記していることを考えれば、里見藤右衛門にとって「上古蛮夷」と「切支丹類属」は同一視される存在であったといえる。もっとも、キリスト教は布教と同時に様々な技術をもたらしたとされるが、当該記述の中の「切支丹類属」が実際にそうした技術を伝えられていたものか、あるいは偶然に製鉄集団の一族が転宗しただけなのか、史実的なことは不明である。ただ、反キリシタン文学と呼ばれる一連の作品群の多くに様々な妖術を駆使する「キリシタン」が登場することを考えれば、製鉄に携わる「切支丹類属」にそうしたイメージが重ねられても不思議ではない。「裁僧坊物語」に登場する「キリシタン」の製鉄技術者たる千松兄弟も、こうしたまなざしの中から生まれた存在なのかもしれない。

次に、仙台藩が領内の把握のために各村や知行地に提出させた「風土記御用書上」（安永風土記）の記事をみてみたい。磐井郡猪岡村（現岩手県一関市）の「風土記御用書上」の「旧跡」の項には、次のような記事がある。

一旧跡　五ツ
端郷小猪岡
一切支丹沢　右往古切支丹宗門之一族此処ニ隠住候処と申伝候事
小猪岡
一夜飯米　右切支丹之邪宗を進メ候者共夜飯與候所と申伝候事
小猪岡
一大門長根　右安倍貞任此所ニ門を相構候所之由申伝候事
小猪岡
一馬乗馬場　右ハ義経公御馬を被相責候所之由申傳候事

小猪岡馬場山ノ内
一秋葉山社跡(14)

ここでは、安倍貞任・源義経という歴史上の敗者によって生まれた地名と並んで、キリシタンが隠れ住んだ場所として「切支丹沢」、また布教を勧めていた者が夜食を与えていた場所として「夜飯米《よはんまい》」という地名が記されている(15)。この記事でキリシタンは「邪宗」と表現されているものの、それは広く世間に通底していた概念であって、殊更にキリシタンに対して特別なイメージを付与するような表現は見られない。

次に、本吉郡南方清水浜にある羽黒派大学院の「風土記御用書上」中、「正観音堂」に関する記述の中にもキリシタンが登場する。ここには、

先年馬籠村ニ切支丹蜂起之節ハ右之本尊幷旧記之分者不残紛失仕由申伝ニ御座候(16)

とあって、馬籠村でのキリシタン蜂起の折、観音堂の本尊と記録が全て失われたと記される。これだけでは、混乱の中で運悪く本尊と寺記が失われたのか、意図的にキリシタンによって観音堂が狙われたのかは明瞭ではない。

しかし先述の「大籠風土記」には、明確に在地の寺社と対立する「キリシタン」の姿が描かれている。

一、地蔵ノ辻ハ寛永十六年ヤソ教宗徒八十四人所成敗トナル。又翌年ニハ九十四人所成敗トナル。両度ニテ百七十八人ナリ。右菩提ノタメ地蔵立テシナリ。

一、神明社ハ平泉秀衡ノ創建ナリ。神職三十六戸アリシガ、天正年中葛西没落ニヨリ離散ス。寛永年中ニ至リ、宮司和泉殿切支丹ニ逼ラレ田畑屋敷ヲ取ラレ、栗原郡柳沼ニ逃レ行ク。

一、千松山神ハ元デウス仏ノ在リシ所ナリ。寛永年中ニソノ仏ヲ埋メテ、山ノ神ヲ祠ル。祭日ハ十二月十二日ナリ。

一、大聖寺ハ虚無僧寺ナリシガ、元和年中ニ切支丹盛ンニシテ、住職ヲ追ヒ出ス。其年ヨリ次第ニ退転トナル。京ノ妙安寺ノ末寺ナリ。

一、明泉寺跡 大杉五木アリ。各七、八囲ナリ。昔明泉禅師ノ開基ニテ禅宗ナリ。慶長年中ヤソノ教ニ廃絶セラル。山号ヲ黄金山トフ。

一、子角寺跡、元弘年中高津判官法顕改メテ浄源住ス。開基ハ伝教大師ナリ。栗田口清蓮寺末寺。山号ハ可汗ト云フ。元和年中ヤソノタメ廃絶ス。(17)

「大籠風土記」は、同地域に伝わる書物のひとつで、成立年代は不明である。引用中「ヤソ教」という用語が多用されることから、その成立は比較的新しい可能性も考えられる。とはいえ、ここに記される伝承は、先の『封内風土記』や各地の「安永風土記」の記述を踏まえれば、近世期に地域にあった「キリシタン」のイメージを含みこんだ上で語られていると思われる。

まず、寺社の破壊に関する記述から見ていきたい。この地で「キリシタン」が勢力を増したのは慶長、元和頃のことである。「キリシタン」はその勢いのまま、四つの寺社の神主や神職を追放したり、廃絶に追い込んだと記されている。(18)ここに登場する「キリシタン」は、それまで共同体内部にあった信仰を否定し、挙げ句破壊する存在として描かれている。

しかし寛永年中に入り、その勢力図が一変する。寛永十六年から十七年にかけて、この地では一七八名が処刑されたとある。処刑された「キリシタン」たちは、「邪宗」の信仰者としてうち捨てられたかといえばそうではなく、その菩提を弔うために地蔵が建立されている。さらに注意したいのは、弾圧が行われたのと同時期の寛永年中に「千松山神」に祀られていた「デウス仏」を土中に埋め、山の神を祀ったという記述である。「デウス仏」を祀るからには、この社は同地の「キリシタン」たちの信仰の場であったはずである。だとすれば、「キリシタン」の取り締まりが行われるにあたって、社が破壊されてもおかしくない。しかし千松山神は破壊されることなく、祀られていた「デウス仏」はただ土中に埋められ、代わりに製鉄と関わりの深い山の神が祀られた。千松山神とは先の千松兄弟ゆかりの社である。「キリシタン」たちは地域の寺社を破壊したが、立場が反転したとき、村人は「キリシタン」ゆかりの千松山神の祭神を完全に破壊することはできなかった。この神は「デウス仏」を祀ると同時に、製鉄という自分たちの生業に関わる神でもあった。たとえ「キリシタン」にゆかりの深い社であっても、自分たちのルーツに繋がる場所を破却することはできなかったのである。里見藤右衛門のように、客観的な立場からこの地域を見る者にとって、キリシタンは「他者」でしかない。一方、村内の「キリシタン」は共同体の内部に立ち現れた「内なる他者」であり、しかも協働作業を必要とする製鉄業にあっては同志であった。「キリシタン」となった者の数は多く、単純に排除できるものではなかったし、排除したからといって、それ以前の暮らしが戻ってくることもない。「大籠風土記」に残るキリシタン関係記事には、隣人でもあり他者でもある「キリシタン」への複雑なまなざしが見え隠れしている。

「キリシタン」と寺院との対立に関して、もうひとつ、大籠村に隣接する馬籠村に残る、田東山寂光寺の満海上人の伝承を挙げておきたい。以下、概要である。

「田東山中興満海上人伝」によれば、満海上人は松崎（本吉郡松崎村・現気仙沼市）の生まれで、永禄年間（一五五八〜七〇）の人とされる。田東山で出家して諸国を遍歴した。やがて諸国騒乱のために寺院が零落し、伽藍復興のために托鉢に努めて資金と資材を集めた。ところがその頃「切支丹邪宗襲来」して、僧たちの多くが転宗しており、満海がどれほど「正法」を説いても説得は叶わなかった。悲観した満海は集めた金を返還して材は海に沈め、「浸淫邪法之坊舎」を退転させんと誓い、断食して入定した。騒乱が治まって後、貞享の頃に一堂が建立されたが怪異のために田東山に登ることができず、里人たちはこれを満海の怒りによるものだとして石像の地蔵を堂の傍らに立てて慰霊し、以降、諸人が参詣したとされる。(19)

永禄年間にはすでにキリスト教が日本に伝来していたとはいえ、東北地方の布教状況を考えれば、この時期に一山全てがキリシタンに宗旨替えするような状況が起こるとは考えにくい。永禄という年号と地理的な関係から考えれば、この伝承は先のキリシタンの製鉄技術者で、三万人に布教したという千松兄弟の伝承に関連して成立したと考えられる。

伝記には具体的な内容は記されないものの、満海とキリシタンとの法問があったと記される。仏教とキリシタンとの宗論は『吉利支丹物語』などの反キリシタン文学においてしばしば見られるモチーフである。一連の作品群では、仏法側が見事キリシタンを打ち破る展開となる。しかしこの伝記では、田東山きっての高僧であったはずの満海がどれほど「正法」を説いても、キリシタンとなった僧たちを説得することはできなかった。仏法は敗北したのである。その後、満海は「怪異」を以て人々の侵入を妨げ続け、地蔵を以て供養されたことでその怒りを鎮め、田東山は霊験あらたかな山へと変貌した。これを以て伝記は満海を「中興之烈祖」と称えているが、その行いはもはや法力というよりは御霊のそれであった。

三　地域に在るキリシタン――盛岡藩主側室、おれんの孝行譚

江戸時代末期に盛岡藩の郷土史家、横井良助が同地に残されていた数多の史書から編纂した藩の史書『内史略』「后三」に、次のような伝承が残されている。

伝云　切支丹宗門御穿鑿の節　又右衛門　岩井家耶蘇宗旨の議露顕　斬罪せられしに　又右衛門娘連夜中密に小鷹殺生場へ忍入　獄門父の梟首を盗取　寺々を尋しに　何も門〆り入へきやうなし　然るに川原町円光寺裏門明たるに走り入て　葬の儀住持に委細を語りて頼入　住持是を聞て　少女の身として夜深に小鷹迄只一人忍行　父の梟首を盗来る段　天晴の孝心感心せり　然りといへとも　父は御法度の犯したる大罪人なれば　猥りに承引成難し　然れ共寺多き中に此寺に入て我に憑むは　又是因縁なるへく曾は御身の孝心を空しくはなし難し　御身門外へ出て外より父の御首を門内へ投越し給へ　然らは誰の首と云ことも知へからす　又誰の憑を得るといふにも非す　我拾ひ取て宜敷供養すへし　案することなかれ　必口外すへからすとの教訓に任せ　門外より投入て孤独の身なれは直々御台所へ駆入助命御湯殿水師を勤む　此少女容顔艶にして後行信公の妾となる。延宝六年九月二十二日　於盛岡久信公御出生信恩公也故に久信公御代に至て御仕置の者共子孫御取立　円光寺へも五十石寺領御寄付有り(20)

これは、元禄十六年（一七〇三）に岩井新右衛門、菊池又右衛門等四名の家臣に知行を宛て行ったという記事に添えられたものである。ここに登場する、「連」（以下、引用以外はおれんとする）は、盛岡藩四代藩主行信の側室慈恩院であり、その子久信（信恩）は五代藩主である。

『内史略』には、これの類話がふたつ残されている。ひとつは天保四年（一八三三）成立の地誌「盛岡砂子」を引用したもので、紫雲山円光寺の由来として紹介されている。こちらは、数行の短い話で、おれんの兄を菊池又右衛門といい、両親はキリシタンであったため兄弟共に生害され、おれんが盛岡藩四代当主南部行信の側室となった後、両親の供養のために円光寺を建立したとあって、首を盗みだし寺に投げ入れるという逸話はない。もうひとつは南部行信の行状がまとめられた同書「前十」に採られたもので、おれんの事歴として記されている。(21)(22)内容的には「盛岡砂子」に近い。ただし、円光寺を建立したのではなく「御取立」とされている。

最初に引用した逸話に登場するキリシタンは、「御法度の犯したる大罪人」であり、本来であればその首を引き取って寺で供養することも躊躇われるものと記されている。このため、生首を塀の外から投げ入れ、誰が投げたのか、誰の首なのかわからないという体をとるようにと住持は提案している。寺のアジール的機能により、首だけを投げ入れることで、父はキリシタンとの縁を切り、おれんはキリシタンたる父親と縁を切って「孤独の身」となる。これによって、おれんは類属ではなくなり、藩主の側室そして藩主の母となるになんの障害もなく、しかも父を思っての行動は「孝子」のそれと認められるという構図が、この話に認められる。この話は、寛文五年（一六五五）の出来事とされる。(23)徳川幕府の命を受けた盛岡藩が厳しくキリシタンを取り締まっていた最中に、側室とはいえ類属を妻にするというのは、にわかには信じがたい。ただ、史実か否かはともかく、先に見たように大同小異の複数の話が残っていることを考えれば、この地域には、キリシタンの娘で四代藩主側室となったおれんの逸話が広く膾炙していたことがうかがえる。(24)また『内史略』がこれを載せていることから考えれば、藩としてもこの話を厳しく取り締まるようなことはなかったのではないかと推測される。

ここに登場する「キリシタン」は「大罪人」とされるものの、幻術を用いるキリシタン実録に登場するような「キリシタン」のイメージからはほど遠い。そればかりか十七世紀の苛烈な取り締まりの記憶を想起させながら、咎められるでもなく、ただ当たり前にそこに存在している。とはいえ、この説話を以てただちにこの地にキリシタンが地域に受け入れられていたと考えるのは早計であろう。行信が藩主であった元禄年間、南部藩は連年の凶作に見舞われ、また藩内各所の金山の産出量の減少により、財政が逼迫していた。この問題が解決しないままに、その子信恩が藩主となった翌年の元禄十六年（一七〇三）、江戸で発生した地震のために藩邸が破損し、財政悪化に拍車をかけた。苛烈なキリシタン取締と、厳しい藩政事情、その記憶の延長上に紡がれる藩主の側室となったキリシタンの娘の逸話は、単なる「孝行譚」としては片付けられないのかもしれない。

おわりに

天草に集い、島原の乱に殉じたキリシタンたちは、反キリシタン文学の中に回収され、実録物や演劇、軍記の中で語られていった。他方、東北に吹き寄せられたキリシタンたちを語る物語は少なく、また断片的である。ただ、大きな物語として再生産されなかった分、それらは多様な「キリシタン」へのまなざしを伝えている。

今回、考察の俎上に載せたのは、直接的に「キリシタン」を語るものばかりである。各地域に残された資料、例えば地誌や銀山旧記の中にはまだ、キリシタンの記憶を想起させる記事が多く残っていることが予想される。それは、直接的にキリシタンを語るものかもしれないし、あるいは何かに仮託される形で語られているものもあるだろう。そうした記憶の断片を丁寧に拾い集めていくことで、東北地方の「キリシタン」に対する多様なまなざしを可視化していくことができるのではないだろうか。

注

（1）太田淑子編・H・チークリス監修『キリシタン（日本史小百科）』東京堂出版、一九九九。

(2) 太田孝太郎等校『南部叢書』第3冊、南部叢書刊行会、一九二八。
(3) 小葉田淳『日本鉱山史の研究』岩波書店、一九六八。
(4) 小葉田前掲著。
(5) 小葉田前掲著。
(6) パジェス『日本切支丹宗門史』岩波文庫、一九六〇。
(7) 『梅津政景日記』寛永元年六月三日条(『大日本古記録』一九五三)。
(8) 〔七月初め、久保田から三里離れた所に三十二本の杭が立てられ、七月十八日にキリシタンたちは奉行から火焙りの刑を言い渡される。全員が高貴な身分なので、喜んで死んでいく彼らは、手足を縛られることもなく処刑される。キリストに倣って彼らは縛りつけられることを望むが、女性たちとジョアンの息子のトメという名の子供を除いてそれを許される。太郎兵衛の妻テクラは、目前に迫った死の準備のために途中で自らの身体を鞭打つ。道端や山の上などでは、久保田やその近郊の人々が見物している。最後に、杭に括りつけられると、彼らは声を合わせてミゼレレ・ノスティ・ドミネ(我らを憐れみ給え、主よ)(詩篇第五十篇)を歌い出す。
彼ら全員は、前述したように、声を合わせて歌っている間天を仰いでいたが、その間その場をじっと動かず、しかも顔色一つ変えなかった。そしてその顔には毅然とした様子が見てとれた。その時は火はまだ彼らの身体から離れた所にあって、髪にも燃え移ってはいなかった。それで彼らは徐々に焼かれていき、そのような炎にびくともせず、また敵をさんざんに怒らせた後で、ついに一六二四年七月十八日に魂を主に捧げた。(後略)「聖なる信仰を告白したために火焙りの刑に処されて死んだ三十二名のキリシタン」(松田毅一監訳『十六・七世紀イエズス会日本報告集』第二期 第三巻、同朋舎出版、一九九七年)。なお、日本の記録と日付が異なるのは、それぞれ旧暦と新暦を用いているためである。
(9) 「裁僧坊物語抜粋」(浦河和三郎『東北キリシタン史』日本学術振興会、一九五七)。
(10) 只野淳『みちのく切支丹』富士クリエイティブハウス、一九八二。
(11) 只野前掲著。
(12) 高橋洋子「地域の人々の活動に生きる隠れキリシタン—東北のキリシタン聖地」(仙台百合女子大学カトリック研究所編『東北キリシタン探訪』教友社、二〇二四)によれば、『裁増坊物語』は、慶長十七年(一六一二)から百三十歳頃まで生きた「裁増坊」という大籠の百姓が著した書物とされ、同地の儒学者千早東山（〜一九〇一）が『裁増坊物語抄録』を作成したとされる。

(13)「封内土産考」（大船渡市史編集委員会編『大船渡市史』第三巻、大船渡市、一九七九）。

(14) 宮城県史編纂委員会編『宮城県史』第二七、宮城県史刊行会、一九五九。

(15)『日本歴史地名体系　岩手県』「猪岡村」の項には「夜飯米平」とある。

(16) 宮城県史編纂委員会編『宮城県史』第二六、宮城県史刊行会、一九五八。

(17) 宮城県史編纂委員会編『宮城県史』第一二、宮城県史刊行会、一九六一、このほか『東北キリシタン史』（前掲（9））も同記事を引用する。

(18) キリシタンによる寺社の破却は各地に事例が残る。（山下洋輔「高山右近の寺社破壊に関する一考察」（『早稲田大学大学院教育学研究科紀要　別冊』十五号―二、二〇〇八））。

(19) 原文は以下の通り。

満海上人者本郡北県松崎邑之産永禄年間之人也不詳其姓氏其為人也天性剛毅不事家産生業終帰仏葉登田東山（応昔天台有山徒七十余坊漸々退滅時残四十八坊云）満海
得度出家而者諸国遍歴之志嘗果敢之力慕文覚上人之為人跋渉霊山霊区難苦練行超焉卓鳥屢有験徳里俗称於今有経験必言満海
護符一服之話伝梟満海遍歴已而復回田東山方諸国騒乱之時一山之殿堂窮零落満海慨然忽発欲興復七堂伽藍之志願振錫於遠近
叩鉢於都鄙募諸衆縁請諸緇素画成以三年三月既而附財于百良材若干寄哉一夜漂来寄干海浜云（其地蓋所求諸四方之物歟後人附会之説不可挙論焉）其地今呼寄木浜
事実雖不審亦可以徴焉然当此時偶々切支丹邪宗襲来至廃失正法一山僧徒僉為浸淫焉満海性雖欲説正法排除邪宗以不可敵衆故
不得駐縦於此山志願遂不果於是忿還金於本流材於海（其地海底今有沈落木云）誓退転浸淫邪法之坊舎断食而終入定田東山西社地外之阜其塚也今
名満海壇矣
国化治平之後官命就田東霊山不可凌夷之旨越貞享中郷人就旧規雖建立一宇堂猶有怪異人不得能登此地里人復察有上人之忿恨
為造地藏尊石像安置堂之傍（石像也刻於松島地致之）以比満海上人慰祭焉自爾以来諸人往詣祈本所願者霊頗多焉今也予亦覚知誓不空之加護為推
尊満海上人以田東山中興之烈祖祭之然恐口碑或不得于後世故記其来由刻于石満海平常之信仰不動尊像及執持錫杖等納本院今
在焉

本吉郡田東山別当　清水浜細浦　市明院誌

引用は、『宮城県史』（前掲（17））による。

（20）岩手県立図書館編『岩手史叢』第四巻、岩手県文化財愛護協会、一九七四。

（21）岩手県立図書館編『岩手史叢』第三巻、岩手県文化財愛護協会、一九七三。

（22）岩手県立図書館編『岩手史叢』第一巻、岩手県文化財愛護協会、一九七三。

（23）姓氏編纂委員会『岩手県姓氏歴史人物大辞典』、KADOKAWA、一九九八。

（24）『盛岡市史』第八巻（トリョー・コム、一九八二）では慈恩院（おれん）を「岩井与市郎の女お紺」とし、大奥の女中であったが、父の梟首を知り城中を抜け出し父の首を盗んだと記し、『日本人名大辞典』(JapanKnowledge, https://japanknowledge.com) では、「艶」の名で立項され、父は材木商岩井与市郎となっている。いずれも通称は「お蓮」とする。

第3章　娯楽としてのキリシタン表象

キリシタンに向けられた近世文学のまなざし
——仮名草子、古浄瑠璃から近松、そして歌舞伎へ

松波伸浩

はじめに

江戸時代に禁教だったキリスト教とキリシタンは、一方で近世文学や演劇において重宝され、エンタメとしての展開すら見せた。もちろんキリシタンらを悲劇の主人公として描く作品はなく、あくまでも彼らは日本に混乱を招く悪役として姿を見せ、そして退場してゆく。

江戸時代にあって、キリシタンを称賛する作品はあり得ず、あくまで彼らは悪役として描き出される。しかし、単なる反キリシタン一辺倒の筆致でもない。本稿は副題の通り、仮名草子、古浄瑠璃、近松そして歌舞伎を通時的に瞥見し、キリシタンに向けられたまなざしを再考してみたい。

一　仮名草子及び同時代の文献に描かれたキリシタン

安原眞琴の整理(1)を参考に内容を検討すると、キリシタンにまつわる仮名草子及び同時代の文献は、二つに大別される。一つはキリスト教の教義に徹底的な批判を加えるもの、もう一つは日本国内におけるキリシタンの動静

を綴ったものである。前者に関しては、林羅山『排耶蘇』（慶長十一年〔一六〇六〕）がまず挙げられる。元イエズス会士で棄教した者たちも書を残しており、不干斎ハビアン『破提宇子』（元和六年〔一六二〇〕）、クリストバン・フェレイラ『顕偽録』（寛永十年〔一六三三〕）がある。元武将で禅僧の鈴木正三は『破吉利支丹』（寛文二年〔一六六二〕）を残す。後者に関しては、『吉利支丹物語』（寛永十六年）、『嶋原記』（慶安二年〔一六四九〕）、浅井了意『鬼利至端破却論伝』（寛文五年以前）が挙げられる。『鬼利至端破却論伝』については、その題が示す通り、一揆の一部始終に加えてキリシタン批判に及ぶ。島原天草一揆は寛永十四年に発生しているため、その直後からキリシタンの動静が盛んに記録されるようになったことが、まずは指摘できよう。

以下、キリシタンの動静を描いた各作品を時代順に概観しよう。『吉利支丹物語』は、キリシタン渡来から島原天草一揆までを通史的に描く。島原天草一揆はあくまでもその一部という位置づけのため、天草四郎はじめキリシタンの詳細な動静は記述されていない。島原天草一揆の一部始終を描いた『嶋原記』には、キリシタンへの弾圧と反撃の様子が子細に記される。具体的に見ると、キリシタンである左志来左右衛門の持つ「でいうす」の古い絵像を拝みに宗徒たちが集まるところに、在地の代官が現れ、「かの御影を押さへ取つて、散々に引き裂き、やがて火中へ投げ入れける」と弾圧に及ぶ。これを見た一座の者たちが「かの代官を忽ちに誅害」する。「是ぞ宗門繁盛の初めにてあんなれ」と続くように、この弾圧を契機に宗徒たちは勢いを得、一揆へと繋がっていく。一方、本作は天草四郎に関しては、「才智並ぶ人なく、手跡普通に優れ、儒学に心を寄せ、一学両悟の器にて、その折節剰へ、諸術を覚へ庶民を狂見しける」とし、蜂起後は宗徒らによって大将として祭り上げられたと記述する程度である。

『鬼利至端破却論伝』は、上巻及び中巻十七丁表までで一揆の一部始終を、それ以降でキリスト教への批判をそれぞれ綴る。一揆の一部始終は、天草四郎の動静を中心に記述する。本作では次に引用する通り、天草四郎の為す術が詳述される。

学問につけて勉めさするに、凡そ一を聞いて十を悟るがごとし。才智弁舌は日に従ひて勝り、漸く十七八歳の時分は、優れたる学問者と言はれ、肩を並ぶる者もなし。いつしか父が信ずる切支丹宗を尊み、剰へその間に珍しき奇術を鍛錬し、様々の弁口を吐き散らし、愚人共を招き集めかの奇術を致し、「これは我がするにあらず。でうすのなし給へる御方便の奇特なり」とて拝ませけり。また金銀を多く与へて貧しきを救ひ、落ちぶれたるを助け、恵みを深くし、恩を厚くして、「このこと努々他言すべからず。各々心の内に隠して信仰せよ」と約を固く、戒めを強くせしかば、これに傾きて勧めを受くる輩、親子兄弟の仲といへども更に心を許して語らず。

島原天草一揆の描写は、『破吉利支丹』などキリシタン批判を綴った各書と対比するに、天草四郎らを賛美こそしないものの極端に批判的な筆致でもない。そうした転換は、次節で扱う古浄瑠璃にも引き継がれてゆく。

二　仮名草子から古浄瑠璃、そして近松へ

前節では、仮名草子及び同時代の文献におけるキリシタンの描写を確認した。この十七世紀も後半には、仮名草子のみならず人形浄瑠璃が隆盛し近松門左衛門が登場する。前述のとおり、『鬼利至端破却論伝』の上巻全てと中巻十七丁表における一揆の叙述が、六段物の古浄瑠璃『あまくさ物がたり』（鶴屋喜右衛門刊、寛文六年）にそのまま襲用されていること、仮名草子の上中巻と古浄瑠璃の挿絵が全く異なることは、いずれも早くから指摘されている。(2) すなわち古浄瑠璃は、キリスト教への論難を省略しているのである。一方、挿絵の相違については、

ここまで検討されてこなかった。ここではまず、挿絵の内容を手掛かりに、仮名草子と古浄瑠璃の間における、キリシタン表象の変遷を考えてみたい。

注目したいのは、天草四郎の邸内を描いた挿絵である。仮名草子では、天草四郎が「愚民」たちを集めて奇術を見せ、「これは我がするにあらず。でうすのなし給へる、御方便の奇特なり」として拝ませる場面を描く（【図1】）。古浄瑠璃の挿絵は、これに続く以下の記述を元にしたと思われる。

図１　鬼利至端破却論伝

また金銀を多く与へて貧しきを救ひ、落ちぶれたるを助け、恵みを深くし恩を厚くして、「このこと努々他言すべからず。各々心の内に隠して信仰せよ」と、約を固く、戒めを強くせしかば、これに傾きて勧めを受くる輩、親子兄弟の仲といへども、さらに心を許して語らず。

また、古浄瑠璃の挿絵に描かれた四郎の邸宅には、天井からシャンデリアと思しき装飾品が吊られている。これは初段冒頭に語られる元亀天正の頃に現れた宣教師に関する描写に「草庵の内荘厳綺麗にして、黄金を散りばめ玉を連ね、くるすとかやいへる

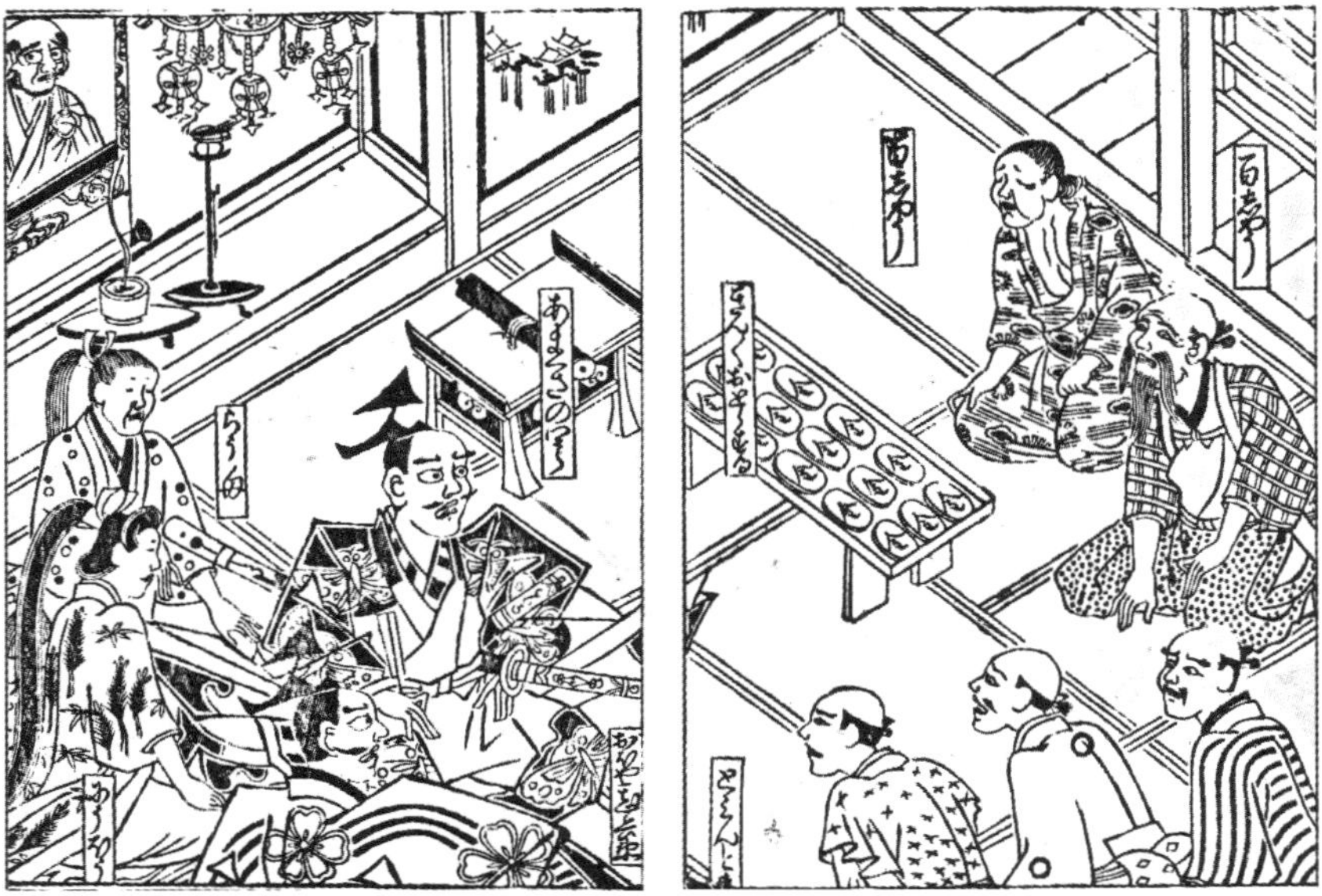

図２　あまくさ物がたり

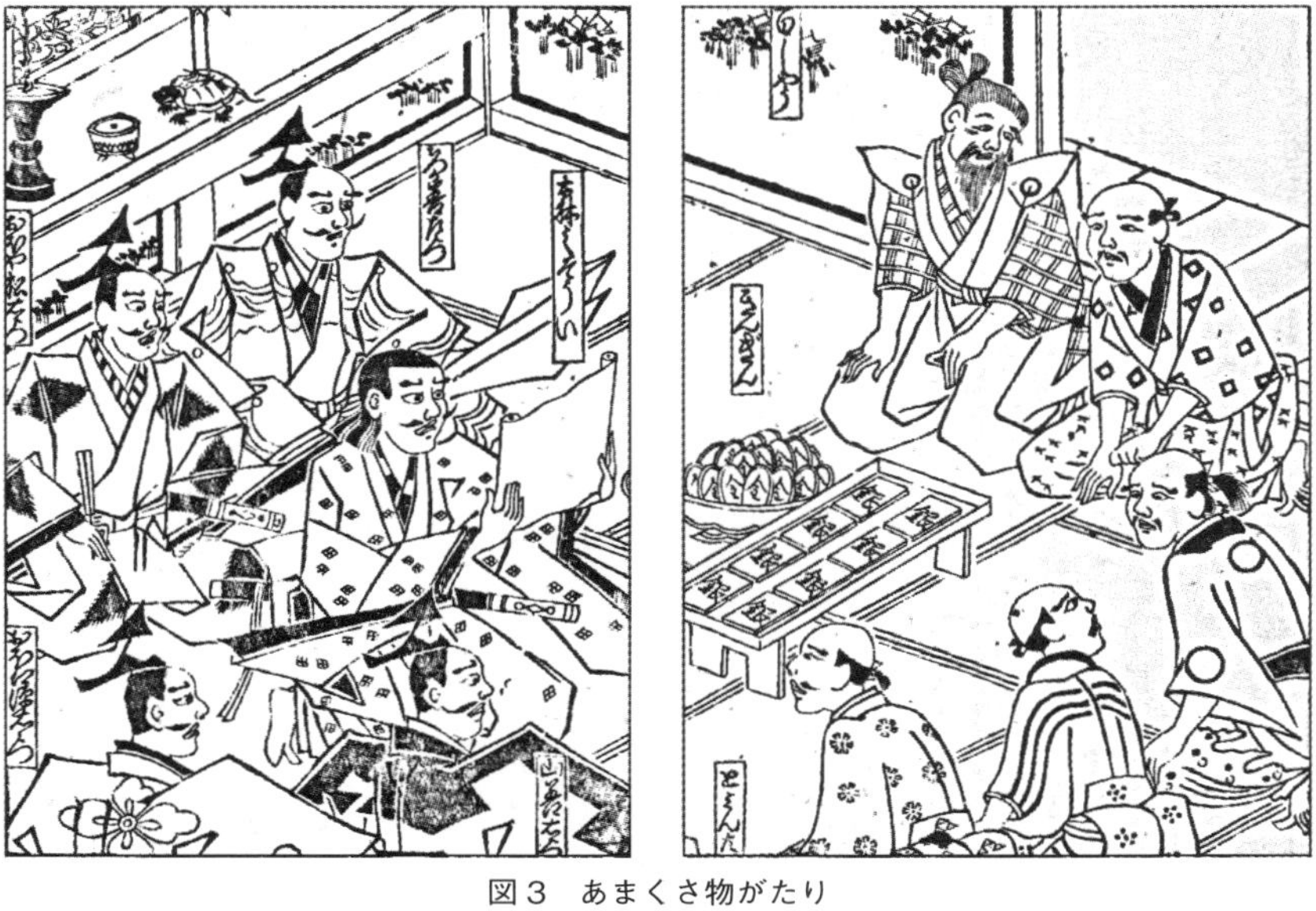

図３　あまくさ物がたり

旗をかけ、華鬘天蓋は日に輝き、光あまねく四辺を照らす」とあるのを用いたものと思われる（【図2】）。小考を加えると、【図2】は【図1】以上に、四郎宅を絢爛豪華に描く。また、両作に共通して本文には言及されているものの【図1】には描出されなかった金の小判も見える。続いて、島原深江村の森宗意らが伴天連の未来記を読む場面については、仮名草子には挿絵はないが、古浄瑠璃には挿絵があり、本文には語られない金銀の小判が見える（【図3】）。これらを総合するに、古浄瑠璃では珍物あるいは希少性の高い物をあえて置くことにより、キリシタンとその周辺を異空間のごとく、そして魅力的に描き出しているとも思われる。

『あまくさ物がたり』から下ること約五十年、近松門左衛門の時代物浄瑠璃『傾城島原蛙合戦』（享保四年〔一七一九〕）は、時代を鎌倉時代に設定する。本作は主人公の名を七草四郎とし、奥州合戦で滅ぼされた藤原泰平の弟とすることで、仇討ちの形をも取る。四郎は奥州から京へと落ち延び、最終的には筑紫七草城に籠城し、幕方に討たれる。四郎をキリシタンと明示する描写はなく、彼は本作においてその信教を広めようとする邪教徒として描かれる。彼は姿を消したり変身したりと、古浄瑠璃までの天草四郎とは異質な奇術を見せる。

本作について注目したいのは、七草四郎らの動向を国難として扱っていること、絵踏みの場面が見られることの二点である。まず前者については、「儒仏さかんの神国」、「仏法の仇、王法の敵」など、第六天魔王を扱う中世日本紀に取材した古浄瑠璃で既に常套化していた文句を用いており、国難であることを強調する筆致である。続いて、キリシタンに対して実際に行われた絵踏みの強要は、本作では仏教徒らに対して行われており、仏教徒の内心の葛藤が描かれる。

京へと逃げた四郎が、島原で馴染みの太夫更級を請け出し、その父幡楽を徒党に入れようとする。更級は請け出されたものの、実は葛西源六と言い交わした仲にある。更級が四郎から暇を与えられるようにと、幡楽が偽って徒党に入ろうと言うと、更級の胸に蛙（実は四郎）が食い入り苦しませる。そこで、「仙術に入る誓文には仏の

像を踏ますると やら聞き及ぶ。其望みか」と更級の母が問うと、「悦び嬉しげに鳴く蛙の声」と、蛙は喜ぶ。そこで幡楽は入信の証として、絵像を踏もうとする。第三に描かれたその場面を次に引用する。

親子夫婦が一生の大慈大悲の絵像をおろし、打敷に広げたてまつれば、蛙は猶も目を離さず。「エエ罰も利生も皆一心。踏んでくれん」と立ち掛かり、足を上げば上げたれど忍辱慈悲の観世音。歴却不思議の尊容、広大智恵の御眸。明け暮れ恭敬礼拝して頼みをかけし御本尊。只今土足に掛けん事、如何なる悪業悪因と、思へば目もくれ心消へ、踏みもやらず退きもせぬ足に、蛙は眼を付け、上げれば見上げ、下ろせば見下ろす悪念力。涙をすすつて幡楽大声上げ、「口惜し浅ましし。泥水に這い回り下駄の歯にも踏み殺す小虫一匹に悩まされ、今生は嬲り者、来世は堕獄の仏罰」と、わつと叫び入りければ、母も娘も諸共に御罰は、我に我こそと声をばかりのかこち泣き。理とこそ聞こえけれ。

この後幡楽は、「蛙は毒気の虹を吹かけ忿の相」を見て、「是非に及ず是迄と、足を上ぐる」。しかし、「頭の上、棚に積んだる瀬田柴の暫し〳〵と踏み散らし、やあゑいと飛んで下りたる若者、幡楽が足を取て押し退け」と、幡楽は踏むことを免れる。この若者は葛西源六であり、蛙を刺そうとすると、四郎が正体を現す。幡楽は両者に弓争いさせ、勝者に味方すると言う。一の矢は互いに当たり砕け、二の矢は前に躍り出た幡楽の胸に命中する。幡楽は二人に、更級に暇を取らせるよう願い出る。四郎は姿を消し、源六は更級母子とともに幡楽を看取り、第四で筑紫七草の城に籠った「舅の敵」四郎を討ち取る。

このように本作において、キリシタンを思わせる邪教徒が底意の知れぬ残忍かつ不気味な悪役として描かれるに至った。また本作では、絵踏みを邪教徒にではなく、仏教徒に強要しており、その内面の葛藤を克明に描き出す。邪教徒の残酷さが浮かび上がるが、これは単なる反キリシタン文学ではない。絵踏みの際の葛藤は、当然現実のキリシタンが抱いたのと同じ感情と思われるからであり、そこに着眼した点と作劇法には卓越性が認められよう。

三　近世演劇における展開

近世中期に入り、歌舞伎が隆盛を見せるようになる。キリシタンを素材とする作品は、『傾城島原蛙合戦』に端を発する七草四郎物のみならず、天竺徳兵衛物へと広がりを見せた。『傾城島原蛙合戦』ののち、キリシタンが演劇に再登場するまでには約四十年の間隔がある。加藤敦子の整理と概説を参考に(3)近世中期のキリシタン物演劇を見てゆくと、歌舞伎『仮名草紙国性爺実録』（宝暦九年〔一七五九〕）と近松半二らの合作浄瑠璃『天竺徳兵衛郷鏡』（竹本座、宝暦十三年）、歌舞伎『傾城鐘鳴渡』（安永四年〔一七七五〕）の三作に、絵踏みの場面が見られる。前節で扱った『傾城島原蛙合戦』において、絵踏みが作品展開上、伏線としての役割を持っていることを確認した。本節では近世中期のキリシタン物演劇について、絵踏みを手掛かりに、反キリシタン文学としての展開を考えてみたい。

『仮名草紙国性爺実録』は題からも明らかなように、天草四郎物の世界と近松門左衛門『国性爺合戦』（正徳五年〔一七一五〕）を結び付けたものである。(4)本作は七草四郎（実は明の忠臣国性爺）が、小田信忠、真柴久吉らに近づき、日本転覆を図る物語である。本作三ノ目に、国性爺の父一官と国性爺の妻小むつが、小西弥十郎に絵踏みを強いられる場面が見られる。

八蔵〔弥十郎〕　命助た替りに用がある

両人〔小むつ　一官〕何の用で御座リ升ル
八蔵〔弥十郎〕命助けた返報に両人立寄つて此絵像を踏みにじれ
ト懐より　中入の絵像を出す　平九郎〔四郎〕びつくり
兵吉〔一官〕もびつくり
兵吉〔一官〕　そんなら此絵像は
八蔵〔弥十郎〕はからずも弥十郎が手に入た　邪宗門の本尊
兵吉〔一官〕　ヱ、イ
八蔵〔弥十郎〕サア　踏め
崎〔小むつ〕そんなら　是を踏んだら　去んで下さんすか
八蔵〔弥十郎〕いかにも　絵像を踏んだら帰つてやろふ
崎〔小むつ〕是を踏んで貰ふ事なら　わしが踏んでみやう
兵吉〔一官〕　是〳〵　娵女　勿体ない〳〵　まして天部は婦人を忌む
めつたに側へ寄らしやんな
崎〔小むつ〕ハア　勿体ないものか知らぬが　罰は私が受るわいなア
八蔵〔弥十郎〕サア　踏め
崎〔小むつ〕かふかへ〳〵
ト右の絵像を踏む　平九郎〔四郎〕震ふ
兵吉〔一官〕　是〳〵　勿体ないわいのふ〳〵
崎〔小むつ〕踏んだ程に　サア　去んで下さんせ

八蔵〔弥十郎〕まだ踏み様が手緩い　コレ　此様に　こふ〳〵　踏みにじれ

四郎がここで香を焚くと、弥十郎がその香を月宮香と言い当てた。そこから弥十郎は四郎が二十余年前に捨てた子であったことが判明する。

『天竺徳兵衛郷鏡』は『山城の国畜生塚』（竹本座、宝暦十三年）の続編であり、両作は日替わりで上演された。この二作は文禄・慶長の役に取材しており、朝鮮国の忠臣木曾官（日本に潜入し、吉岡宗観と名乗り豊後大友家の家臣として仕える）とその子天竺徳兵衛（幼名は大日丸）の二代にわたる日本への復讐劇を描く。かつて大友家の家臣であった尾形十郎真清は、徳兵衛と名を変えて船頭として働き、天竺徳兵衛の前妻お綱と結婚する。本作三段目、天竺徳兵衛が船頭徳兵衛の姿で現れ、お綱は二人の夫の間で困惑する場面がある。この際、室の城主滝川左近之進の家来桂隼人が現れ、天竺徳兵衛を船頭徳兵衛と誤認し、天竺徳兵衛を討ち取ったら元の大友家に戻れるよう計らうと伝える。天竺徳兵衛は船頭徳兵衛に対し、自らが天竺徳兵衛ではない証として、木曾官とその妻夕浪の血汐で描いた蝦蟇仙の絵像を踏むよう強要する。その場面を次に引用する。

「是はこれ、彼が尊ぶ蝦蟇仙の像。大日丸が親吉岡宗観最後の血汐を以て描けば、則ち宗観が魂。大日丸でなく我が目通りで此像を踏め」「ナニ吉岡宗観とは我が大恩有る命の親。其魂の此像を」「ヲ、絵踏まねば大日丸、蝦蟇の術を行ふ者、此像を踏めばたちどころに罰を受くる。其外の者はコレ此通り」と、遠慮容赦も踏み付け〳〵踏みにじり、「サア踏め、踏まねば大日丸。何と〳〵」と難儀の手詰め。

天竺徳兵衛が「吉岡宗観最後の血汐を以て描けば、則ち宗観が魂」と、吉岡宗観の血で描かれた絵像であると明かすと、船頭徳兵衛はそれを聞いて宗観への恩を思い、踏むのを躊躇する。天竺徳兵衛は船頭徳兵衛に銃口を突き付けるが、お綱がそこに割り入り、身代わりとなって射殺される。船頭徳兵衛こと尾形十郎は五段目において、壱岐の城に籠城した天竺徳兵衛を攻めて自害へと追い込んでいる。

『傾城鐘鳴渡』は、滅ぼされた琉球王室にゆかりのある人物たちが、日本転覆を図る物語である。本作では「提宇子」「耶蘇」という語が出てくるように、琉球王国ゆかりの者たちは明らかにキリシタンとされている。第三では七草四郎（実は琉球国の家臣りうしけいくわんかう）と父灘右衛門（実は琉球国の家臣ちんくわけい）が絵踏みを強要される。灘右衛門は、広瀬源吾に脇差しで肩を突かれている。以下に当該場面を引用する。

文〔源吾〕是でも出ぬか　イヤサ　七草四郎　是でも出おらぬか〱

七〔灘右〕イイヤ　出ぬ　大義を思ひ立たる大丈夫　たとへ此親が目前に骨をあばかれ
　粉に叩かるるといふても出る様な性根じやムらぬ

文〔源吾〕ハテ　しぶといやつじやなア　こりやもふ此手では行かぬわいの
　ト七〔灘右〕が刀を抜き

文〔源吾〕いつぞや吉野にて菊池多門頭様に申受し此守り
　邪宗門の絵像死後生天の秘文　サア　立寄つて是を踏め
　ト中入に　多聞に貰ふたる守を出す　七〔灘右〕見て

七〔灘右〕ヤア　こりや提宇子の尊像

文〔源吾〕尼子の家を立る手立　是ではなんと七草が顕れそふな物じやぞよ
　サア　老ぼれ　是を踏め

七〔灘右〕　こりやどふも
文〔源吾〕　踏まぬか
七〔灘右〕　サア　それは
文〔源吾〕　七草はいづくに居る
七〔灘右〕　サア　それは
文〔源吾〕　サア〱　踏まぬか　いつそ身共が
　　ト踏む　ト梅幸〔七草〕少震ふ　七〔灘右〕それはと　寄る
　　ちよつと立廻り有て　文蔵〔源吾〕絵像を散〱に踏みにじる
　　踏む度毎に　梅幸〔七草〕震ふ

この後四郎は印を結び、父とともに姿を消すが、絵像に父の血が触れたために妖術が破られ絵像も失われる。(5)しかし、「術の消へたも　やつぱり妖術」と、絵像は復活する。

以上、近世中期の演劇における絵踏みの場面を追ってきたが、その効用をめぐっては、両者で相違が見られる。歌舞伎にあっては、絵踏みを強いられるのは邪教徒の側である。浄瑠璃にあっては、前節で扱った『傾城島原蛙合戦』と同様に、絵踏みを強要するのは七草四郎または天竺徳兵衛——すなわち、キリシタンとしての要素を持った邪教徒である。彼らの冷酷さは、絵踏みを強いられた者の葛藤と、その身代わりとして死に至った人物を通じて描き出される。大団円にあって、邪教徒はかつて絵踏みを強要した者によって死に追い込まれたことも、本稿の分析によって確認した。邪教徒たちは肉親の仇討ちを背負って作品に登場した。彼らは絵踏みによってもう一つの仇討ちの物語を惹起し、それにより滅亡へと追い込まれた、とも換言できよう。

おわりに

以上、本稿では、仮名草子から近世中期の演劇までを瞥見し、近世における反キリシタン文学の在り方を考察した。仮名草子及び同時代の文献にあっては、初期こそキリシタンを激しく論難する筆致が見られたが、島原天草一揆以降、実際のキリシタンの動静を描く文献が姿を見せ始め、批判一辺倒の風潮は見られなくなる。仮名草子、古浄瑠璃から四十年ほど隔たって、近松は『傾城島原蛙合戦』に絵踏みを導入した。この絵踏みは近世中期の演劇にも引き継がれ、特に浄瑠璃にあっては、史実に相反して邪教徒側が強要する立場となった。また、邪教徒はその前後で人を殺めており、冷酷さを見せるとともに残された人々の憎悪を買い、作品終盤で死に追い込まれる。このような反転により、従来異端として蔑視・他者視されたキリシタンたちの心情が逆照射されてもいよう。当然、キリシタンを描いた作品はいずれも、彼らを称賛することはない。しかし、反キリシタンの形を取りながらも反転という操作を通じて、キリシタンに寄り添うまなざしが見て取れるようにも思われる。

※本稿における本文引用は、次に示す通り。引用に際しては、仮名を漢字に直し、カギ括弧や送り仮名、音の清濁や句読点の補訂など、適宜本文を加工している。
- 『吉利支丹物語』『鬼利至端破却論伝』は『仮名草子集成』第二十五巻（東京堂出版、一九九九年）、『嶋原記』は同第三十六巻（東京堂出版、二〇〇四年）。
- 『あまくさ物がたり』は、『古浄瑠璃正本集　第三』（角川書店、一九六四年）。
- 『傾城島原蛙合戦』は、『近松全集　第十一巻』（岩波書店、一九八九年）。
- 『天竺徳兵衛郷鏡』は、『未翻刻戯曲集・5』（国立劇場芸能調査室、一九七九年）。
- 『仮名草紙国性爺実録』は『歌舞伎台帳集成』第十三巻（勉誠出版、一九八七）、『傾城鐘鳴渡』は同第三十一巻（勉誠出版、二〇〇一年)。

※挿絵の出典は以下の通り。

・『鬼利至端破却論伝』(【図1】)は、京都大学貴重資料デジタルアーカイブ(京都大学附属図書館蔵、二〇二四年七月二十八日閲覧)。挿絵部分のみを切り出した。

・『あまくさ物がたり』(【図2】【図3】)天理大学附属天理図書館蔵は、『天理図書館善本叢書　古浄瑠璃続集』(八木書店、一九七九年)。

【付記】本稿は、日本学術振興会科学研究費助成事業研究活動スタート支援(課題番号:JP24K22476)による成果の一部である。

注

(1)「仮名草子時代のキリシタン文学」、『アジア遊学127　キリシタン文化と日欧交流』(勉誠出版、二〇〇九年)。

(2)『古浄瑠璃正本集　第三』(角川書店、一九六四年)解題。

(3)「近世演劇の登場する『キリシタン』」、『アジア遊学127　キリシタン文化と日欧交流』(勉誠出版、二〇〇九年)。

(4)本作と浄瑠璃の関係をめぐっては、河合眞澄「宝暦期の上方歌舞伎(二)―『仮名草紙国性爺実録』」(『近世文学の交流―演劇と小説―』、清文堂出版、二〇〇〇年)、永田郁子「歌舞伎『仮名草紙国性爺実録』と浄瑠璃『天智天皇』」(『同志社国文学』第八十七号、二〇一七年)に詳しい。

(5)加藤敦子は、「キリシタンの妖術は血縁者の血で汚されると破られるという約束事があり」、「この展開(著者注:『傾城鐘鳴渡』の本稿引用部分)は従来の約束事を覆して意外な驚きをもたらす手法である」と指摘する(「〈異国〉と謀反劇――『傾城鐘鳴渡』を例として」、『アジア遊学114　東アジアの文化圏　比較から共有へ』、二〇〇八年)。

「天草軍記物」にみる一揆の首謀者たち
――『嶋原記』『山鳥記』『嶋原実録』を例に

菊池庸介

はじめに

寛永十四年（一六三七）十月に起きた島原天草一揆は、幕末の戊辰戦争を除けば、江戸時代最後の戦争であった。一揆の性質は宗教一揆や百姓一揆等、ひとつには絞れないが、キリシタンによる反乱というイメージは、江戸時代の民間においては、通底するものであった。このことはまた、当時のキリシタン奪国感を補強することにもなっている。

江戸時代にはキリシタンを扱う文芸が多く作られたが、そこにも様々な形で、国家の転覆を謀ろうとするキリシタンが描かれる。近世実録（実録体小説とも。本稿では実録と称する）についていえば、「天草軍記物」や「キリシタン実録群」（キリシタンが日本に渡ってきてから禁教になるまでの来朝譚）が相当する。筆者はかつて、これらの実録群の本文系統の大まかな見通しや内容面の転化成長の様子について述べたことがある。(1) 本稿はそれを踏まえつつ、「天草軍記物」の軍記や実録におけるキリシタン、とくに首謀者たちの描かれ方について考えてみたい。

一　「天草軍記物」の概観

島原天草一揆の顛末をテーマにした近世の文芸類が通称「天草軍記物」（演劇などでは「七草四郎物」と呼ぶこともある）である。本稿ではそのうち、近世に広く読まれ、多数の諸本が残存している軍記・実録類を対象にするが、その大まかな流れについて述べておくことにする。

「天草軍記物」で最初に現れるのが仮名草子として出版された軍記『嶋原記』である。刊記のついているものでは慶安二年（一六五〇）版が最も早い。本書は改版本や後刷本も多く、近世後期まで読み継がれたロングセラーであった。この流れを受けて作られたのが写本の軍記『山鳥記《さんちょうき》』である。寛永二十年（一六四三）の跋文があり、『嶋原記』より先行するようにみえるが、内容面の増補が著しく、『山鳥記』先行は考えにくい。

『嶋原記』に直接的な影響を受けて成立したと思われるもう一つの作品が、写本の実録『嶋原実録』の一群である（『山鳥記』の影響も間接的には認められる）。軍記と実録との明確な区分は難しいが、内容面についていえば、実録は読者の興味を引くような大衆性、娯楽性、当代性が強く出ていることが判断材料となり、『嶋原実録』群にはそれらがうかがえる。『嶋原実録』序文によると、十巻本の『西戎征伐記大全』（『西戎征伐記』のことと考えて良い）に慶長元和期のキリシタン制禁となるあらましを加え、『西戎征伐記大全』の誤りを正して評注を加えたとする。現存の『西戎征伐記[2]』は巻五までしか無く、残存部分の、一揆についても伝える話についても『嶋原実録』と内容面で大きな違いが見受けられないため、本稿では『嶋原実録』を扱う。『西戎征伐記大全』には「干時享保　予州氏」とあり、『嶋原実録』にも「享保十四年・隆好」の年時署名が記されるものが散見され、その次に現れる一群（「田丸具房物」）の成立時期を考えると、この一群は享保（一七一六〜三六）頃の成立と考えてよかろう。

『嶋原実録』群の影響下にあり、内容面で一段と飛躍するのが、「田丸具房物」と私に名付けた一群である。諸本は、それぞれの特徴から『天草軍談』『天草征伐記』『天草軍記』に大別でき（これらに含まれない例外的なものもある）、この順番に分化成立したものと考えられる。『天草征伐記』のみ冒頭にキリシタン来朝譚を持つ。なお、「田丸具房物」は「天草軍記物」で最も読まれた一群ではあるが、首謀者がキリシタンとほとんど関係せず（首謀者名も大半が実説やそれまでの作品と入れ替わる）(3)、一揆を起こす方便としてキリシタンを利用するだけであり、大将天草四郎についても登場時にキリシタンであるとは明示されず、人心掌握のために行う奇術も、仕掛けが説明されるような、奇術とは言い難いものである。そのため、本稿では考察の対象外とする。「田丸具房物」の内容を受け継ぎつつ作品冒頭にキリシタン渡来譚（『嶋原実録』や『天草征伐記』のものとやや異なる）を増補し、本文も書き改めたものが『金《きん》花《か》傾嵐《けいらん》抄《しょう》』である。この一群も広く読まれ、明治十六年（一八八三）刊『今《きん》古《こ》実録《じつろく》 参考天草軍記』（栄泉社）の原拠（今古実録本はさらに内容を若干増補する）となる。

以上が「天草軍記物」実録の主な流れである。この周辺には、「田丸具房物」を元にした堀麦水『寛永南島変』、幕末のもので「田丸具房物」や『金花傾嵐抄』をもとに様々な逸話を盛り込んで長編化したもの（『寛永治乱記』や『天変治乱記』）が存在する。また、主流とは別の流れにあるもの（『耶蘇征伐記』や村井昌弘『耶蘇天誅記』など）もある。これらのうち、本稿では『嶋原記』から『嶋原実録』までを範囲として扱う。

二　客観的姿勢の強い『嶋原記』

『嶋原記』での一揆の首謀者は、大矢野松右衛門、千束善左衛門、大江源右衛門、森宗意軒、山善左右衛門であり、「かの五人の者共は、小西摂津守の家人」(4)（巻上「貴《き》利《り》師《し》檀《たん》始発之事」）として設定される。五人の首謀者の存在は、本書が拠ったとされる山田右衛門作（一揆鎮圧後に保護された一揆方の将。右衛門、右衛門佐とも）の口書（「山田右衛門佐口書」）に見える。ただし「口書」では五人の出自は記されていない。『嶋原記』は、五人の出自を小西行長家臣と設定したことでキリシタンであることを暗示する。

その後、「かの者共、その頃近郷隣島の民衆らを近づけ、密かに勧めをなしけるは」として、日本を追放された外国人宣教師が残していった「末鑑《ばつかん》」の予言の符合（キリシタンの善人として天草四郎の存在を示す等）を触れ廻る。末鑑のことは「口書」にも見えるが、『嶋原記』の作者は、末鑑について、楠木正成の「天王寺未来記」にこと寄せた謀計と異ならないと断じる。末鑑を信じた主立った農民たちは、内々に秘めていた信仰に立ち返る。続いて左志来左右衛門が所持するキリシタンの絵像がいつの間にか表装され、左右衛門は天の恵みと感動するが、絵像の表装については「いかなる者のしわざにやありけん」（同）と、それを否定し、ここでも五人の首謀者の謀略を匂わせる。

『嶋原記』（無刊記版十二行本。筆者蔵。表装された左衛門の絵像を人々が参拝に来る場面）

左右衛門は周囲に喧伝、諸人が参拝に来て賑わい、それを取り締まろうとする代官が人々から殺害される。一揆の始まりだが、これ以降、五人の浪人は表には出てこない。実際に行動し戦うのは「徒党の奴原」などと記された匿名の者たちであった。大将の天草四郎については「かの四郎諸術と（ママ）尽くし、新たに奇特をなし。諸民に見するによて。みな善心を翻し。これこそでいうすの生まれ変はり。ただ世の常にあらじとて。ことごとく此宗旨に。心を染めをはむぬ。」（巻上「天草吉利支丹起発の事　付　大矢野の大司庄からめとらるる事」）と作品前半で、術を用いて人心を迷わす様子が描かれるが、以降は一揆の要所要所に現れ合戦の指揮を取る

もの の、戦う農民たちほど強い存在感を示してはいない。なお、四郎の見せる術がどのようなものかも説明されず、『嶋原記』において四郎の術は、以降は記されない。

『嶋原記』は一揆の初発から終結までを、一歩引いた視点で叙事的、客観的に記したものであり、その中で、五人の首謀者についての描き方は——該当箇所はわずかであるが——小西行長の家臣として、キリシタンであることや一揆を起こすべく画策するような、「悪知恵」を備えた者たちであることを匂わせている。

三　首謀者の行動が活発化する『山鳥記』

『嶋原記』を踏まえて内容を膨らませたものが、写本で伝わる『山鳥記』である。首謀者の五人を小西家臣とするのは『嶋原記』と共通し、そのうえ「この五人は天草の大矢野甚兵衛が同行《どうぎょう》の者共、提宇子心中に尊敬の朋友なり」（巻一「吉利支丹宗門一揆之事」）と、キリシタンであることが明示される。なお、ここに出てくる大矢野甚兵衛とは、四郎の父のことである。

『山鳥記』では、首謀者としての行動がより具体的に描かれる。たとえば、末鑑を土地の者たちに披露し内容を説明する場面は、『嶋原記』では五人の行動を簡略な叙述にとどめるが、『山鳥記』は次のようである。

> 森、山ノ、大矢野、千束、大江等も一宗を勧むる事、忍びて隙なし。愚の土民同行の吉利支丹数人を集めて云やうは、いかに面々聴給へ、提宇子不思議の巻物此にあり。是は去にし慶長改暦の時分、天草上津浦《こうつうら》に一人の伴天連《ばてれん》の智人あり。をりふし天下吉利支丹禁法のころなればとて、一先異国へ渡り行く余波《なごり》とて、此伴天連末鑑と号して一巻を残し置ける。是は日本同行のためなり。（中略）今不思議の子細あるによつて、人々に拝見させ申すべきとの事也。相かまへて能《よ》くつつしみ一《ひ》と目拝まれ候へ　（巻一「末鑑の巻物之事」）

五人の首謀者が密かにかつ積極的に改宗を勧め、その手立てのひとつとして末鑑を人々に見せる。「相かまへて能くつつしみ一と目拝まれ候へ」や、この後に続く「さあらば密《ひそか》に取出し、小声によみ聞《きか》せ候はんとかたる」など、もったいをつけている様子も含め、『嶋原記』よりも具体的である。この後末鑑はうやうやしく取り出され、宗意軒（『山鳥記』では宗意とする）が講釈し、「一心不乱に提宇子を尊敬し奉り、一城を構へ、日頃の恨みを片時も忘れず、（中略）上下万民御一宗を尊敬する人曽《かつ》て以て疑うべからず、時至る事可也」と演説を行い人々を納得させ、改宗誓約の血判を取る。血判を取ることについて作者は「うたてかりし企哉《くわだてかな》」と否定的なコメントもしている。この後の展開は、松右衛門の命を受け、源右衛門が天草の大矢野甚兵衛のもとに末鑑と血判を携えて訪れ、人々の改宗及び反乱の企てを述べるが、甚兵衛は同意しつつも、暫時様子をみて慎重に事を進めることを述べ、五人もそれに倣う。それでもなお、

> 大矢野松右衛門、森宗意、なを謀事を廻《めぐら》し、徒党の心を堅く結ばん其ために、彼五人の者ども密談時々したりけり
>
> （巻二「左志来左衛門事」）

と、首謀者たちは謀計を廻らす。

左右衛門（『山鳥記』では左衛門）の絵像が直っていた場面は次のように記される。

> （左衛門が絵像を表装したがっていることを）宗意、松右衛門兼て聞置《ききおき》、左志来が隙を伺ふて、宗意もとより器用の細工の者也《なり》ければ、彼提宇子の表補絵《ひようほえ》せんと心付きたり。（中略・松右衛門に語り賛同される）或時よきをり

ふしを得て、宗意彼提宇子《かの》の絵像を盗出し、表補絵心の伬こしらへ、又隙をはかりて左志来左衛門が深閨に元のごとくにかくしをきたり。
（巻二「左志来左衛門事」）

『嶋原記』では誰の仕業かはっきりとは記されなかったが、『山鳥記』では宗意軒と松右衛門の企みであるとする。宗意軒と松右衛門は、五人の首謀者の中でも、とくに発起部分においてリーダー的存在として前面に出てくる。松右衛門は、絵像を取り締まる代官を土地の者たちが殺害して呆然とした時に、「此上は弥覚悟を究め、徒党の専一なり」「善も運も開きなば、一宗繁盛再興の縁《もとひ》なり」と、一揆の火を点ける役割を担っており、実際に合戦になると、「いかに味方の面々、先初軍に門出よし。此伬引とるべきか、又直ぐに高来城を攻て取らんか」（巻二「松倉之人数押寄深江村事　附り　土民等為附入高来城事」）と一揆を焚きつけ城攻めを行わせているように、実戦の将としての存在を表している。いっぽう、宗意軒は合戦場面では目立った行動が見えなくなり、武闘派の松右衛門と策謀家としての宗意軒という風に役割分担されていることがわかる。

天草四郎についても、『嶋原記』では登場する部分が八箇所だったのに対し、『山鳥記』では二〇箇所を超えており、やはり大将としての存在感が強く出てきている。一揆の総大将として迎えられる場面では、一揆の主立った面々に対して、四郎は大将を立てる法式について述べ、自分はその法式に準じたものではないと蘊蓄《うんちく》を傾けつつ、「自今以後、大将の下知、若は心にのらずとも、全く四郎か云《(ママ)》に背くべからず」（巻四「一揆等天草四郎取立大将事」）と宣言し、指揮官としてリーダーシップを発揮する（ちなみに、四郎が大将に就いたあとは、松右衛門や宗意軒の単独での行動はほとんど記されなくなる）。なお、四郎は「天草の総大将大矢野四郎太夫時貞」と自称するが、作者は平将門を引き合いに出して「空怖敷」と否定的に見る。

以上、『山鳥記』においては、首謀者や天草四郎の動きを具体的に記すことで、読み物として一段と発展しており、首謀者像については、よりはっきりと、反乱を企てる策略家集団としてのイメージを打ち出している。

四　宗意軒と四郎がクローズアップされる『嶋原実録』

『嶋原実録』は『嶋原記』『山鳥記』に比して、内容面において飛躍的に大衆性や娯楽性、当代性が増す。本稿では触れないが、たとえば冒頭で、江戸時代に広く読まれたキリシタン来朝譚が付加されることはその一例である。(5)

本作では、渡辺甚兵衛（四郎の父、『山鳥記』では大矢野甚兵衛）と首謀者の者たちとの関係の起こりが記されていることがまず目を引く。甚兵衛の父は高山右近家臣であったとし、「高山に仕へし初より吉利支丹の宗門をふかく帰依して、修行年久しければ、宗門の奥義を究め、已に伊留満《いるまん》にてぞ有ける」と熱心なキリシタンであり、甚兵衛は「彼小西が家の浪人ども、件の甚兵衛がすすめによつて、吉利支丹の宗門にぞ成にけり」と、父と同様のキリシタンで、首謀者たちを宗門に引き入れたとする。首謀者の小西浪人がそもそもはキリシタンではなく、後にキリシタンになることが注目できる。この一群に続く「田丸具房物」の一群でも浪人達はキリシタンではなく、その萌芽がうかがえるからである。浪人たちは、「彼宗門に入ぬれば南蛮国王より給銀を配分し、又は其党類より互に合力を加へける故」貧苦をまぬがれていたが、天草の困窮が厳しいため、松右衛門、善左衛門、源右衛門、善右衛門の四人は甚兵衛の世話で島原深江村に移ってきたとする。

ここで注目すべきは、首謀者のひとり、宗意軒（本作でも宗意の名で登場する）が他の四人の首謀者とは分けて記されていることである。『嶋原実録』の登場人物は、とくに宗意軒と天草四郎の存在感が強められる。宗意軒は次のような人物造型が施される。

森宗意と云もの有。頗る文字に達せし者なりければ、同国長崎の町において医術を家業として居たりけり。此門弟に四郎とて童子有。　（巻三「西国一揆濫觴之事」）

此度一揆の張本たる四郎が謀略の師に森宗意と云者有《あり》。其性俗を尋れば、小西摂津守行長が家士にて杉本忠左衛門と申せし武功の者にてぞ有ける。（中略・小西滅亡後天草に居住したことを記す）儒学に弘かりければ医師と成、長崎へ出て学者を集め医術を施しける程に、（中略・生活に困っていないことを記す）其家業を好とせず明暮武家に志をはげみ、軍書をうかがひける程に、其謀略平人に勝れ、此度城内の軍法みな此宗意と玄察が致所なりとぞ聞へし　（巻五「森宗意由緒之事　幷　異見の事」）

長崎で儒医を行っていたが、武家に心を寄せ、軍書を読み学んでいたために謀略に長け、一揆の軍略は（天草玄察とで全て行っているという。宗意軒が杉本忠左衛門を名乗っていたのか、実際の所は不明だが、この名前は江戸時代前期の医師杉本忠恵《ちゅうけい》を想起させる。杉本忠恵は南蛮流外科医で、寛文十年（一六七〇）に南蛮流で初めて幕府の医官に任じられた人物であり、その医学は長崎にて、棄教したイエズス会士フェレイラ（日本名沢野忠庵）より学んだものであった。杉本忠左衛門の名は杉本忠恵に由来する可能性がある。また、ここに名前の挙がる天草玄察は、安国寺恵瓊の弟子の禅僧であるとし、浪人して長崎でやはり医術をしていたとする（巻五「天草四郎任大将　幷　手分評定之事」）。「生質《うまれつき》人に勝れ三十人が力有」「森宗意と相ならんで両家老とぞ定める」（同）と、それなりに存在感を出している。

宗意軒に話を戻すと、さらに次のように記される。

宗意つくづくと四郎が器量を見て思ひけるは、我等永之浪人の身と成行、末とてもたのまれず。老木の梢と枯れはてて花の咲べき春もなし。今此四郎が有様を見るに、才智といひ器量といひ前代未聞の奇童也。此童子を守立大将とあふぎ、一度四海の乱を起しあわひよくば先君の恥を雪ぎて身を立ん。若も本望達せずんば、いさぎよく討死して名を末代に残すべきに何の子細があるべしと思ひ立、心の内こそうたてけれ。

（巻三「西国一揆濫觴之事」）

島原天草一揆は、老境に達し余生を悲観した宗意軒が、四郎を大将にして乱を起こして主君の恥をすすぎ、身を立てようと考えたところから始まったとする。宗意軒はいわば一揆の真の企画者である。宗意軒は浪人を集めるが、「密かにかたらひ置べしとて、宗門修行の室に入ては、偏に此事を議したりける」と、キリシタン修行も行っていることを読者に想像させる。松右衛門をはじめとする四人の浪人たちは、このようにして宗意軒と結託したのだった。

末鑑のことも『嶋原実録』は「森宗意、山善右衛門と相談して一紙の讖文《しんもん》（ママ）の作りて、古き器に入、かたく封して」（巻四「徒党の者共巧之事」）と、宗意軒が主導した捏造とする。また、四郎を大将とするべく首謀者たちに説得するのも宗意軒であり、物語の前半では事を動かしていく重要な役割を任じている。

四郎もまた、『山鳥記』以上に才智にたけた大将としての性格設定がなされている。そもそも、『嶋原記』『山鳥記』では四郎は緒戦では一揆に直接は加わらないのだが、『嶋原実録』は初めから首謀者たちに交じり、作戦を述べて大将としての才能を発揮する。少々長いが引用する。

四郎申けるは、抑《そもそ》も宗門を興起して天下に発向すべきには、吾等に与《くみ》する輩に然るべき大名、又人望有大身《じんぼうあるたいしん》なくしては叶ふべからず。先伴天連以留慢《いるまん》のめんめん近国に分散して宗門を弘め、真実帰伏の農民を催し給へ。若《もし》有智大才の人ならば、森宗意か某《それがし》、会してすすむべき趣《おもむき》有。農民賤夫の者也とも三万人徒党せば急《きつ》度《と》一揆を企、同国なれば松倉長門守が高来《たかき》の城、寺沢が唐津の城を乗取、長崎を乱妨し、金銀財宝をうばひ取、近国の農民国主の暴虐を苦しみ困窮せし者どもに分ちくれて、降参の者共の父子妻子を人質に取かため、彼《かの》城々に籠置て、南蛮国王に申遣し太子を申下し、京都をさして打て登、帝位をうばひ取、関東を引き請、天下を帝王の御政に帰し奉らんと申さば志有《こころざしある》大名、或は豊臣太閤重恩の族もみなみな味方に参らん事、何のうたがひあるべきと、余儀もなげにぞ申ける。

（巻四「徒党の者共巧之事」）

一揆成就のためには大名や人望のある大身を味方につけるべきと四郎は理解しており、そのためにどうすることが必要か、一味の集め方や一揆に必要な人数、一揆の進め方、南蛮国との連携、果ては国家転覆の方法などを他の首謀者たちに主張する。国家転覆の考えは宗意軒にもうかがえるが、四郎の言と相まって、『嶋原実録』は島原天草一揆の性質を、局所的な反乱から奪国へと飛躍させていることがわかる。

四郎については、原城総攻撃で最期を迎える場面も、本作では克明に記されている。

此時四郎、自身の働にて敵勢大塚忠右衛門を始、廿四人討取しが、さのみ罪作りに何かせんと、今はかうとや思ひけん、父甚兵衛に自害をすすめ、其終りを見届て、其身は鎧をぬぎ捨、若《もし》雑人原に出合、生捕れては口をしと（中略）自害にぞ及びける。（中略・細川家足軽陣野佐左衛門がやってくる）四郎太夫詞をかけ、汝何者ぞ、此度一揆の張本天草四郎太夫家貞と云者なり。首取て高名せよと呼て腹十文字にかき切てうつぶしにかつぱとふしけるを

（巻十二「四郎家貞自害之事」）

四郎の首を陣野が討ち取ったことは種々の記録類にも見えるが、そのいきさつを記したものは、少なくとも実録類には見えない。一揆の総大将の最期を具体的に描写したのは作者の工夫だろう。その様子は、一揆とはいえ大将にふさわしい劇的なものであり、多少なりとも厳しい眼差しは和らいでいる。反乱劇での反逆者に対する共感のようなものが生じていると思われる。

このように、『嶋原実録』では首謀者のうち、とくに宗意軒と天草四郎を前面に出す（ちなみに、物語後半は宗意軒はそれほど現れなくなってくる）。宗意軒は策略家としての人物造型が、四郎には総大将としての指導力や才智が一層強調され、両人とも国家転覆をもくろむ反逆者の性質も加わる。なお、『山鳥記』で松右衛門と宗意がこっそり表装しておいたキリシタンの絵像の話は、『嶋原実録』では密かに天帝を信仰していた左右衛門が、「大矢野千束山大江のものどもと相謀て」一夜の内に表装されていたと近郷のキリシタンに触れ回る話になる。悪知恵に長けた首謀者たちの人物像がここにも強く出ている。

ちなみに宗意軒は、同時期に作られた実録『慶安太平記』（慶安事件を扱う）において、武者修行で天草に来た由井正雪に幻術を教える人物として登場する。好評な場面だったようであり、明治期に刊行された数々の活字翻刻本の挿絵にも描かれた(6)。また、他の実録にも幻術使いとして登場するようになる。『嶋原実録』の宗意軒は妖術は用いず、『嶋原実録』と『慶安太平記』との先後関係も不明だが、医者として、一揆の指揮官として存在感を示した『嶋原実録』を『慶安太平記』が参考にした可能性も否定できない。

おわりに

以上、『嶋原記』から『嶋原実録』の範囲で、一揆の首謀者像を追ってみた。キリシタンに対して好意的な印象を示さないのは大前提だが、それぞれの作品に表現の濃淡はあるものの（たとえば『嶋原記』は事件の推移を淡々と表現するスタイルである)、首謀者のキリシタンについてはいずれも、野心を抱き、少なからず謀略を用い、言葉巧みに土地の人々(元キリシタンが数多く含まれる)を改宗させ、味方に引き込んでいたという、ずる賢さを備えた悪役像を描く。その基底には嫌悪、驚き呆れた感情、空恐ろしさといった眼差しがうかがえる(『嶋原実録』では宗意や四郎へ向けたそのような眼差しは若干薄らいではいる)。対比されるのは一揆で実際に働いた名も無き人々であり、それらはおおよそ、「愚人」として扱われる。そのような愚人たちに対しては、キリシタンに立ち返った者たちではあるが、嫌悪や憎しみよりも、憐愍の眼差しが向けられる。この構図は、やはり多くは写本で広まったキリシタン来朝譚(キリシタン実録群)での、布教するバテレンやイルマンと、彼らの謀略的布教活動により入信する民衆との関係にも当てはまる。それらは、「悪」の組織内部における、人々を支配する側とされる側との関係から生じる差異を表している。

なお、一揆におけるキリシタンの妖術については、先述『嶋原記』の四郎の術(具体的な内容は不明)以降は記されない(『嶋原実録』冒頭のキリシタン来朝譚に見えるバテレンやイルマンの術は例外―これは他書の利用である)。次に続く「田丸具房物」でも四郎の奇術は仕掛けのあるものとするが、「天草軍記物」(とくに主流のもの)は、四郎の妖術に否定的である。それは、内容の虚実はともかく事実性を謳う実録の姿勢を作者も心得ていたからだと思う。

注

(1) 『近世実録の研究―成長と展開―』第一章第一節、第二節(汲古書院、二〇〇八年)。
(2) 弘前市立弘前図書館所蔵。
(3) 「田丸具房物」の首謀者は、大矢野松右衛門(作左衛門)、芦塚忠右衛門、千々輪五郎左衛門、赤星宗帆、天草甚兵衛と変わ

り、大矢野だけ残る。旧小西家臣も芦塚のみとなる。

（4）『嶋原記』序文には「徒党の行動は。山田右衛門作言語の以記」とあり、若木太一氏は「山田右衛門作言語の以記」を「山田右衛門佐口書」とされる（「『嶋原記』の生成とその展開」〈『文学』五四―一二、一九八六年十二月〉）。筆者もそれに従う。

（5）『嶋原実録』巻一、二に備わるキリシタン渡来譚は写本で広く読まれたキリシタン実録群の中の、一系統を利用したものと推測される。

（6）宗意軒と正雪が出会う場面については拙稿「海辺の森宗意軒―『慶安太平記』にみる由井正雪との出会い」（鈴木健一編『浜辺の文学史』所収、三弥井書店、二〇一七年）で述べている。

※各作品の底本は以下のものを参照した。

・『嶋原記』…早稲田大学図書館所蔵慶安二年版本（早稲田大学図書館古典籍総合データベース閲覧）

・「山田右衛門佐口書」…国立公文書館内閣文庫所蔵（国立公文書館デジタルアーカイブ閲覧）

・『山鳥記』…国立公文書館内閣文庫所蔵（国立公文書館デジタルアーカイブ閲覧）

・『嶋原実録』…北海学園大学北駕文庫所蔵（国文学研究資料館マイクロ資料閲覧）

※引用箇所は読みやすさを図るため、適宜漢字をあて、句読点、濁点を付した（『嶋原記』は原本の句点は残し、片仮名本である『山鳥記』はカナは平仮名に改めた）。また、反復記号も文字に直した。

※本稿はJSPS科研費22K00317・20K00290の成果の一部である。

キリシタンと奇術——奇術史研究の視点から

長野栄俊

はじめに

現代の日本では、キリスト教と奇術（手品）との間に関連性を見出せる場面はほとんどない。しかし、歴史を振り返ると、奇術を受容する側がキリシタンとの関係性を感じ取ったり、演じる側がこれを意図的に打ち出したりした時代があった。

最も早い時期に両者の関係性が現れるのは、近世中期以降に成立したキリシタン実録群においてである。キリシタン実録群とは、十七世紀前半に禁教目的の仮名草子として出版された排耶書（『吉利支丹物語』などの反キリシタン文学）に、新たな要素が肉付けされ、写本として広まった興味本位の実録体読み物をいう（以下「実録群」と略す）[1]。梗概の共通する『南蛮寺興廃記』『切支丹宗門来朝実記』『伊吹艾《いぶきもぐさ》』などの諸本があり、いずれも十八世紀中葉以降の成立とされている[2]。これら実録群の中に付加された要素の一つに、以下に掲げるような、キリシタンが演じる奇術の場面があった。

天正十六年（一五八八）、堺の商人が伏見城の豊臣秀吉のもとで雑談に及び、近頃、市橋庄助と嶋田清庵という医者が堺に来住して「奇妙ノ術」を演じる由を言上した。[3] じつはかれらは告須蒙と寿問というキリシタンなのだが、それを知らない秀吉は、二人を召し出し、御前で「術」を演じさせた。以下、当該部分を『南蛮寺興廃記』から引用する。

> ①大鉢ニ水ヲ湛へ、紙ヲ菱ノ如ク切テ水ニ浮ケレハ、忽魚ト成テ水中ヲ游ク、②或ハ懐中ヨリ、クハンシンヨリヲ取出シ、其端ヲ口ニテ吹ハ、縄ノ大キサニ成ル時、御座敷へ投出セハ、大キナル蛇トナル、③又五穀ヲ盆ニ入レ砂ヲ蒔ハ、小蟻ノ如ク動キ出テ、段々ニ成長シ花咲実ル、④又鶏卵ヲ掌ニ握テ手ヲ開ケハ、介ヲ割リ雛子ト成テ、見ル内ニ鶏トナリ、声ヲ発テ啼ク、（中略）⑤暫ク障子ヲサシテ外トへ出テ、忽障子ヲ開ケハ庭上ニ富士山現ス、上下奇異ノ思ヲナシテアツト感ス、⑥又障子ヲサシテ暫シテ障子ヲ開ケハ、近江湖水ノ八景出現ス、或堺ノ浦・須磨・明石等悉クウツシ出ス、堂上堂下、如何ナル神仙ヤラント両人ヲ怪シム
>
> （傍線・丸数字は引用者）

この後、二人が要望に応えて庭に女の幽霊を出現させたところ、それは秀吉がかつて手討ちにした女の霊だった。機嫌を損ねた秀吉は「此者共ノ術、奇怪千万也、是必南蛮寺ノ残党共ナルヘシ、召捕ヘテ栲問スヘシ」と命じ、二人はキリシタンであることが露顕して磔刑になった、という筋立てである。

この付加された奇術の場面をめぐっては異なる評価がみられる。海老沢有道は、背景に伴天連のもたらした種々の科学知識があり、それが誇大に伝えられた結果とする。そのうえで「恐怖感に訴え、邪教の印象を深からしめ」、禁教を納得させる方法になったと評価した。[4] 一方、菊池庸介は「手品指南書をヒントにすれば容易に思いつくものばかり」で「人心を惑わすような幻術ではない」とみる。キリシタンの妖術は「合理的に説明できる

レベルに矮小化」されて神秘性は奪われたとし、ひいてはキリシタンへの軽視蔑視が読み取れるとする。(5)

そこで本稿では奇術史研究の文脈から、実録群にみえる「キリシタンの奇術」を再評価する。演じられた現象は奇術史上いかなる位置づけを持つのか、なぜ奇術の場面が実録群に取り込まれたのか、さらにはキリシタンと奇術の関係史についても検討を加えたい。(6)

一　キリシタンが演じた奇術

はじめに、二人が演じた「奇妙ノ術」の各現象を、実演記録と奇術伝授本（以下「伝授本」と略す）の二点から検討し、奇術史上の位置づけを明らかにしておく。(7)

まず、傍線①は、正徳二年（一七一二）六月、品玉遣《しなだまつかい》（雑芸者）の塩屋数馬が名古屋において「鉢の中へ紙を入て、小うなぎとする」を演じたのが最も早い実演記録である（『鸚鵡籠中記』）。また、伝授本は宝暦十四年（一七六四）刊『放下筌《ほうかせん》』での解説が初出で、「白紙を切て水に入れば泥鰌となる術」として、紙に包んだ泥鰌を着物の袂《たもと》に隠し置き、鉢の水に浮かぶ白紙とすり替える手順が載っている。

なお、紙の代わりに篠の葉を使う手順であれば、さらに半世紀以上遡る寛永二一年（一六四四）七月、「四条河原術人」が、右大臣近衛尚嗣邸で「切篠葉ドチヤウトナス」を実演している（『尚嗣公記』）。また、享保十四年（一七二九）以前刊の伝授本『たはふれ草《ぐさ》』では「笹の葉を泥鰍にする事」として解説されていた。紙と篠とで細部は異なるものの、袂に隠した泥鰌を鉢に供給する手順は共通している。

つぎに、傍線②の現象は、懐中から取り出した観世縒《かんじんより》（こより）を口で吹いて縄にする部分と、その縄を座敷に投げ出して大きな蛇にする部分とに分けられる。ともに上演記録は確認できないが、後半の現象は伝授本に解説がある。『座敷即興手妻《ざしきそっきょうてづま》』（近世後期刊）に載る「ざしきへへびをいだすでん」は、まず絓《すがいと》（縒りをかけていない一本の生糸）の両端に針を付けて片方を畳に刺し、もう一方を自分の髷につける。この絓に羽織の紐を乗せて、自分の頭を巧みに動かすことで、蛇が動くように見せる手順である。[8] 絓をインビジブルスレッド（見えない糸）として用いる演目は、すでに享保十二年刊の伝授本『続懺悔袋《ぞくさんげぶくろ》』において「紙にて作りたる蝶を飛はす」として解説されていた。

つづいて、傍線③の現象は、盆に蒔いた五穀が蟻のように動き出す部分と、この五穀（種子）が成長して花を咲かせ、実をつける部分とに分けられる。前半部分は上演記録・伝授本ともに確認できないが、後半部分の「植《しょく》瓜《か》術」とも呼ばれる演目は、アジアの奇術史上、非常に古い歴史を持つものである。

北魏（三八六～五三四）の都・洛陽にある景楽寺境内で演じられた「奇術」には「棗を植へ、瓜を種《う》へ、須臾《しゅゆ》の間に皆得てこれを食ふ」という演目が含まれていた（『洛陽伽藍記』。原文を読み下した）。また、日本でも十二世紀初頭成立の『今昔物語集』巻第二九「外術《げじゅつ》を以て瓜を盗み食はる丶語第四十」に、植えた種が見る間に双葉となり、さらに生い繁って花を咲かせ、瓜を生らしたとする話が載っている。

上演記録では、寛永二一年正月、「四条河原之者」松田日向が近衛邸で演じた「放家《ほうか》」に「生瓜事」（瓜を生《な》らすこと）が含まれるのが最も早い（『尚嗣公記』）。また、慶安五年（一六五二）刊の随筆『飛鳥川』にも、放下（雑芸者）が「砂の上に種をまけば、見るが内に爛蔓たる枝上に瓜茄を生」す演目を演じていたことが載る。

意外なことに、近世の伝授本では植瓜術は解説されていない。しかし、文政十年（一八二七）成立の風俗絵本『盲文画話《ももんがわ》』には、浅草で活躍した奥山けしの助が、五枚の板からなる組立て箱を用いて、「種なりとて、何か蒔て、暫時に木綿に造りし真桑瓜、実・花・葉まで栄へて顕わる丶」演目を演じる様子が描かれ、おおよその手順をうかがい知れる。

また傍線④は、鶏卵を握って開くと殻が割れてヒヨコとなり、見る間に親鶏となって鳴く現象であるが、このままでの実演記録は確認できない。ただし、十七世紀にはすでに生きた鳥を使う演目は実演されていた。延宝八年（一六七九）四月、江戸城二の丸御殿に召された放下の都右近は、「籠より小鳥出る曲」「絵、雀に成る放下」という小鳥を用いた演目のみならず、「生鴨、籠より二つ出る」のように中型の鳥を出す演目も演じている（『玉露叢』）。加えてこの時には、詳細不明ながら「玉子の曲」なる演目も演じられた。

伝授本では、安永八年（一七七九）刊『天狗通《てんぐつう》』に「柿・栗其外菓《くだもの》、鳩となり飛去ル術」として、両膝の間に隠し置いた鳩と果物とをすり替える方法が解説されている。また時代は下るが、嘉永二年（一八四九）刊『手妻《てづま》早伝授《はやでんじゅ》 初編』には、天井に隠れた助手が鶏を供給する「桶の中へ卵をいれ、鶏にしていくつも出す伝」が取り上げられている。

最後の傍線⑤の現象は、しばらく閉めておいた障子を開くと、庭に富士山が現れ、同様に近江八景、堺の浦、須磨、明石などの景色がうつし出されるというものである。「ウツシ出ス」の箇所に着目するならば、この現象はスクリーンへのイメージ投影（プロジェクション）とみてよいだろう。奇術とプロジェクションとは近接する領域にあり、伝授本にもいくつかの演目が収載されている。

前掲『天狗通』は「幽魂幽鬼をあらハす術」として、「影絵眼鏡にて白壁ニ絵を写す図」すなわち幻燈（マジック・ランタン）を日本で最初に図解した文献としても知られる。同書によれば、この頃すでに大坂の眼鏡屋で影絵眼鏡が販売されており、[9]難波新地ではこれを用いた見世物も興行されていた。なお、時代は下るが、嘉永三年成立の随筆『皇都午睡《みやこのひるね》 初編』の「座敷影画」（幻燈）の項には「硝子の画板を逆にはめて人物花鳥の働らき、近江八景・宮島・金閣寺・天神祭りなど古風にて品よき弄び也」とあって、その種板のなかに二人のキリシタンが映し出したとされる近江八景が含まれる点は興味深い。[10]

以上、傍線①および③後半部分は、遅くとも十八世紀前半時点での実演記録が確認でき、②の後半部分と④

も、いくつかの手順の組み合わせにより十八世紀には実演されていた蓋然性が高い。また、傍線⑤はプロジェクションとみれば、十八世紀中葉にはすでに実演可能な器材が日本に導入されており、入手することができた。その意味では、二人が演じた「術」の大半は、十八世紀の奇術師（放下や手妻遣）ならば実演可能で、人びとが興行の場などで目にすることができるものだった。そして、これらの演目の多くが、伝授本に取り上げられており、それらを読める者ならば、自らも演じられる場合さえあったのである。しかし、そのことをもって、十八世紀の奇術が神秘性を奪われていたとする捉え方は、この後述べるように再検討の余地がある。

二　奇術と仙術

伴天連の「種々の科学知識」が影響したとすれば、十七世紀中葉刊行の排耶書の段階でも奇術の場面が取り入れられていたとして不思議ではない。しかし、それが十八世紀中葉以降の実録群になって初めて取り込まれたのは、ほかに何らかの直接的な契機があったはずである。ここでは、それを伝授本の刊行と関連づけて考えてみたい。

わが国における伝授本の刊行は、元禄九年（一六九六）刊『神仙戯術《しんせんげじゅつ》』を嚆矢とし、同十二年には『続神仙戯術』が続刊される。そして十八世紀に入ると、優れた内容を持つ伝授本の刊行が相次ぎ、「伝授本の黄金時代」[11]を迎えることになる（表参照）。この「黄金時代」の伝授本に特徴的なのは、神仙（仙人）や仙術（仙人の超能力）との深い関係である。

題名の半数近くが「神仙」「仙術」の語を冠しており、編著者名では三書の著者・多賀谷環中仙《かんちゅうせん》（環仲仙い三《ぞう》は同一人物）が「仙」を自称している点に目が留まる。また、序文において「今此書、小方戯言《けげん》、至て卑近なりといへども、方術の奇なる物を輯《あつ》む」（『万世秘事枕《ばんせいひじまくら》』）や「此巻ハ（中略）浮世仙人秘術の巻の中の品々、当理即

表　一七〜一八世紀刊の奇術伝授本

刊年	題名	編著者	備考
元禄　九年（一六九六）	神仙戯術	馬場信武	
元禄十二年（一六九九）	続神仙戯術	馬場信武	
享保　十年（一七二五）以前	珍術さんげ袋	環中仙い三	序「諸仙等…たハふれ遊ひし術一巻となつて」
享保　十年（一七二五）	万世秘事枕	早見兼山	序「今此書…方術の奇なる物を輯む」
享保十二年（一七二七）	続懺悔袋	環仲仙い三	序「広成子…戯術の数品を書て黄帝にあたふ」
享保十四年（一七二九）以前	たはふれ草	鬼友	序「此巻ハ…仙人秘術の巻の中の品々…をあらハす」
享保十四年（一七二九）	続たはふれ草	かねかつ	序「仙術続戯艸と題して世ニもて遊ひなす」
享保十八年（一七三三）	唐土秘事海	多賀谷環中仙	序「乾坤の諸仙等此所に集て…奇恠をなせし数巻」
寛保　二年（一七四二）	神仙秘事睫	イ専	
宝暦　五年（一七五五）	仙術夜半楽	幾篠	序「老翁一軸を携来り…実に甚深微妙の珍術たり」
宝暦十四年（一七六四）	放下筌	平瀬輔世	
明和　五年（一七六八）	仙術一興鑑	幾篠	『仙術夜半楽』増補改題本
安永　八年（一七七九）	天狗通	平瀬輔世	巻末「仙術之秘伝（仙術をあかす事）」
天明　元年（一七八一）	仙術続戯草	かねかつ	『続たはふれ草』改題本
天明　四年（一七八四）	仙術日待種	花屋久次郎	序「仙術秘密の講訳終り姿既に雲裏に入」
天明　八年（一七八八）以前	仙術極秘巻	馬場信武	『神仙戯術』『続神仙戯術』改題本
寛政　八年（一七九六）	妙術手妻品玉伝授種	平瀬輔世	『放下筌』『天狗通』改題本
寛政十一年（一七九九）	盃席玉手妻	離夫	見返し絵に神仙の姿

＊網かけは、神仙色・仙術色がみられるもの

妙に其座にてなる事のミをあらハす」（『たはふれ草』）のように、「方術」（神仙の術）や「仙人秘術」から秘伝を抽出、集成して本を編んだと標榜する例も多い。このほか『唐土《もろこし》秘事海《ひじのうみ》』の挿図では演者が仙人らしき人物を含む

唐人の姿に描かれ、『盃席玉手妻《はいせきたまてづま》』では見返し絵に口から雲気のようなものを吐き出す仙人の姿が描かれている（「手妻」は奇術のこと）。

伝授本における神仙色や仙術色は、十七～十八世紀に顕著に見られるもので、刊行点数が増加する十九世紀には影を潜めてしまう。十九世紀には、天保十四年（一八四三）刊『手妻独稽古《てづまひとりげいこ》』や嘉永二年（一八四九）刊『手妻早伝授』、同七年刊『春遊座敷手品《はるあそびざしきてじな》』などのように、「手妻」「手品」「伝授」「稽古」など、端的に内容と直結する語を冠したものが多くなり、序文で神仙・仙術との関係性を謳うものも見られなくなるのである。[12]

『盃席玉手妻』見返し絵
（江戸東京博物館蔵）

十八世紀より前、芸能としての奇術を含む不思議な現象の源泉は、説話や史書のなかでさまざまに語られていた。例えば、『今昔物語集』巻第二〇「天狗を祭る法師、男に此の術を習はしめむとする語第九」では、履物を子犬に変じたり、懐から狐を出したり、また牛馬の尻から入って口から出るなどの術は、「天狗」を祭る「人狗《にんぐ》」が会得した「外術」と説明された。また、『吾妻鏡』（十四世紀初頭までの成立）には、僧が算木を用いて方丈内をたちまち大海と変じ、[13]円座を磐石に変え、松風を吹かせたり、波浪の音をさせたりする場面がある。僧は「天下第一算師」を自称していることから、ここでの不思議の源泉は「算術」だったと解釈できる。

十七～十八世紀に実際に活動した奇術師が、いかにして不思議を演出したかを明らかにすることは難しい。しかし、人びとが奇術をどのように捉えていたか、その一端をたどることはできる。寛文十年（一六七〇)刊『醍醐随筆』では、放下による「幻術」を「仙家に奇妙をふるまひて、古今をまとハすたぐひ」と評し、延享元年(一七四四)序の浮世草子『風俗遊仙窟』では、仙人に会って仙道を授かれば「石を叩て羊とし、紙を剪て蝶々を飛」すなどの「奇術」を学べるとの一文がみえる。放下や手妻遣などが演じる奇術の不思議さ、奇妙さは、仙人から伝授されたものとする見方である。このような奇術観があったからこそ、十七~十八世紀の伝授本は神仙色・仙術色に彩られていたのである(14)。

さて、伝授本の黄金時代と同じ十八世紀、その中葉以降に成立した実録群にもまた神仙色を見出すことができる。『南蛮寺興廃記』には、告須蒙と寿問に梅庵を加えた三人が、二人の破天連から奇術を教わる場面が描かれる。

両破天連感悦ノ余リ、密ニ内殿ニテ奇術ヲ教ルニ、此三人流水ニ棹ヲサスカ如クニ法術ヲ伝受シテ、手拭ヲ以テ馬ト見セ、塵ヲ虚空ニ投テ鳥トナシ、枯木ニ花ヲ咲セ、塊ヲ宝珠トシ、虚空ニ坐シ、地ニ隠レ、俄ニ黒雲ヲ出シ、雨雪ヲ降ス等ノ術得ズト云コトナシ

ここでは、かれらが伝授された「奇術」が、虚空に座る、雨雪を自在にするなど、神仙的特徴を持っており、加えてそれらがまさに「法術」(方術)と呼ばれている点に注目したい。さらに、秀吉の御前奇術では、一座の者たちは不思議がって、「如何ナル神仙ヤラン」との感想を述べていた。つまり、不思議を演じたキリシタンは神仙に擬されており、その術は方術と同等視されていたのである。

『南蛮寺興廃記』とともに広く普及した実録群『切支丹宗門来朝実記』でも、この傾向は確認できる。二人の破天連は「天輪岸《てんりんがん》」というところの峰に住む「道術勝たる行人」、「山中の隠遁者」と表現され、山中の修行者を

意味する「仙」のイメージで描かれた。また、「其身自由自在にして虚空に登るに、天にも寄らず、地にも不附、雨をふらし、風を起す」とされ、「僊」（「仙」の正字）の語義「軽やかに舞い上がる能力を持つ者」としても描写されている。(15) かれらは「道術」に優れ、その「道術を以、日本人をなづけ」るために南蛮王から日本派遣を命じられたとする。これらの点から、村田安穂はキリシタンに道教的要素を見出し、「庶民はキリシタンを道教的な宗教として理解していた」点を指摘している。(16)

十八世紀の人びとのキリシタン観に道教的要素が含まれていたとすれば、同時期に登場した神仙色・仙術色を帯びた伝授本との親和性は高かったはずである。つまり、実録群では、キリシタンの不思議さ、奇妙さは神仙のイメージで表現されており、その術を描写するために、仙術の一種として伝授本に解説される奇術を筋立てに取り込んだ。したがって、実録群の奇術場面は、合理的解説が可能なものとしてではなく、逆にキリシタンの不思議さ、非合理さを際立たせる要素として取り込まれたと考えられるのである。

その際、人びとのあいだに奇術師に対する畏怖や忌避のまなざしがあった点も、キリシタンに通じるものとして見落とせない。土佐藩では元禄三年（一六九〇）に「手妻」を含む「勧進人」の土佐入国を禁じており、豊後岡藩では宝暦四年（一七五四）に「勧進・相撲・放下師」など他所からの「見物もの」が村方に止宿して興行を行うことを禁じるなど、奇術師との関与を制限する法令は諸藩で見出せる。(17) すなわち、奇術師は他所からやってきて、得体の知れない「術」を披露し、制禁の対象とされる者だった。娯楽性を高めつつもキリシタンの不思議さを増大させ、かつ反キリシタンにつなげようとする狙いを持った実録群作者にとって、奇術師とその術は、作中に取り込むのに格好の存在だったのではないだろうか。(18)

三　明治時代のキリシタンと奇術――むすびにかえて

実録群では、キリシタンは奇術師であるかのごとき描かれ方をしたが、近世の実在の奇術師のなかに、テクニックやトリックの演出としてキリシタン的な要素を取り入れた者がいた可能性は低い(19)。キリスト教が禁教である以上、それは当然のことであろう。しかし、幕末から明治時代にかけて、両者の関係は新たな展開をみせることになる(20)。

安政六年（一八五九）六月の横浜開港により、来日した外国人奇術師による国内での興行が始まる。また、慶応二年（一八六六）四月の海外渡航解禁により、日本人奇術師たちが海外巡業に出かけるようになり、西洋の演目を修得して帰国する者も出てきた。

明治十年（一八七七）四月、ハンガリー人奇術師のヴァネクが、横浜ゲーテ座で写し絵を含む興行を行った。この時、『かなよみ』紙（五月三日号）は「写し絵の真景ハ奇妙不思議、田舎者が見ると切支丹の魔法だらうと肝玉を潰す位ゐ」と報じている。また、同八年十一月、鶴岡県内（現山形県鶴岡市）の寄席で「庭鳥の首を切て又其首をつぎて元の如く生返る」などの「西洋の手品」が演じられた際、ある士族は「切支丹に近し。是らハ無用人物、追払ふへきもの也」として忌避感を露わにした(21)。このように、奇術とりわけ西洋手品をキリシタンと結び付けて受容する動きがこの時期に確認できるのである。

明治前期には、こうした奇術観の変容を利用し、意図的にキリシタン的な要素を演出に取り込む奇術師が数多く登場してくる。この変化は、明治六年二月にキリシタン禁制の高札が撤去されたことも影響しているだろう。

例えば、信徒の死去を意味するカトリック用語を斎号にした「帰天斎正一」、宣教師の称号を名乗る「イルマン」、キリストの名を連想させる「コワタリキリス」、カトリックの聖人名にちなむ「テレジャー宝一」な

コワタリキリスの興行絵ビラ
（河合勝コレクション）

ど、日本人奇術師が近世には見られなかった芸名を名乗るようになるのが明治前期のことであった。

また、当時の興行絵ビラ（報条）からもキリシタン要素は明瞭に読みとることができる。明治十五年・中村市徳一座の「耶蘇三代の《(除)》けぬ罪の業《わざ》事《ごと》」、年不明・倭一斉エールマン一座の「五大州第一等仏国基督手術」（ここでの「手術」は奇術のこと）など興行名に「耶蘇」や「基督」の名が付けられ、舞台上の大道具や絵ビラ図案に十字架をあしらったものも散見される。演目名を詳細に読み解くと、ジャグラー操一一座の明治十八年の絵ビラには「ヱスノきせき」（イエスの奇蹟）の文言が二か所に登場し、『ヨハネ福音書』に載るイエスの奇蹟「カナの婚宴」をモチーフにした演目「ガリラヤノナガデ水をハ酒にする」も載っている。明治中期に流行した、十字架に縛った人を槍で突き殺した後に蘇生させるイリュージョンは「耶蘇基督十字架に釘殺されて魂魄上天すること」（『岐阜日日新聞』明治二十二年九月十九日号）と題して上演されていた。

このほか、明治十五年（一八八二）の亜細亜マンジが「黒繻子の耶蘇服に土耳其《トルコ》帽といふ風俗」だったこと、[22] 同二〇年代の地球斎イルマンが「「切支丹魔法術」の看板をかかげ、耶蘇服を身につけ、宣教師イルマンを気取っ」ていたことなども後に回想されている。[23]

詩人の萩原朔太郎は、明治を代表する奇術師・松旭斎天一が舞台で「エーシヨー・キリシテー」（イエス・キリスト）なる呪文を唱えていたことや、舞台装置に「金糸で十字架」が縫い付けられていたことを回想して、「切支丹伴天連の妖術意識が、明治の中葉までも日本に残留して、広く通俗の大衆に普遍して居たことの証拠」と論評した。[24] しかし、こうした演出法は長くは続かず、明治後期から大正期にかけて次第に見られなくなっていく。「切支丹伴天連の妖術意識」が、十八世紀中葉以降に成立した実録群の流布によって近世段階から醸成されていったものなのか、あるいは明治期以降の西洋手品の流行によって急速に形成されたものなのか、今後さらに検討すべき課題といえよう。

注

（1）「キリシタン実録群」の定義は、菊池庸介「「キリシタン実録群」の誕生」（『静大国文』四四号、二〇〇五年。のち菊池『近世実録の研究——成長と展開』汲古書院、二〇〇八年に再録）に依拠した。

（2）海老沢有道『南蛮寺興廃記・邪教大意・妙貞問答・破提宇子』（東洋文庫）』（平凡社、一九六四年）および同「「切支丹宗門来朝実記」考」（『宗教研究』一三九号、一九五四年）では、これらの成立は「十八世紀中葉を遡らない」とされる。ただし、前掲注1、菊池「「キリシタン実録群」の誕生」では、寛保三年（一七四三）の年記を持つ「吉利支丹宗門渡和朝根元記」（名古屋市鶴舞中央図書館蔵）の存在が指摘されている。なお、本稿での史料引用は、『南蛮寺興廃記』は慶応四年（一八六八）の刊本（国文学研究資料館蔵）、『切支丹宗門来朝実記』は『続々群書類従 第十二』（国書刊行会、一九〇七年）に拠った。

(3)伏見築城は文禄元年(一五九二)八月に開始されていることから、その四年前の天正十六年(一五八八)に秀吉が当地に在住していたとする以下の場面は明らかな虚構といえる。

(4)前掲注2、海老沢「「切支丹宗門来朝実記」考」。

(5)前掲注1、菊池「「キリシタン実録群」の誕生」。

(6)拙稿「日本奇術の歴史」(河合勝・長野栄俊『日本奇術文化史』東京堂出版、二〇一七年)では、キリシタンと奇術師が、ともに蔑視の対象でありながら、それとは裏腹に畏怖の対象でもあった可能性を指摘した。本稿はその後の奇術史研究の進展を踏まえ、この問題を再検討するものである。

(7)奇術の演目・伝授本・興行絵ビラ(報条)等については、それぞれ河合勝『日本奇術演目大事典』(東京堂出版、二〇二一年)、同『日本奇術文献大事典』(同、二〇二四年)、同『日本奇術資料大事典』(同、二〇二三年)を参照した。

(8)このほか『座敷げい手妻からくり』(近世後期刊)には、短く輪切りにした竹を糸でつなぎ合わせて竹蛇を作り、紙で作った袋に入れて動かす「紙にてこしらへたる蛇、おのれとうごく手妻」が載る。

(9)岩本憲児『幻燈の世紀――映画前夜の視覚文化史』(森話社、二〇〇二年)は、西洋幻燈の日本への登場を「一七六〇年代から九〇年代にかけて」のこととする。

(10)幻燈以前のレンズを用いない影絵では、享保十年(一七二五)以前刊の伝授本『珍術さんげ袋』に、富士山を含む「障子のかけゑ、品々にかハる事」の演じ方が解説されている。

(11)山本慶一「日本奇術文献概説」(国立劇場資料課編『緒方奇術文庫書目解題』紀伊國屋書店、一九九二年)。

(12)管見では、天保六年(一八三五)刊『神仙妙術錦嚢秘巻 乾一』『同巽二』、刊年不明『神僊妙術錦嚢秘巻 艮一』『同坤二』『神僊手品妙術秘伝集』『仙術万宝記』『仙術日待草』『仙術手品草』などを見出せるが、まじないや生活の知恵を説いたもの、既刊書を再編して簡易な一枚摺にしたものなどが主で「黄金時代」の伝授本とは性質が異なる。

(13)この現象は、文政十年(一八二七)刊の伝授本『秘事百撰』において、「座しきを大海にする法」として解説され、以後の伝授本にも引き継がれていく。

(14)そもそも、四世紀初頭成立の道教教説書『抱朴子』内篇巻三には、「神仙の方書」に載る方術として「巾を結び地に投じて兎走せしめ、丹帯を鍼綴りて蛇行せしめ、瓜果を須臾に結実せしめ、龍魚を盤盂に瀺灂せしむ」など奇術的な現象が載ってい

た（石島快隆訳註『抱朴子』（岩波文庫）』岩波書店、一九四二年）。

(15) 山田利明「神仙」の項（野口鐵郎ほか編『道教事典』平河出版社、一九九四年）。

(16) 村田安穂「物語的排耶書におけるキリシタンの理解をめぐって—道教との関連を中心に」（『日本思想史学』三号、一九七一年）。

(17) 「憲章簿」（『高知県史 民俗資料編』高知県、一九七七年）、「郷中御定書（宝暦四年之定書之事）」（『大分県史料（17）各藩史料（豊前・豊後各藩法令集）』大分県立教育研究所、一九六三年）など。

(18) 奇術興行がその地の被差別身分によって管理・運営されていたことも、芸能者への卑賤視（軽視蔑視）をめぐる問題として注目される。例えば、寛政五年（一七九三）摂津国尼崎貴布禰神社における「怪術狂言」と「竹内長吏」（吉野省作「宝暦より慶応に至る尼崎貴布祢神社境内見せ物一覧」『郷土研究上方』五九号、一九三五年）、文化六年（一八〇九）越後国柏崎円光寺閻魔堂における「手妻」興行と「目明」（『柏崎市史資料集 近世篇3』柏崎市史編さん室、一九七九年）、同十三年出羽国酒田町での「手妻」興行と「町離」（『酒田市史 史料篇第八集（社会篇）』酒田市、一九八一年）の関係など。

(19) 南郷晃子「「キリシタン」の幻術—『切支丹宗門来朝実記』系実録類と地域社会の「キリシタン」」（東アジア恠異学会編『怪異学の地平』臨川書店、二〇一八年）は、路上の薬売りたちが、自らキリシタンを演じながら、手妻を含む大道芸を行っていた可能性を指摘している。しかし、奇術師を含む雑芸者を描いた数少ない絵画史料や彼らの芸態を描写した文章などからは、近世の奇術師がキリシタン的な要素を演出に用いた痕跡は管見では見いだすことができなかった。

(20) 明治期の奇術とキリシタンの関係は、拙稿「近代日本奇術の歴史 第二章「西洋手品」の流行（明治前期）」（河合勝・長野栄俊・森下洋平『近代日本奇術文化史』東京堂出版、二〇二〇年）で取り上げた。

(21) 「筆のすさみ」（『鶴岡市史資料編 荘内史料集16—2 明治維新史料 明治期』鶴岡市、一九八八年）。

(22) 阿部徳蔵『奇術随筆』（人文書院、一九三六年）。

(23) 石田天海『奇術五十年』（朝日新聞社、一九六一年）。

(24) 萩原朔太郎「松旭斎天一の奇術」（『文藝春秋』十九巻六号、一九四一年。後に『萩原朔太郎全集 第八巻』創元社、一九五一年に再録）。

第４章　キリシタンと西洋科学

禁書としてのキリシタン書物

中根千絵

はじめに

キリシタンの書物は、江戸時代においてどのような扱いを受けていたのだろうか。本稿では、書物目録「禁書目録」（名古屋市蓬左文庫蔵『続学舎叢書』所収）を通じて、キリシタン書物の位相を探ってみたい。江戸時代の禁書については、既に今田洋三氏が体系的に論じているが[1]、本稿では、キリシタン書物に焦点を絞ってその内容を詳しくみていく。

本稿における重要な論点は、中村喜代三「江戸幕府の禁書政策　上」に述べる、西洋科学の書物がキリスト教の書物に混じって誤って禁書とされたとする[2]、先行研究においてしばしば見受けられるこうした叙述が果たして正しいのか検証することにある。

当時の西洋科学はキリスト教の世界観と切っても切り離せない関係にあったのであり、そのことを各書物の本文内容を丁寧に拾いあげることで検討してみたい。まずは、「禁書目録」の序を確認しておきたい（以下、引用本文は私に句読点、濁点を付した）。

禁書目録序

古来御制禁之唐本和書并に絶板売買停止之書、其外、秘録浮説等之写本好色本之類は、片紙小冊たりといへ共、かりにも取扱ふべからず。常々相慎堅く法令を相守るべき旨、毎歳正五九月書肆会集の砌、ねんごろに是を戒めおくといへども書目数多の事なれば、一々記憶しがたく或は忘却し或は意得たかひも是あるべし。依之、今般右之書目、古来より伝聞記録する所大抵其類を分て、これを記し印刻して小冊となし、書肆家々に附与し人々常にこれを点検して、いさゝか疎畧之誤りなからん事を願ふもの也。然りといへども述作の限なき、見聞の広からざる、此書の載する所、或は遺脱過誤あらんも計りがたし。是を覧る人其遺たるを補ひ、誤れるを正したまはん事ひとへに是を冀ふもの也。

明和八年辛卯五月京師書林

ここには、本目録がご禁制の唐本、和書、売買が禁止された書や秘録や噂話の類の写本や好色本は、たとえ、小さいメモ程度のものでも売買しないように、点検用の目録として編まれたことが書かれている。

この明和八年（一七七一）版の「禁書目録」の冒頭には、貞享乙丑年（一六八五）に定められた「貞享乙丑年南京船持渡唐本国禁耶蘇書」が列挙されている。これらは、明代に西洋の宣教師たちが関わって出版された書物に加えて明代にカトリックに改宗した者が書き記した書物が主である。禁書については、貞享二年（一六八五）、書物目利役の向井元成が『寰有詮《かんゆうせん》』を摘発して、書物改役として任命され、西洋人の詩が載っているもの、西洋人の手紙が載っているものなどを含め禁書としたのが始まりという(3)。

『寰有詮』（一六二八年刊）は、西洋人の宣教師、傅汎際（一五八七—一六五三）が口述し、李之藻が書写したもので、その内容はアリストテレスの宇宙の円運動などを記した「天体論」であるが、天主との関連も記されている。ここでは、天体論の書が禁書であったことをまずは指摘しておきたい。

次の項目には、写本における禁書が列挙され、キリシタンに関連する書物としては、『嶋原記』、『嶋原実録』、『切支丹実記』が載せられている。この項目の末尾には、「右載する所の外、聞書雑録等之写本数多これ有べしといへども一々記すに暇あらず。すべて禁庭将軍家之御事はいふに及ばず、堂上方武家方から近来之事を記したる書は右目録にのせずといへども堅く取扱ふべからず。其外、世上浮説にても書躰よろしからざる書、是亦右に准ずべし。此段人々よく〳〵勘弁あるべき事也」との断り書きが付されている。ここで注意されるのは、将軍家のことのみならず、貴族や武家方から最近のことを記した書物は目録に載っていなくても取り扱ってはならないとする点であり、噂話的なものでなくとも、庶民に知らされざる書物が存在していたということである。『嶋原記』、『嶋原実録』、『切支丹実記』は、勧善懲悪ものであり、必ずしも政策に反するようにも思われない。例えば、『切支丹宗門来朝実記』（早稲田大学蔵）でもキリスト教について「南蛮国より渡る所の邪法也」とある。そうすると、これらは、「世上浮説」として認識されたということも考えられるかもしれないし、武家が最近のことを記したもので庶民には広めることを良しとしないものとして扱われていたとも考えられる。

キリシタン関連の禁書には、明から将来された耶蘇《キリシタン》関連の書として長崎で認定された本と、当時、日本で写本として広まっていた武家の書いた本、あるいは、「世上浮説」と認識された本があったことが確認できる。以下、本の内容を具体的に掘り下げてみたい。

一　貞享乙丑年目録「南京船持渡唐本國禁耶穌書」

まずは、明和八年（一七七一）版の「禁書目録」の冒頭に列挙された貞享乙丑年（一六八五）「貞享乙丑年南京船持渡唐本国禁耶蘓書」に記された禁書を一覧しておきたい。

一天学初凾　一幾河（何）源本　一職方外記六巻　一彌撒祭義　一万物真原十巻　一聖記百言十八巻　一唐景教碑附十七巻　一簡平儀説記三十巻　一西学凮五巻　一代疑編　一同文算指　一十慰計開二巻　一表度説（記）十四巻　一霊言蠡句（勾）二十二巻　一渾盖通憲門（問）記二十六巻　一滌罪正記　一畸人十篇　一天文（問）秘略　一天主実義一巻　一同続篇十九巻　一計開　一参泰西水法　一二十五言十八巻　一七克　一明量法義　一弁学遺牘八巻　一三山論学記十五巻　一圏（圜）容較義一巻　一勺（勾）股法義　一交友論　一教要解略（序）十七巻　一況義二十四巻　一（滌）平儀記三十一巻　一奇々（器）図説　一福建通志二巻　一寰有詮（註）二巻　一圯（地）緯四巻　一闢邪集　已上三十八部

一説　表度説　福建通志　上ニ圯緯ト書ス孰是　圯説　闢邪集　右四品ヲ除キ　門記図説　帝京景物略八巻

已上三十六部

目録の下には小書きで、次のような異本「遠西書目」のことが記され、校合したことが記されている（本稿ではそれを（　）にして示した）。

或人ノ随筆ニ遠西書目ト題シテ載タルヲ以テ詳ニ其異同ヲ校ス。（中略）天学初凾、代疑篇、交友論、闢邪集以上四部ナシ。　圜容較義続篇廿五巻　盖憲通考　坤輿全図　渾天儀　白鳩鐘説　望遠鏡説　西学或門　天楽坤輿一巻　天経或問後集五巻　聖教約言一巻　南京景物略八巻　以上十一部アリ。　巻尾ニ右四十四書々肆中椒堂編輯見作者。　目録但本邦此書禁於商買矣ここでは、ある人の随筆に載せられた「遠西書目」には、『天学初函《てんがくしょかん》』、『代疑篇《だいぎへん》』、『交友論』、『闢邪集《へきじゃ》』が記されていないことを注しており、また、日本ではこの四書を除いて『圜容較義《かんようかくぎ》続篇』廿五巻、『盖憲通考《がいけんつうこう》』、『坤《こん》輿《よ》全図』、『渾天儀《こんてんぎ》』、『白鳩鐘説』、『望遠鏡説』、『西学或門』、『天楽坤輿』一巻、『天経或問後集』五巻、『聖教約言』一巻、『南京景物略』八巻を加えて、それらの書物を商売で売買することを禁じることが書かれていたと記されている。ここに新たに載せられた書目の多くは、天地が丸いことを示すものであり、これらが禁書とされていることに注目しておきたい。

二 「遠西書目」から除外された書物—『天学初函』、『代疑篇』、『交友論』、『闢邪集』

禁書目録に最初に挙げられ、「遠西書目」からは除外された『天学初函』は、十七世紀の初めに明でイエズス会士、利瑪竇（マテオ・リッチ）（一五五二—一六一〇）らが布教の手段として、キリスト教の教義を天文、数学、地理、測量書と共に叢書として刊行したものを一六二九年に明の政治家である李之藻が編集したものである。『天学初函』は理編と器編からなるが、理編はキリスト教関係の書物を、器編は西洋の科学の書物を集めたものである。禁書に挙げられた書物の内の十九冊の内容を含んでいる。貞享以前は許されたのであろうか、尾張徳川家の「蓬左文庫漢籍分類目録」には『天学初函』が「寛永九年（一六三二年）買入本」とある。

『天学初函』の内容については、冒頭、儒者と天との関係から説き起こされており、儒教とキリスト教の親和関係を天に見出していたことがわかる。これは、第六章の天文学の説を記した地円説やアリストテレスの宇宙論などと関連するものであろう。当時の西洋科学は神の創ったこの世の原理を明らかにすることにあったのであり、それゆえ、キリスト教の論理の中に西洋科学があったことをまずは指摘しておきたい。但し、暦作成に有益な禁書が解禁された後の明和八年（一七七一）に長崎に入港した卯九番唐船が運んできた書物の内、この本については書物改役が内容を吟味した『天学初函大意書』という記録が残されており、（その写本は現在、東北大学狩野文庫と九州大学付属図書館に伝わっている）(4)、そこでは、本書の内容が「妖術」等の儀を記していないことを述べて、問題のないことを記している。

『代疑編』（一六二一年序）は、明代の政治家でカトリックに改宗した楊廷筠（一五六二―一六二七）撰の書物である。内容は、様々な疑問に答える形でキリスト教の教えを説くものである。最初に示されるのは、天地の創造が自然になされたというこれまでの説に対して、天地の創造には主宰するものがいるはずだという主張である。そうでなければ、天は何をもって動き、地は何をもって静かなのか、日月星辰の運行、風雨雲雷の変化は何をもって起こるのかといった形で論が続いていく。そして、人とは異なる天主の万能を記してその章は閉じられる。その後、仏教とキリスト教の違い、例えば、慈悲による殺生禁止ゆえの食物摂取の在り方の違いなどを示し、次の項目で、十字架のことやマリアのことなどキリスト教に関する疑問に答える構成となっている。この書物がなぜ禁書から除外されているのかは解せない。

『交友論』（一五九五年初刊）は、利瑪竇が撰集した古代ギリシア・ローマの哲学者アリストテレス、ペトラルカ、キケロ、セネカのほか、キリスト教の聖人ミラノのアンブロジウスと聖アウグスティヌスの格言を集めて編纂されたものである。『天学初函』にも入っている。こちらは禁書から除外する説があると書かれている旨、妥当であると思われる。

『闢邪集』（一六四三年序）は、明の学者、鍾始声と僧の釈通容により著述されたもので、反天主教の内容となっている。こちらも禁書から除外する説があると書かれている旨、妥当であると思われる。

三　キリスト教の教義を説く書物

本節は、禁書とされた書物の内、教義に関わるものについて概観しておくことにしたい。

『彌撒祭義《みささいぎ》』（一六二九年刊）は、西洋人宣教師の艾儒略（一五八二―一六四九）の著作で、ミサの祭祀について書かれた書物であり、キリスト教を布教するにあたり、必要な書物であったといえよう。

『万物真原』（一六二八年撰述）も艾儒略の著作で、天地創造の神に関わって、天の生成の原理が解かれている。

『聖記百言《せいきひゃくげん》』（一六三二年刊）は、聖テレジアの求道書を西洋人の宣教師、羅雅谷（一五九三―一六三八）が訳した書物である。

『唐景教碑附《とうけいきょうひふ》』は、唐代に建てられた碑文の内容が書かれていたものと思われる。早稲田大学所蔵「景教流行中国碑頌并序」には、天啓五年（一六二五）の跋があり、そこからは唐代にキリスト教が伝わったとする内容の碑が明代の一六二五年に発掘され、記された書物であることが知られる。『天学初函』にも入っている。

『十慰計開《じゅういけいかい》』（一六二八―一六三〇年刊）は、西洋人の宣教師、高一志（一五六六―一六四〇）の著作で、格言によりキリスト教の教義、道徳、倫理を伝えたものである。

『霊言蠡句《れいげんれいく》(勺)』（一六二四年）は、西洋人の宣教師、畢方済（一五八二―一六四九）の著作。アニマすなわち霊魂について述べている。[5]『天学初函』にも入っている。

『滌罪正記《じょうざいせいき》』は、艾儒略の著作で、キリスト教の原罪の浄化について述べた書物である。

『畸人十篇《きじんじゅっぺん》』（一六〇八年刊・一六〇九年刊）は利瑪竇の著作である。『天学初函』にも入っている。これについては、柴田篤氏が詳しく論じている。[6]書物改役によって内容が吟味された報告書『天学初函大意書』の中での『畸人十篇』の評価は勧善懲悪のことが書かれているという理解で否定的ではなかったという。それゆえか、禁書でありながら、尾張藩の重臣、津田太夫の他、荻生徂徠や平田篤胤といった江戸中期の知識人に読まれていたという。その内容は、キリスト教に基づく人生観を説くものであり、例えば、メメント・モリのような常に死を思えといった信仰にのっとった生き方を叙述している。

『天主実義《てんしゅじつぎ》』（一六〇三年刊）は、利瑪竇の著作である。『天学初函』にも入っている。柴田篤氏は、「『天主実義』の成立」の中で、その成立に至る様相を具体的に論じた上で、本書物は、教理問答書としての体裁を有したキリスト教の教理全体を教える「カテキズム」であると位置付けている。[7] また、この本は、版を異にしたものが日本に輸入されている。このことについては、王雯璐「『天主実義』の初期刊本とその改訂をめぐって」に次のように論じられている。[8]

> 内閣文庫所蔵本と名古屋の蓬左文庫所蔵本に注目すべきである。内閣本は「林家本」とも称されるが、いつ日本に伝来したかについて確たる手掛かりはない。蓬左本が寛永五年（一六二八）に購入されたことは尾張家の蔵書目録によって分かるため、当時長崎から書物を入手するのにかかる時間を考慮すると、日本に入った時期はその五～十年前と推定できる。

また、伊東多三郎氏は、林羅山が慶長九年（一六〇四）に『天主実義』を読んでいたことを明らかにしている。[9] このように早い段階では後に禁書となる書物は大名家や林家では入手され、読まれていたのである。

『同続編』は右の書の続編である。[10]

『計開』は、キリシタン関連の書物の目録を指すかと思われるが確認できない。

『二十五言』は、利瑪竇の著作である。『天学初函』にも入っている。中国の君子の名言を採り上げつつ、キリスト教の哲学的な教えを述べる書物である。

『七克』（一六一四年刊）は、西洋人の宣教師、龐廸我（一五七一―一六一八）の著作である。『天学初函』にも入っている。キリスト教の七つの大罪について述べた書物である。平田篤胤の『本教外篇』には『七克』の文章がそのまま引用されている。(11)

『弁学遺牘《べんがくいとく》』は、利瑪竇が著述したものである。『天学初函』にも入っている。内容は、仏教も儒教もそれぞれ書物に説いていることを突き合わせると、つじつまのあわない論理になることを述べて、対話形式で、キリスト教の論理の正統性を述べているものである。現在、国立公文書館所蔵『弁学遺牘』は、元、林家（大学頭）所蔵の書物とされており、儒家が研究のために書物を保持していたことがわかる。

『三山論学記』（一六二五年刊）は、艾儒略の著作である。官僚との問答形式で仏教や儒教の批判を行い、最後には官僚が天主教が人心を照らすことを述べる叙述で終わる。本書は鈴木範久氏によれば、江戸時代に、寛永の禁書令以後も写本のかたちで広まり、平田篤胤の『本教外篇』は、アレーニと葉閣老との問答を、自分と儒生との問答に置き換え、その復古神道に大きな影響を与えたとみられるという。(12)

『教要解略（序）』写本（早稲田大学蔵）は、「幕府天文方御書物奉行高橋作左衛門」の貼り紙が表紙の右側にあり、文政七年（一八二四）橘景保が一校した旨、朱書されている。明の学者、王豊粛（一五六六―一六四〇）の著作であるこの書は、キリスト教の教義をわかりやすく解き明かした内容を有している。「天にましますす我等が父」などの聖書の言葉の内容を説明しており、「天」との関連から天文方がこの本を有していたとも考えられる。

四　禁書から除外された、あるいは流通しなかった書物

本節では禁書から除外する説があると記された書物の特徴を見ていきたい。

『表度説《ひょうどせつ》(記)』は、西洋人の宣教師、明雄三巴（一五七五―一六二〇）が記した書物で、日と月の位置を測るための実際の器具や計算方法が記されている。『天学初函』にも入っている。こちらは禁書から除外する説があると書かれている旨、妥当であると思われる。

『明量法義』は、次節に述べる吉宗の禁書の緩和に伴って禁書からは除外された『幾何原本』の一部であり、「幾何原本」中の勾股測量法を述べる。(13)

『況義《きょうぎ》』（一六二五年刊）は、西洋人の宣教師、金尼閣（一五七七―一六二八）が明においてイソップ物語を漢訳したものである。イソップ物語は、直接、キリスト教の教義とは関わらない書物であり、室町期から江戸時代初期にかけて、日本にも「伊曽保物語」として受容されていた。(14) そのことから明で漢訳されたものを享受する必要がなかったものと思われ、流通も確認されていない。**【本書第5章の李澤珍執筆項目参照】**

『奇々《きき》(器)図説《ずせつ》』（一六二七年刊）は、明で西洋人の宣教師、鄧玉函が口述、王徴が書写した書物である。力学を図解したものであり、その序文には碑文が見つかったことを記して唐の太宗の頃にすでに景教が流行していたのに、今、なぜそれを忌み嫌う必要があろうかといった文辞がある。『奇器図説』という書物は、アルキメデスの「浮力の原理」や「てこの原理」の解説書となると同時に、図の付されたこの書物は、それらの原理を使った重い石を引き上げる滑車、水を引き上げる道具、弩や農耕の道具などの具体的に軍備や生活に役立つものの作成方法を記している。書物は禁書目録の中の一つに挙げられているが、実際には、幕府の書庫、紅葉山文庫（現在、国立公文書館蔵）にあったことがわかっており、寛永九年（一六三二）の幕府の禁書目の一つとはなっていない。国立公文書館特別展の説明によれば、吉宗の洋書解禁に伴って深見有隣と桂山義樹が和訳している。庶民の間で売買禁止の禁書といえども、こうした現実に役立つような書物は禁書から除外されることになったのである。

『坤(地)緯』は、明の熊人霖（一六〇四―一六六六）の著作で西洋の地理学と儒教を組み合わせた内容となっている。こちらは禁書から除外する説があると書かれている旨、妥当であると思われる。

五　徳川吉宗の禁書の緩和――天文観測と暦に関わる書物

享保五年（一七二〇）、八代将軍徳川吉宗の時代、天文観測の精度を高め、暦の正確を期すために、次に挙げる書物は、「御制禁御免書物訳書」となった。以下、それらの書物の内容を順次、見ていきたい。

『幾河（何）源本』（一六〇七年刊）は、ユークリッドの『幾何学』の前半部を漢訳した書物である。李瑪竇が口述で訳し、明朝の高級官僚であった徐光啓がそれを筆記して完成させた。『天学初函』にも入っている。この序文を読むに、世界の原理を明らかにするにあたって必要なのが幾何学であることが記されている。キリスト教の教義が直接記されることはなく、正確な暦作成のために必要な書物といえよう。今田洋三氏が指摘した中根玄白の建白書（『徳川実紀』所収）に「本邦には、耶蘇教を厳しく禁じ玉ふにより、天主または李瑪竇などの文字ある書は、ことごとく長崎にて焼捨るおきてなれば、暦学のたよりとなる書甚だ乏し、本邦の暦学を精緻にいたらしめんとの御旨ならば、まづこの厳禁をゆるべ玉ふべし」とあり、それまで、本書は、宣教師の李瑪竇が関わったゆえに禁書とされてきたものと考えられるが、ここで内容による禁書の基準が示されたといえる。

『職方外記《しょくほうがいき》』（一六二三年刊）は、明で選者、西洋人宣教師の艾儒略、編者、楊廷筠により刊行された世界地図と地誌が記された書物である。『天学初函』にも入っている。日本では儒家の大学頭の林家が有していたものが現在、国立公文書館に残っている。この序を読むと天地創造の主が尊ばれるというキリスト教の教えの元に世界の地誌が記されたことがわかる。

『簡平儀説記《かんへいぎせつき》』（一六一一年刊）は、西洋人の宣教師の熊三抜（一五七五―一六二〇）、徐光啓によって撰集され、刊行されたものである。『天学初函』にも入っている。内容は、暦と関わる新しい測量機を用いた天体観測の方法について、幾何学を使って軌道を計算するといった具体的な計算方法を詳述している。ここには、天の問題において儒教に対する優越の意識が記されてもいる。

『同文算指《どうぶんさんし》』（一六一三年刊）は、利瑪竇と明の政治家で学者でもある李之藻が共同翻訳した書物であり、その内容は、西洋の数学を主としている。序文には近世のこの頃では算術が廃れており、暦法から田畑に至るまでの必要な計算方法を西洋より学び、縦横に使いこなしたいと記述されている。『天学初函』にも入っている。

『渾蓋通憲門《こんがいつうけんもん》（問）記《き》』（一六〇七年刊）は、クラヴィウスの天文学書『アストロラビウム』などをもとに、利瑪竇、李之藻が撰集した書物である。『天学初函』にも入っている。序文には儒教の教えでは人と天地が一体であることを理想としたが、昔の人は天は円で地は四角なものと考えていて、地もまた丸いものであったことを知らなかったと記される。天文学の計算によって突き付けられた地円説をもって、学究の徒が天地人を一体とする儒教を否定する発想になっていることが読み取れる序文が付される。

『天文（問）秘略』（一六一五年刊）は、胡献忠の著作であり、兵乱等の政治と星の関係について書かれている書物である。序には星の正しい図を求め続け、ようやく秘本を入手したので、それを胸中にしてこの本を書くとある。『天学初函』にも入っている。日本では、江戸時代に暦の作成を担っていた土御門家（現在、書陵部所蔵）や幕府の書庫、紅葉山文庫（現在、国立公文書館蔵）に所蔵されていた。

『参泰西水法《さんたいせいすいほう》』[15]は、一六〇七年に西洋人の宣教師、熊三抜が口述し、徐光啓が筆記した西洋のアルキメデス・ポンプのような水利技術を紹介した書物である。『天学初函』にも入っている。鈴木武雄氏は、「寛文四年（一六六四）キリシタン禁書『泰西水法』を板倉重矩が所蔵し、松下見林が書写している」ことを指摘し、その理由を貞享以前にはまだ禁書としての扱いがゆるやかだったことや実利的な内容であることに求めつつ、キリスト教的な内容を含む序文の順番を変えて写していることを指摘している[16]。

現在、国立公文書館が所蔵しているものは、元昌平坂学問所のものであるが、熊三抜の序文のみがあり、その文章は「昔者造物主之作天地万物也」（昔、神が天地万物を作った）に始まり、「造物之主備大全能」（神は全能を備えている）といったキリスト教の教義にのっとった文が付されている。しかしながら、この書の中身は、治水、灌漑、水源の探索法、温泉による治病といった実利書であり、江戸時代後期には、禁書どころか日本の学問所でも受け入れられ、勉強されていたことがわかる。このように、禁書とはいっても、人々の暮らしを利する上で必要な書物は序文の取捨選択などがなされつつ、享受されていたことがわかる。

『圏《けん》(圓)《かん》容較義《ようかくぎ》』は、一六〇八年に利瑪竇が口述し、李之藻が筆記した天文学の書物である。『天学初函』にも入っている。造物主が円の地を作ったとする思想のもとに、三角形ではなく、無限大多角形である円の計算が必要なことを記しており、暦を作る上で必要な計算方法が書かれている。

『勹《こう》(勾)股法義《こほうぎ》』は、『幾何（何）源本』と同様、徐光啓の撰集したもので、ピタゴラスの定理（三平方の定理）を叙述したものである。『天学初函』にも入っている。橋本敬造氏によれば、徐光啓は改暦のためには観測が重要であると考えており、「観測法に数学的な基礎付けを与えるために『測量法義』（一六一七年）、『勾股義』（同）を出版していた[17]」という。日本で「勾股弦の定理」を最初に明示したのは今村知商の『竪亥録』とされ、村瀬義益の『算法勿憚改』、磯村吉徳の『算法闕疑抄』を経て、関孝和に至るまで研究されたという[18]。池思斎による享和三年（一八〇三）写本（早稲田大学蔵）の「勾股法」跋には、関流の算法の流れを汲むとある。どのような道筋を通ったのか不明だが、算術を学ぶ者の手に『勾股義』が渡り、改暦のための計算方法を載せた書物が吉宗の意図した通り、享受されていたことがわかる。

『交友論』は、『天学初函』にも入っている。既に「遠西書目」の項で述べたが、利瑪竇が撰集したというものの、古代ギリシア・ローマの哲学者アリストテレス、ペトラルカ、キケロ、セネカのほか、キリスト教の聖人ミラノのアンブロジウスと聖アウグスティヌスの格言を集めて編纂されたものであり、直接、キリスト教と関係がなく、禁書ではなくなったのも頷ける。

『(滌)平儀記』は未詳だが、『簡平儀説』(東北大学付属図書館・狩野文庫)ならば、熊三拔叙述の天体の運動や測量技術について書かれた書物であり、測量技術を入手するには必要な書物であったろう。

『福建通志』(一六八四年刊)は、黄中趙の著作の地誌である。中に天主の像があることが今田洋三氏により指摘されている[19]ものの、キリスト教とは関連のない内容であり、こちらは禁書から除外する説があると書かれている旨、妥当であると思われる。

結び

以上、禁書となったキリシタン関連の書物の内容を概観した。禁書についてはここまで見てきたように、歴史上の流れがあるので、まずはそれをまとめて示し、そのうえで、明和八年(一七七一)版「禁書目録」の意味を問うてみたい。

貞享二年(一六八五)、長崎の儒医の家を出自とする書物改役により、明のイエズス会士利瑪竇のような西洋人が関わった書物、また、キリスト教の教義に関わる書物が禁書とされ、明和八年(一七七一)版の「禁書目録」において、それは継承された。

とはいえ、貞享二年以前、キリスト教の教義を示す書物『天主実義』は尾張藩に購入され、儒学者の林羅山は、その書物を入手し、日本の宣教師と論争している(『排耶蘇』)。また、天文学を含む『天学初函』も尾張藩において、寛永九年(一六三二)に購入されていた。早い段階でこれらの書物は日本に入っていたことが知られている。

後に、享保五年(一七二〇)、徳川吉宗の時代、正しい暦作りに寄与する書物が解禁された。明和八年(一七七一)の『天学初函大意書』(九州大学蔵)に、「妖術」等の儀がなければ、問題なしとの叙述があることから、明和八年(一七七一)版「禁書目録」がでた時期、もっとも恐れられていたのは、キリシタンの妖術、儀式であったことが知られる。徳川吉宗以降、暦作成に関わるような学問の家や算術の家、天文の家には、天文学やそれに関わる算術の書物が保管され、研究されていた。

一方で、徳川吉宗の時代以降も、庶民の間ではこうした漢籍の禁書を取り扱うことを厳しく制限していたことが明和八年(一七七一)版禁書書目から知られる。それは、天文学に関わる西洋科学が暦作成に役立つとはいうものの、それまでの日本の学問上の常識であった天は円で地は方(四角)という世界観を根底から覆し、それが計算上正しいことをもって、キリスト教の天地創造の神の存在を証明する論理をもっていたからではないかと考えられる。

各書物の序文からわかることは、静かな地(天動説)を方(四角)ではなく、円として計算する新しい天文学が、明の儒学者に圧倒的な劣等感をもたらしたことである。天文学の計算が天主(神)の絶対的な存在と密接に結びつけられて論じられた時、明の儒学者は抗うすべがなかった。西洋科学はキリスト教の世界観を支えるものでなければならず、数字は神の創造した美しい世界を体現するものでなくてはならなかった。神の天地創造と結びつく西洋科学は決してそれだけを分離した形で享受されえないものだったのである。日本においてはそうしたことが序文から感得されたがゆえに、これらの書物は明和八年(一七七一)版「禁書目録」においても、民間への流布は禁じられたのではなかっただろうか。

*本稿では、各書物の内容を把握する為に、以下のものを参照した。『寰有詮』、『簡平儀説記』、『渾盖通憲門(問)記』、『圜(圓)

容較義』は、欽定四庫全書提要、「キリシタン宗門来朝実記」、『代疑編』、「景教流行中国碑頌并序」、『二十五言』、『七克』、『教要解略（序）』、『奇々（器）図説』、『幾何源本』、『同文筭指』、「勾股法」は、早稲田大学図書館古典籍総合データベース、『天学初函』は、京都大学貴重資料デジタルアーカイブ、『天学初函大意書』は、九州大学附属図書館所蔵資料のデジタル化画像、『闢邪集』、『辨学遺牘』、『奇々（器）図説』、『職方外記』、『渾盖通憲門（問）記』、『天文（問）秘略』、『参泰西水法』は、国立公文書館デジタルアーカイブ、『三山論学記』は、関西大学デジタルアーカイブ、『表度説』、『福建通志』は欽定四庫全書、『簡平儀説』（東北大学付属図書館・狩野文庫）は、東北大学総合知デジタルアーカイブをそれぞれ使用した。

注

（1）今田洋三『江戸の禁書』（吉川弘文館、二〇〇七年）。
（2）中村喜代三「江戸幕府の禁書政策　上」（『史林』一一―2、一九二六年四月）。
（3）（1）に同じ。
（4）柴田篤「『天学初函大意書』における『畸人十篇』」（『哲学年報』七四、二〇一五年三月）。
（5）（1）に同じ。
（6）（4）に同じ。
（7）柴田篤「『天主実義』の成立」（『哲学年報』五一、一九九二年三月）。
（8）王雯璐「『天主実義』の初期刊本とその改訂をめぐって」（『或問』六三、三一、二〇一七年六月）。
（9）伊東多三郎「禁書の研究」（『歴史地理』第六八巻第五号、一九三六年十一月）。
（10）（1）に同じ。
（11）鈴木範久「聖書の翻訳と日本語」（特集　翻訳新世紀―解釈と越境のダイナミズム）（『言語』三六（4）、二〇〇七年四月、海老沢有道文庫デジタルライブラリー解説参照）。
（12）（11）に同じ。
（13）（1）に同じ。

（14）伊曽保物語については、新村出「『伊曽保物語』の漢訳」『新村出全集 第七巻』（筑摩書房、一九七三年）、『天草本伊曽保物語 文禄旧訳』（改造社、一九二八年）、『新村出選集 第一巻』（甲鳥書林、一九四三年）等にも収録されており、内田慶市『近代における東西言語文化接触の研究』（関西大学東西学術研究所、二〇〇一年）、内田慶市『漢訳イソップ』（ユニウス、二〇一四年）に詳しい説明がある。

（15）鈴木武雄「鎖国下におけるキリシタン禁書『泰西水法』の伝来と流布」（『数理解析研究所講究録』第一七八七巻、二〇一二年四月参照）。

（16）（15）に同じ。

（17）橋本敬造「『崇禎暦書』の成立と「科学革命」」（関西大学『社会学部紀要』第一二巻第2号、一九八一年三月）。

（18）杉本敏夫「和算における第二余弦定理」（『数理解析研究所講究録別冊』B50、二〇一四年六月）参照。

（19）（1）に同じ。

＊本稿は、科研費補助金基盤研究（B）「十七世紀尾張藩を中心とした〈文化としての武〉に関する諸藩対照研究」の成果の一部である。

西洋由来の医事説話と反キリシタン

——ミイラ取りがミイラになる話を中心に

杉山和也

はじめに

『吉利支丹物語《きりしたんものがたり》』は、寛永十六年（一六三九）の年記のある、キリシタン排斥志向の色濃い仮名草子である。その中で、キリシタン伴天連が採っていた布教の手法について言及した一節がある（上巻・第四段）(1)。

非人・乞食どもを集めて、兎唇《いぐち》・癩病《らいびょう》・廱脹《ようちょう》・唐瘡《とうかさ》・腫物《しゅもつ》等、掲焉《けちえん》に療治して我が門徒に引き入れ、息災なる乞丐《こつがい》人の宗弟にならんという者には一飯を施し

すなわち、身分階層ごとの趣向に叶う形で布教を行っていたとされているのだが、その中でも「非人・乞食ども」の「療治」をすることが筆頭に挙げられている。十八世紀中期頃成立の代表的な排耶書の一つである『南蛮寺興廃記《なんばんじこうはいき》』にも次のように記される(2)。

南蛮寺ニハ此群集ノ人ニハ聊モ不レ構、洛中洛外ヘ人ヲ出シ、或ハ山野ノ辻堂、橋ノ下等ニ至ル迄、尋二捜非人乞食等ノ大病難病等ノ者一、召連レ来ラシメ、風呂ニ入レテ五体ヲ清メ衣服ヲ与ヘテ是ヲ暖メ療養シケル程ニ、昨日ノ乞食、今日ハ唐織ノ衣服ヲ身ニ纏ヒ、病モ自ラ心ヨク快復セル類多シ。就レ中癩瘡等ノ難病、南蛮流ノ外療ヲ受ケ、数月ヲ歴ズシテ全快シ「誠ノ仏菩薩、今世ニ出現シテ救世済度シ玉フナリ」ト、近国他国、風説区々也。

キリシタンによる医療事業は、アルメイダの活動を始めとして実際に行われていたわけだが、海老沢有道は、こうした一般大衆向けの反キリシタンを志向した読み物風の作品でも、慈恵事業、医療事業が特筆されていることに注目し、「それは世人の記憶に強く印象付けられたことを物語っている」とする。(3) また、海老沢は南蛮流の医術がキリシタン禁制下も残存したことを指摘する。例えば、次の林羅山の文は『外科万粋類編』なる医書の序文であり、キリシタン排斥の動きが高まっていた明暦二年(一六五六)に書かれたものだが、(4) これに拠れば著者とされる坂本養安なる医師は「蛮語」を解し、「蛮医術」、「阿蘭陀之医術」を修得していたのだという。

某早ク慕ヒ二高取・板坂ノ之両流ヲ一、以テ二所ノレ伝フ之術ヲ一療ス二諸瘍ヲ一有リレ験焉。且ツ粗《ホヽ》通ス二蛮語ニ一。於テレ是ニ欲レ聞カント二蛮医ノ術ヲ一、赴キ二肥ノ之平戸・長崎ニ一、又尋ネ二阿蘭陀ノ之医流ヲ一、習フ二其ノ薬ノ之修治、膏油ノ之笮煉ヲ一。

そして、反キリシタンの急先鋒であったはずの羅山でさえ、この序文の中でさらに次のように述べるのは、西洋の医術の卓越性を認めざるを得なかったためだろう。

西域ノ之技術及ヒ外国ノ之薬石、流二落於中華一者ノ古今有ルトキハレ之則チ亦可キ二以テ兼ネ用ユ一者ノカ乎

つまり、反キリシタンを志向しつつも、医療事業については一定の評価を示しているわけである。ここに先述の『吉利支丹物語』、『南蛮寺興廃記』といった読み物の記述と重なりが認められる。イエズス会司祭として来日し、後に棄教した沢野忠庵も『南蛮流外科書』なる医書を著わしており、その後、忠庵に仮託された医書も多い。もっとも、忠庵の著作に『乾坤弁説《けんこんべんせつ》』もあるように、日本の人々がキリシタンを排斥しつつも、西洋の知識・技術を珍重し、摂取しようとしたのは医術・医学・薬学だけではない。しかし、そうした西洋の知識・技術の中でも、医薬・医術に関するそれが、日本社会の幅広い層の人々が接し得るものであったことは注意される。例えば、編年的史書である『当代記』巻四、慶長十三年（一六〇八）十月三日条には次の記事がある。

此二三ヶ年以前ヨリ、タハコト云物、南蛮船ニ来朝シテ、日本ノ上下専レ之。諸病為レ此平愈ト云々。然処、此比咹レ之者、悶絶シテ頓死多レ之。又、自二南蛮一医師来朝シテ云ク、此テハコ吸モノ雖レ有二発病一、薬ヲ与事如何ト云々。テハコノ事、医書ニ依レ無レ之、如此云。我朝ノ医師モ同レ之。

慶長元年（一五九七）には、長崎で教会関係者が処刑されるという、所謂、二十六聖人の殉教という出来事があり、キリシタンに対する圧力が高まっていた時期だが、南蛮船来のタバコは「諸病為レ此平愈ト云々」という医薬品として「日本ノ上下」に持て囃されていたという。また、時代は下るが、享保十七年（一七三二）成立の新見正朝《しんみまさとも》の随筆『八十翁疇昔話《はちじゅうおうむかしばなし》』前編・下・二七には次のように見える。[5]

むかし六七十年《延宝・天和》以前、みいらといふ薬大きにはやり、歴々衆大名も呑む、下々も呑。

十七世紀後期、「みいらといふ薬」も、タバコの例と同様に、身分に関わらず、世間で広く服用されていたようである。前述の忠庵『南蛮流外科書』[6]上巻「打折タル時療治之事」条にも「内薬ニハ　ミイラヲ四五分、酒ニテ呑セ良」とあるようにミイラも南蛮からの舶来の薬であり、広く服用されたということであるようだ。そして、このような西洋由来の医薬・医術に関する事物の広範な享受は、それにまつわる説話の受容の温床として注目される。美濃部重克[7]は「医術、医家、治療、養生、病気に関わる側面での人間や事件などを主題にした説話」を仮に「医事説話」と総称し、新たな切り口の説話研究の領域として焦点を当てている。稿者もひとまずこの語を踏襲しておこう。その上で、右に見た反キリシタンの立場からの言説に於ける、キリシタン由来の医薬・医術に対する寛容さや、当時の日本の社会での広範な享受を勘案するならば、こうした「キリシタン医事説話」とでも言うべき西洋由来の説話の受容、変容、既存の医事説話との反発、共鳴、展開の問題こそ、文学研究の文脈から特に注目されるべきであろう[8]。

本稿では、以上の問題意識の下に、特に西洋舶来の医薬品であり、反キリシタンの情勢下にありながら、その受容が認められる「ミイラ」をめぐる説話を取り上げて考察してみたい[9]。

一　「ミイラ」という言葉について

ミイラの説話を考察するにあたり、まずは「ミイラ」という言葉について確認しておきたい。長期間原型を留めた死体、つまり枯骸、一般のことを現代日本語では「ミイラ」と言う。しかし、本稿では、特にミイラについて、枯骸一般ではなく、古代エジプトの遺跡から出土する枯骸、ないしそれに擬えたものをミイラと呼ぶことにする。『日本国語大辞典』第二版は、この言葉の文献上の初出として、現存する排耶書として最も古い『伴天連記《ばてれんき》』[10]（慶長十四～十五年（一六〇九～一六一〇）頃成立）の次の箇所を用例として挙げている。

かうべに油をぬらる、事は、ぜすきりしとむまれ給ひし時、十三日めにあたる日遠国よりして三人の帝王来て、みいらと云油を持て参、是は諸病ふせぐ薬なりとて

「みいら」は「油」状の「薬」とされている。[11]「三人の帝王」は、所謂、東方の三賢者と見られるが、忠庵の反キリシタン書『顕偽録《けんぎろく》』（寛永十三年（一六三六）成立）[12]でも、東方の三賢者がイエス生誕時に捧げ物をした場面で「ミイラ」が挙げられる。

彼祠ノ内ニテ「セスキリシト」ヲ見付、ミイラ（トイヘル薬ナリ）、乳香、金ヲ捧ゲヲガマレケル也

先述の通り、忠庵は棄教しているが、元々はイエズス会司祭であったので、的確にキリスト教の教理を踏まえた記述であると考えられる。ポルトガル人のイエズス会修道士、マヌエル・バレトが一五九一年に製作したローマ字綴りの日本語訳キリスト教文書集『バレト写本』（10v）にも、東方の三賢者の捧げ物について、次のように記されている。[13]

vono vono, fire fuxite, rayfay itasare, tacarano facovo firaqui Vo'gon [cogane], mirra, Encenso [niuco] cono sanxuvo sasague tatemacuru nari.

「各々、ひれ伏して礼拝致され、宝の箱を開き、黄金（こがね）、〝mirra〟、エンセンゾ（乳香）、この三種を捧げ奉るなり。」

この場面について『マタイによる福音書』（二：一―十三）[14]では、

彼らはひれ伏して幼子を拝み、宝の箱を開けて、黄金、乳香、没薬を贈り物として献げた。

とある。これらを踏まえると「ミイラ」は枯骸ではなく、カンラン科植物の樹脂を乾燥させた薬品「没薬」を指していたと考えられる。没薬はラテン語で〝myrrha〟。そして、ポルトガル語で〝mirra〟であり、バレトの記述とも一致する。「ミイラ」はその音写であったと考えるべきであろう。[15] これらは枯骸のミイラを意味するアラビア語〝مومياء[mūmiyā]〟や、これに由来するラテン語〝mumia〟、ポルトガル語〝mūmia〟よりも発音が近い。

しかし、十七世紀の同時期、「ミイラ」を樹脂である没薬ではなく、枯骸の薬とした用例も散見される。例えば、林羅山『多識編《たしきへん》』巻五（寛永七年（一六三〇）刊）には、「木乃伊　美知比登　南蛮今云二美伊良一」とある。現在でも「ミイラ」は漢字で「木乃伊（mùnaiyī）」と書くが、枯骸のミイラを意味する漢語でアラビア語由来の語の音写であると考えられる。つまり、羅山は漢籍に見える枯骸の「木乃伊」を「南蛮今」の言うところの「美伊良」を同じものとして理解している。同様の理解は『醍醐随筆《だいごずいひつ》』上（寛文十年（一六七〇）刊）[16]の「みいらと哉らんは。木乃伊《もくないい》也。」という記述にも認めることができる。さらに、『初音草《はつねぐさ》 噺大鑑《はなしおおかがみ》』巻一[17]（元禄十一年（一六九八）刊）には、次のようにある。

似薬種売買御停止の札有ながら、きんねん木乃伊たくさんになることハ、世間に似せがおほし。ねんをいれてうりやれといへば、薬種やふくりうして、正身のたしかなる証拠にハ、人がたちそのまゝミせて売まするといふ。

ミイラという薬が流行する余り、偽物の薬が出回っていたこと、(18)本物は人の形をしていると認識されていたことが読み取れる。さらに、仮名草子『杉楊子《すぎようじ》』第五「木乃伊の切売」（延宝八年（一六八〇）刊）には、京都で起きた火災で亡くなった「座頭」の遺体をミイラの偽薬として切り売りするという笑い話が載るが、ここからもミイラが人の形をしているという認識が、作者と読者の双方に共有されていたことが窺われる。(19)さらに大槻玄沢『六物新志《ろくもつしんし》』下（天明六年（一七八六）序跋）には「木乃伊全形ノ図」というミイラの図が載るが、その下部には明確に人の足の形が描かれている。

なお、成立年未詳ながら、キリシタンの教理を深く理解していた人物からの聞き書きと見られる多福寺（大分県臼杵市）蔵『喜利志袒宗門記《きりしたんしゅうもんき》』(20)に所見の東方の三賢者の捧げ物に関する記事は次の通りだが、

三人の、さゝけものハ、わう金、みいら、にうかう、といへる。わうこんと云ハ、さん後の薬の事也。みいらといへるハ、人のあふらなり。にうかうと云ハ、杉のやね（ママ）に、人のにくをくわへて、こしらへたる、らつそくなり

人体から製薬するように読めるのは、ミイラを人肉由来とする理解と関わるものだろう。

以上、「ミイラ」という言葉を辿ってみた。当初は、キリシタンによって使われていた語義は、飽くまでも「没

薬（羅：myrrha、葡：mirra）」の音写であったと見られる。ところが、十七世紀中頃から、これが誤解されてか、(21)枯骸のミイラをも意味するようになった。やがて、広くは後者の意味で受け止められてゆくようになったようである。正徳二年（一七一二）序、寺島良安『和漢三才図会』巻八二「没薬」条(22)では、西洋語での呼称を「女《メ》伊《イ》羅《ラ》蛮語」と紹介した上で、枯骸ではなく樹脂に関する説明をしており、同書巻十四「阿蘭陀《おらんだ》」条では「阿蘭陀土産」として「木乃伊《ミイラ》」を挙げる。博物学的知識を備えた者たちの中には十七世紀以後も西洋渡来の没薬と枯骸のミイラを区別して捉える者もいたようである。しかし、薬として流行した「ミイラ」は基本的には枯骸のミイラのことであると考えられる。

二　錯綜するミイラ情報

ミイラについては、西洋に於いても情報が未整理であったと見られること、(23)そして反キリシタンの社会情勢下にも、それらが漸次、断片的にもたらされたことが関わってか、日本での情報は錯綜する。例えば、貝原益軒『大和本草《やまとほんぞう》』第十六（寛永六年（一七〇九）刊）には次のようにある。

本邦ノ先輩、木乃伊ヲミイラナリトス。然ルニ紅毛医ノ曰、ミイラハ木乃伊ニアラス、ト云。未レ知二何是一。（中略）ミイラニ五説アリ。四説ハ不レ可レ信。第五説ニ罪人ヲトラヘテ薬ニテムシ焼ト云。此説是ナリ。他ノ説不レ可レ用。馬ミイラ、猿ミイラモ亦如レ此。

「紅毛医」に拠れば、「ミイラ」は「木乃伊」ではないのだという。また、ミイラについては諸説あって、中には信頼できない説も多くあると認識されている。その中で益軒が「是」とするのは、罪人を薬で蒸し焼きにしたものだという説であった。その他、「馬ミイラ」、「猿ミイラ」という言葉も見えるが、人間以外の動物ミイラの情報も伝わってはいたことになる。(24)

こうした情報の錯綜は、その後も続いたようであり、後藤梨春『紅毛談《おらんだばなし》』下（明和二年（一七六五）刊）には、「紅毛人さへさだかにしらざることなれば、あやしき説またいろいろの説多し。」とある。また、西村遠里『居行子《きょこうし》後篇《こうへん》』(25)、巻之二、第九（安永八年（一七七九）刊）にも、「木乃伊、この物また世上に大切のものにすれども何等の物たる事つまびらかならず。諸説あれどもたしかなる事なし。」などとある。知識人達の間でも、このような状態であったとなれば、俗説はさらに混乱を来していた可能性が想定される。他方で、新井白石『采覧異言《さいらんいげん》』巻三(26)（享保十年（一七二五）成立）では、次のように記されている。

> 此地出二一種薬物一〈地名、アラビヤテサル〉。云二此地気極熱、暍死人肉焦爛而化一。諸疾皆験。質レ之二和蘭人一曰、疑是人肉薬物、煉和所成耳。蓋元人陶九成説、天方国所レ出木乃伊、番人所レ呼名亦相似。〈ラテン呼為ムミヤ、和蘭呼為モミイ〉

ミイラの産出地を「アラビヤテサル」（Arabia deserta であろう）とするなど、(27)オランダ人からの確かな情報に基づいた記事と見なせる。(28)漢籍由来の情報に見られる「木乃伊」と、西洋語と発音が近いと指摘して、東西の情報を結びつけて考察している点は流石である。また、『六物新志』(29)下では、驚くほど正確な情報が記録されている。

> 茂質按、木乃伊者、本出二於亜弗利加《アフリカ》洲之属国、阨入多《エゲプテ》国一也。蓋其国上古之時、尊栄之人死、則其僧官必上

穿㆑鼻、以抉㆓出脳髄㆒、下割㆑腹以除㆓去臓府㆒、二処倶填㆓其内㆒、以㆓至貴之諸薬㆒、而以斂㆓之於棺㆒（中略）亜蝋《アラ》皮亜《ビア》国、呼曰㆓摩密亜《モミア》㆒。乃漢人所謂木乃伊者是也。

ミイラの産出地をアフリカの「阨入多国《エゲプテ》」としていることもさることながら、ミイラの製造方法に関する記事の大元の情報源はヘロドトス《Herodotus》『歴史《Historiai》』巻二と見るべきであろう。

以上、近世期に於けるミイラに関する考証の記事を辿ってみたが、中国由来の情報は限定的であるように見受けられる。それには、小野蘭山『本草綱目啓蒙』巻之三〇「質汗」条[30]（享和三年（一八〇三）刊）に「ミイラハ紅毛ヨリ来ル」とあるように、ミイラは主に西洋から医薬品としてもたらされていたことが、背景にあると考えるべきであろう。

三　漢籍由来のミイラに関する説話

ところで、医薬品としてミイラが流行した頃から、枯骸のミイラに関する興味深い説話がいくつか現れるようになる。すなわち、ミイラはどこでどのように産出されるのかということを説明する内容の説話である。前述の通り、限定的ながらミイラに関する情報は中国経由でももたらされていたわけだが、その一つが、一三六六年成立、陶宗儀の随筆『輟耕録《てっこうろく》』巻三「木乃伊」条に載る次の説話である。[31]

回回田地、有㆘年七十八歳老人、自願㆓捨㆑身済㆑衆者㆖。絶不㆓飲食㆒、惟澡㆑身啖㆑蜜。経㆑月便溺皆蜜。既死、国人殮《ママ》以㆓石棺㆒仍満用㆑蜜浸。鐫㆓志歳月于棺蓋㆒瘗㆑之、俟㆓百年後㆒、啓㆑封、則蜜剤也。凡人損㆓折肢体㆒食㆓少許㆒立愈。雖㆓彼中㆒亦不㆓多得㆒。俗曰㆓蜜人㆒。番言㆓木乃伊㆒。

すなわち、イスラーム教徒の地で、年齢が七十八歳の老人で、自分を犠牲にしてでも人々を救いたいと思う者は、飲食を絶ち、ただ身体を清めて蜜を食べる。そして、月日が経つと排泄物が皆、蜜となり、やがて彼が死ぬと、その国の人は、彼を石の棺に納め、その中を蜜で浸す。石棺の蓋には、その年月を彫って記しておき、百年後を待って、それを開けると蜜の薬剤ができ上がる。人が身体を怪我した時には、大抵、少しばかりこの薬剤を食べればすぐに治る。この薬は、その産出地域でも多く手に入れることはできない。俗にこれを「蜜人」と言い、また、現地の言葉では「木乃伊」と言うのだという。

そして、この話は李時珍『本草綱目』巻五二、「木乃伊」条（一五九六年成立）にも引かれている。[32]

> 時珍曰、按陶九成、輟耕錄云、天方国有㆘人年七八十歳、願㆓捨㆑身済㆑衆者㆖、絶不㆓飲食㆒、惟澡㆑身啖㆑蜜、経㆑月便弱《ママ》皆蜜。既死、国人殮㆑以㆓石棺㆒、仍満用㆑蜜浸㆑之、鐫㆓年月于棺㆒、瘞㆑之。俟㆓百年後㆒起㆑封、則成㆓蜜剤㆒。遇人折傷肢体㆒、服㆓少許㆒立愈。雖㆓彼中㆒亦不㆓多得㆒、亦謂㆓之蜜人㆒。陶氏所㆑載如㆑此、不㆑知㆓果有否㆒。姑附巻末、以俟㆓博識㆒。

林羅山『多識編』の「美知比登」は「蜜人」の訓読みと考えられるため、[33]羅山はこうした記事を参照していたと考えられる。そして、浮世草子『古今堪忍記』（宝永五年（一七〇八）刊）巻三・第四「信心の堪忍」では、奥州仙台から八十八里離れた「ヲコタルベイ」という里に住む七八歳の甚内という悪人が、松前から武州へと帰る途次にあった商人・金兵衛を家に泊め、その際に持ち物を掠奪しようとする。しかし、禅寺に仕えていたこともある金兵衛との対話を通して、その信心深さに感化され、今後は悪事をしないことを誓い、仏門に帰依するようになる。生涯にわたって行ってきた悪業の重さを思い、自分の身を仏の供物とし、また衆生に与えることで、功徳を積もうと考え、蜜だけを食べて、身を清め、蜜の入った石櫃に入る。これを封じた上で土中に埋め七十八年後に掘り出せば、諸病を治す薬になると言い遺した。八一歳で没し、遺言にしたがって、これを実行したところ、言葉通りの妙薬となった。話末には「異国にも蜜人となる人ありて、彼国の詞には木乃伊《みいら》と云とぞ」とある。甚内の年齢に関する設定は『輟耕録』の記事を踏まえたものと見るべきだろう。[34] つまり、この漢籍由来の説話は日本の話として語り直されていた。俳諧にも「世を蜜人と思ひ捨ばや／花ありて酒なき里はなかりけり」（『七柏集』（天明元年（一七八一）序）虚栗の頃・大島蓼太）と詠まれるなどしているので、ある程度、人口に膾炙して世間に知られるところとなったのだろう。

四　西洋由来のミイラに関する説話

宝永八年（一七一一）に一三〇歳で亡くなったとされる渡辺幸庵《わたなべこうあん》の回想をもとに著述された随筆『渡辺幸庵対《たい》話《わ》』[35]（宝永六年（一七〇八）八月九日、対話）には、次のような話が載る。

ミイラは交趾と暹羅の間に三百里計の砂原あり。此処往来は松木丸太船に乗り、六尺計の小帆を懸け、身は蓑を着用す。いかなれは風烈しく砂を吹き懸る故也。目計出して彼砂原を風にて走る也。其節、砂原に人の死骸の幾年か堅りたるを見付ては、熊手の様成物を兼て用意して打懸て引つり帰る也。肌は干堅りても着用の木綿は其儘不朽故に是をミイラと云。是を不慮に求得る事也。夫故本ミイラは至りて大切也。あなたにても秘蔵にする也。

すなわち、ミイラは交趾と暹羅の間に三〇〇里ほどの砂原があり、この場所を往来するには、風が激しくて砂を吹き懸けるため、松の木の丸太船に乗り、六尺ほどの小さな帆を懸け、身体には蓑を纏い、蓑から目だけを出して、その砂原を帆走する。その際、砂原で人の死骸の何年か経て固まったものを見付けては、熊手のようなものをあらかじめ用意し、それで引っぱって帰る。肌は乾燥して固まっても、着用している木綿はそのまま朽ちずに残っている。そのためこれをミイラと言う。これを思い掛けず見付けて手に入れるのである。取ろうと思って取れる物ではないので、あちらでも秘蔵するのだという。こうした話については、南方熊楠[36]が指摘し、別稿[37]で稿者も既に論じたが、メッカを訪れたことのあるイタリア人貴族、ルドヴィコ・ディ・ヴァルテマ《Ludovico de Verthema》（一四七〇—一五一七）の旅行記に所載のミイラをめぐる記事など、西洋由来の情報に基づいていると考えられる。また、これと同じような話は、以下の文献にも見受けられ、内容に少しずつ違いが見られる。

・『紅毛談』下「みいら」条[38]

此もの西天竺の方に、のびすぱんやといふ国あり。其国、大熱国にて、ことに夏の比は沙石もやけて火のごとくなるゆへに、道行ものも鉄にてこしらへたる車にのり、其なかにてみづから轆轤をまき道を往来す。しかるに此処にはかに大風おこる事、度々あり。もし其風にあいぬれば車をくつがへすことあり。あやまつて乗たる人の沙石の上に落ぬれば忽ち焦れて此ものとなる。また跡より来るもの鉄の熊手をもつて彼焦れたる人躯を取うるとなり。

・松葉軒東井『譬喩尽《たとへづくし》』「木乃伊《みいら》とる人、質汗《みいら》なり」（天明六年（一七八六）自序）[39]

是ハ日ノ輪出ル山ヘ日ニ焼シ人ノ骸ヲ取ニ行ニ、土ノ車ニ乗リ、日未レダ出前ニ登山シ、路ハ険難ナル故ニ遇二ヒ日ノ出一ニ己カ終ニ乍レ乗二土車ニ日ニ焼死ス。後来行ク人、亦又如レ此適取得タル焼骸、是木乃伊ト号シテ為レ薬ト。阿蘭陀人持来也。

『譬喩尽』の記述を踏まえると、これらは現代でも一般によく使われる「ミイラ取りがミイラになる」ということわざの成立と直接的に関わる説話ということになる。[40] これらの比較分析は、別稿で既に行ったのでここでは割愛するが、瞥見しただけでも、この説話の多様さは容易に看取されるところだろう。例えば、炎暑の砂地の往来について、『渡辺幸庵対話』では「松木丸太船」で帆走するとされていたが、『大和本草』の類話では「鉄石ノ舟車」、『紅毛談』では「鉄にてこしらへたる車にのり、其なかにてみづから轆轤をまき道を往来す」、さらに『譬喩尽』では「土ノ車」とされる。俳諧には「思ひこがれてやきつけとなる／ミいらとる御車とてとゞろかし」（『二葉集』（延宝七年（一六七九）刊）・青木友雪）[41]と詠まれた例があるが、この説話を踏まえたものと見るべきであろう。さらに、『居行子後篇』巻之二、第九では、「沙漠を往来するの人、鉄の車にのる」としつつ、右の類話を紹介した上で次の俗説を載せている。

此説、俗に奥州日の本へ土車に乗てミイラ納取に行と、小児女子を誑のことに似たり

土車に乗って長い旅路に就く様は、説経節『小栗判官』を彷彿とさせる。辺境の地である「奥州日の本へ」ミイラを得ようとするのは、この医薬品の得がたさを投影してのことであろうが、『古今堪忍記』の蜜人の説話も奥州を舞台としていることと関わるのかも知れない。これに加えて、昭和二十五年（一九五〇）、新潟県で採話の「手長、足長の兄弟」という昔話[42]は、右の一連の説話と直接的に関わるものであろう。すなわち、兄の「手長」と弟の「足長」が一緒に住んでいたが、ある時、兄が兎を獲ったことを自慢した。弟はこれに張り合っ

て、オテントサマの出るところまで行くことにした。すると、オテントサマは「ここは、人間の来るとごでない。ミイラになって、乾上がってしまふ。早よ帰れ。せっかぐ、来たんだから、これ持って行げ」でで、ミイラをくれた。ミイラは、少し削って、死体にかけると、死んだ者も生きる薬だといふ。弟は、帰りに兄に逢ったら、「死骸なぞ、貰ろで来て」と馬鹿にされた。

ところが、弟はその後、市で塩魚にミイラの屑をかけて生きた魚にして金儲けをし、急病で死んだ村一番の家の旦那様の息子を生き返らせて、多くの財を得、幸せになったという。西洋由来のミイラの説話は、日本でしっかりと在地化していったと言えるだろう。こうしたことからしても、この説話は漢籍由来の「蜜人」の説話よりも、さらに広範な受容と、多様な展開が生じていたと見るべきであろう。

おわりに

枯骸の医薬品として、漢籍由来のミイラに関する情報も日本にもたらされてはいたが、西洋由来のミイラの情報の方が影響力が大きかったようである。これには、主に西洋から物品としてミイラがもたらされるという流通の問題が、その背景にあろうし、そのことが西洋由来の説話の多様な展開や、ミイラ取りがミイラになるということわざを生み出す温床ともなったのだろう。この事例は、西洋由来の医事説話が如何に受容され、展開したかという問題を扱うことの重要性を示す一つの好例となるだろう。すなわち、生・老・病・死をめぐる苦痛を緩和したいという人類に普遍的な欲求を叶える医療、並びにそれにまつわる知識や説話は、排斥すべきキリシタンのものであっても、その需要と受容は継続していったと見られるわけである。そうである以上、こうした医事説話の受容、変容、既存の医事説話との反発、共鳴、展開こそ、文学研究の文脈から特に注目されるべきであるという冒頭で述べた言葉をここで改めて繰り返しておきたい(43)。

また、特に『吉利支丹物語』や『南蛮寺興廃記』といった、幅広く読者を獲得していたであろう排耶書が、キリシタンを糾弾する一方で、彼らの医療の価値については認めていたことは、キリシタンや西洋人の中でも医師に対しては人々が或程度、態度を軟化させるという社会的効果を想定して良いだろう。例えば、「出島の三学者」と言われる、ケンペル、ツンベルク、シーボルトは、オランダ人ではなかったが、医師であったことで日本での活動がし易かったであろうし、宣教師であり医師でもあったヘボンや、診療所などを建てて医療活動を行っていたド・ロについても同様のことが指摘できるのかも知れない。近代以降の日本に於ける速やかな西洋医学導入の背景を考える上でも、こうした反キリシタン言説の医療に対する寛容さを視野に入れておくべきだろう。

他方で、西洋由来の医事説話の問題を考える上では、それを受容し、運搬する存在としての日本の医師達の活動も考える必要がある。例えば、『利根川図志』の編者として知られる幕末の医師・赤松宗旦（義知）は、長崎への留学などはしていなかったと見られるが、度々、宗門改を受けていた(44)。医師達が、キリシタン排斥とキリシタン医術の包摂という相剋《ジレンマ》の狭間に身を置くことを余儀なくされ、市井にありながら、キリシタンの問題がつきまとう境界的《マージナル》な存在であったことは注意されるべきだろう。

そして、右のような問題は、日本についてばかりでなく、全球的《グローバル》な観点からも考察されなければならない。キリシタンが西洋医学をもたらすことは、日本に対してばかりではなく、例えば中国に対しても起きたことであるし(45)、キリシタン排斥の動きも後に起きている。また、海老沢有道に拠れば、キリシタンが日本で行っていた医療行為は、必ずしも西洋式のものばかりではなく、漢方など東洋医学を学び、現場で応用していたという(46)。そうであるならば、それは医事説話が日本から西洋に伝わる現場でもあり得たであろう。双方向的な視座の下に医事説話の問題を考えるべきであろう。

注

（1）キリシタン文献を読む会『【現代語訳】吉利支丹物語（上）』（二〇二一年）に拠る。

（2）国立国会図書館本（請求記号：198.21 - N622）に拠る。慶応四年（一八六八）の序のある版本。なお、本稿では、文献の引用に当たり、必要に応じて読み易さを期して漢字表記、送り仮名を現行のものに改め、適宜、句読点や返り点を補った。

（3）海老沢有道『切支丹の社会活動及南蛮医学』（冨山房、一九四四年）。同『南蛮寺興廃記・妙貞問答』（平凡社、一九六四年）。なお、キリシタンのもたらした医学については、関場不二彦『西医学東漸史話』（吐鳳堂、一九三三年）、井上清恒「南蛮寺興廃記と南蛮医学の発端」（昭和医学会雑誌、三十二巻九号、一九七二年九月）など、参照。

（4）早稲田大学蔵『羅山先生文集』巻第五十（請求記号：へ 16_01533）に拠る。『外科萬粋類編』は逸書であろう。文末に「丙申孟春下浣」とあるので、明暦二年（一六五六）に書かれたと考えられる。

（5）国立国会図書館本（請求記号：京-46）に拠る。なお、類似記事は奈須恒徳『本《ほん》朝《ちょう》医《い》談《だん》二《に》編《へん》』（文政十三年（一八三〇）刊）にも見える。

（6）京都大学附属図書館本（請求記号：十／98）に拠る。

（7）美濃部重克「鬼と虫：医事説話研究の視座」（伝承文学研究、第五十三号、二〇〇四年三月）。

（8）新村出「南蛮文学」『岩波講座　日本歴史』（岩波書店、一九三五年）で提唱される「南蛮文学」、海老沢有道『キリシタン南蛮文学入門』（教文館、一九九一年）で提唱される「キリシタン南蛮文学」、いずれの概念規定を採るにしても、キリシタンのもたらした医事説話の問題は、射程に収められるべき範疇のものと言えよう。なお、拙稿「キリシタン文学と日本文学史」『文学史の時空』（笠間書院、二〇一七年十一月）も参照されたい。

（9）ミイラに関する記事は、物集高見『廣文庫』第十八冊（一九一八年）「みいら」条に網羅されている。また、南方熊楠「ミイラについて」（風俗、二巻四号、一九一七年六月）は、先行研究として今なお重要。『南方熊楠全集』第三巻、平凡社、一九七一年に再録。さらに、拙稿「日本に於いてミイラはいかに捉えられたか」（中東・北アフリカ日本研究ジャーナル

2023、二〇二三年十二月）も併せて参照されたい。

(10)『続々群書類従』第十二・宗教部、所収のものに拠る。

(11)『伴天連記』には、もう一例「みいら」の用例があるが、これも医薬品と解せる。

(12)『妙貞問答・破提宇子・顕偽録』（日本古典全集刊行会、一九三〇年）に拠る。

(13) ヴァチカン図書館・デジタルコレクション所載の写真（https://digi.vatlib.it/view/MSS_Reg.lat.459）に基づいて翻刻した。二〇二四年八月三十日、閲覧。

(14) 訳文は、聖書協会共同訳『聖書』（日本聖書協会、二〇一八年）に拠る。なお、Patrick《パトリック》 SCHWEMMER《シュウェマー》は、バレト写本の福音書朗読集の原典について、フィリペ二世勅訳『双訳聖書』である可能性を有力視している（「ヴァチカン図書館蔵バレト写本の福音書朗読集と幸若舞」（軍記と語り物、第五十三号、二〇一七年三月）。

(15)「没薬」は『康頼本草』などの本草書にも載るため、キリシタンが日本にやってくる以前から知られていたと見られるが、何らかの事情で"mirra"をそれと同定することができなかったようである。

(16)『仮名草子集成』第四七巻（東京堂出版、二〇一一年）に拠る。

(17)『噺本大系』第六巻（東京堂出版、一九七六年）に拠る。

(18) ミイラを薬として用いることも、その偽物の薬の横行も、西洋で起きていたことであるため、これが日本にも波及したと考えるべきであろう。深作光貞『ミイラ文化誌』（朝日新聞出版、一九七七年）、宗田一『渡来薬の文化誌：オランダ船が運んだ洋薬』（八坂書房、一九九三年）、吉村作治『エジプトミイラ五〇〇〇年の謎』（講談社、二〇〇〇年）、ミイラ学プロジェクト編『教養としてのミイラ図鑑：世界一奇妙な「永遠の命」』（ベストセラーズ、二〇一九年）など、参照。

(19)『杉楊子』については、福田安典『医学書のなかの「文学」：江戸の医学と文学が作り上げた世界』（笠間書院、二〇一六年）、参照。

(20) 大桑斉『史料研究・雪窓宗崔：禅と国家とキリシタン』（同朋社出版、一九八四年）に拠る。

(21) 没薬はエジプトのミイラ製造に用いられる薬品でもある。松平千秋・訳『ヘロドトス歴史』上（岩波文庫、一九七一年）、飯尾都人・訳『ディオドロス「神代地誌」』（龍渓書舎、一九九九年）、参照。

(22) 早稲田大学蔵本（請求記号：文庫31 E0860）に拠る。

(23) 深作光貞（一九七七）、宗田一（一九九三）、吉村作治（二〇〇〇）、ミイラ学プロジェクト（二〇一九）など、参照。

(24) 国立国会図書館本（請求記号：特1-2464）に拠る。なお、古代エジプトの遺跡からは動物ミイラも多く出土している。動物ミイラに関する情報の伝来、圓珠院（岡山県浅口市）の「人魚のミイラ」製造の背景にも関わるのかも知れない。

(25) 東北大学附属図書館・狩野文庫本（請求記号：狩1-25012-5）に拠る。

(26) 早稲田大学蔵本（請求記号：ル02 00959）に拠る。

(27) 杉田英明『日本人の中東発見：逆遠近法のなかの比較文化史』（東京大学出版会、一九九五年）は、この記事を分析して「アラヒヤデサル」を"Arabia deserta"と見る。また、「天方国」は本来、メッカを意味するとする。

(28) この中の「云此地気極熱、暍死人肉焦爛而化。諸疾皆験。」という情報は簡略ながら、後述の西洋由来のミイラ説話とも関わるものであろう。

(29) 国立公文書館本（請求番号：196-0145）に拠る。本書と同様に、ヘロドトス『歴史』に由来すると見られる記事が、『大和本草批正』にも見える（奥村武「福岡地方の二千年の医学の歴史」）（日本医史学雑誌、四三・三、一九九七年九月）。同書は、小野蘭山・述。

(30) 『本草綱目啓蒙2』（平凡社、一九九一年）に拠る。

(31) 早稲田大学蔵、承応元（一六五二）刊、和刻本（請求記号：文庫11 D0008）に拠る。

(32) 国立公文書館蔵・金陵小字本（請求番号：別042-0008）に拠る。

(33) 『日本国語大辞典』第二版「みちひと【蛮人】」条、参照。

(34) 『本草綱目』の記事の影響も大きかったと見られるが、『書言字考節用集』「木乃伊」条には「回回国所出者。見本草代酔編」とある。張鼎思『琅邪代酔編』巻三三に「木乃尹」条がある。典拠を『博物志補』とし、他の「蛮人」説話と同様の内容。ただし、老人の年齢には言及がない。

(35) 『改定史籍集覧』第十六冊（一九〇六年）、所収。

(36) 南方熊楠、前掲論文。

(37) 前掲拙稿。

(38) 早稲田大学蔵本（請求記号：文庫08 C0200）に拠る。なお、『大和本草』第十六にも類話が載り、砂漠の往来に「鉄石ノ舟車」

を用いるとされる。

(39) 高羽五郎『国語学資料』第十輯（一九五七年）に拠る。

(40) 為永春水『閑窓瑣談《かんそうさだん》』巻一第五「俚俗の異説」（天保十二年（一八四一）刊）にも「木乃伊取が木乃伊に成」という言葉の説明として類話が載り、砂地の往来には「土にて製造たる車」を用いるとされる。

(41)『近世文学未刊本叢書（談林俳諧篇）』第二巻（養徳社、一九四八年）に拠る。

(42)『全国昔話資料集成2・北蒲原昔話集』（岩崎美術社、一九七六年）所収。ぷらんと氏のご教示に拠る。

(43) 南郷晃子「キリシタン実録類と江戸の商業活動：『伊吹艾』を中心に―」（神戸大学国際文化学研究推進センター研究報告書、二〇一七年）は、『南蛮寺興廃記』を含むキリシタン実録類について、『伊吹蓬由来』など「伊吹艾《いぶきもぐさ》」という題の付けられた作品があることに着目して、商品としてのイブキモグサとこれら諸作品享受の問題を考察しているが、これもまた医事説話の問題として位置付けられると考える。

(44) 川名登『評伝・赤松宗旦：『利根川図志』ができるまで』（彩流社、二〇一〇年）。

(45) 康熙帝や乾隆帝はイエズス会士の医療を重んじた。王宏翰は西洋医学に関する書『古今医史』、『医学原始』などを刊行している。岡本さえ『イエズス会と中国知識人』（山川出版社、二〇〇八年）。

(46) 海老沢（一九四四）。

第5章　外からの眼差し――日本のキリシタンを照射するために

メキシコ、クエルナバカ大司教座聖堂の二十六聖人殉教壁画

谷口智子

一五九七年の日本二十六聖人の長崎大殉教の報告はただちにイエズス会士やフランシスコ会士らの手によって世界に発信され、各地でさまざまに表象された。その出来事がどのように世界に伝わったか、当時のスペインと日本との交渉や通商ルートを通じてその経緯を明らかにするとともに、殉教のストーリーや文学や絵画を含めた芸術的表現が当時の人々にどのように受け止められたか、その意義を考察する。特に近年（一九五九年）発見されたメキシコのクエルナバカ大司教座聖堂（フランシスコ会修道院）の二十六聖人殉教フレスコ壁画については、その由来についての記録が見つかっておらず、不明な点も多い。

一　二十六人殉教に関する報告書

二十六人の殉教者の内訳は、フランシスコ会士六人、日本人信徒二〇人（そのうちイエズス会員三人を含む）であった。彼らの殉教直後に各修道会の書簡や報告書類により、その様子は世界に発信されたが、もっとも重要なのが殉教を目撃した後、マニラに逃れた一五九八年のフランシスコ会士マルセロ・デ・リバデネイラの報告[1]と、イエズス会側では一五九九年のルイス・フロイスの報告である。これらを含め、二十六人殉教に関し、さまざま

な書物が出版公開された。

ポルトガル・イエズス会側には、ルイス・フロイス『日本殉教者の輝ける死に関する報告』（一五九九年、ローマ、ミラノ）、ルイス・フロイス『日本二十六殉教者、奇蹟、一五九六年年報』（一五九九年、マインツ）[2]、ペトロ・ゴメスの殉教報告などイエズス会日本報告及び書簡類がある。一方、スペイン・フランシスコ会側には、ファン・ポブレ・デ・サモラ『ガレオン・サン・フェリペの難破〔喪失〕・発見および日本における栄光の諸殉教者の名誉の殉教に関する歴史』（一五九九年）、ファン・デ・サンタマリアの『六フランシスコ会員、二〇日本人信者の殉教記』（一六〇〇年、ナポリ、一六〇一年、マドリッド）、マルセロ・デ・リバデネイラ『ペトロ・バウティスタ及びその侶等の殉教事蹟』（一六〇一年、バルセロナ）、ジェロニモ・デ・ジェスス『日本二六聖人殉教録』[3]、殉教者ペドロ・バウティスタの書簡[4]、日本人信徒コスメ・ショヤの書簡などがある。

二　日本二十六聖人殉教者について表現された十七世紀の芸術作品（文学、絵画、彫刻）

文学では、劇作家ロペ・デ・ベガの戯曲『日本王国における信仰の勝利』、戯曲『日本の第一殉教者』（豊臣・徳川時代の殉教について書かれたが史実とは異なる創作）があり、絵画・彫刻では、クエルナバカ司教座聖堂壁画（メキシコ、クエルナバカ、十七世紀前半）、サンフランシスコ修道院の回廊壁面陶板（ペルー、リマ、一六二〇―二四年頃）、サンフランシスコ聖堂の聖歌隊席彫刻（ペルー、リマ、一六七四年頃）、二十六聖人殉教図（ペルー、リマ、一六三〇年頃）、聖ジュスト教会、聖パストール教会の日本殉教者彫像（スペイン、グラナダ）、サンチャゴ教会の日本殉教者祭壇（スペイン、カディス）など枚挙に遑がない[5]。

三　二十六人殉教に至るまでの歴史的経緯

一五八三年以来、フィリピン、マニラにメキシコ副王領管轄の総督を置いていたスペインは、フランシスコ会、アウグスティノ会、ドミニコ会によるフィリピン布教と、マニラ―アカプルコ間の交易をすすめていた。一五九一年秀吉による入貢を促す書状を得て翌年第一次使節を派遣、さらに返答を得て翌々年第二次使節を派遣した。第二次使節の代表がフランシスコ会のペドロ・バウティスタである。彼はマニラ総督使節として都に住むことを許されたが、一五八七年の禁教令以来布教は表立って禁止されていた。イエズス会士の忠告にもかかわらず、翌年第三次使節として来日したリバデネイラ、ジェロニモ・デ・ジェススらとともに、京都、伏見、大阪、堺などで布教活動を行った（寺院や癩病者のための病院をつくり、布教や治療にあたった）。ザビエル来日以来、リスボン・ゴアを経た東廻り航路で日本布教にあたり、南蛮貿易（特に生糸貿易）にも参加していたイエズス会は、スペイン側修道会の来日と布教活動を喜ばなかった。それはポルトガル側の貿易上の理由と、布教姿勢の違いによる日本布教の混乱を厭うためだった。フランシスコ会などの托鉢修道会を日本に入れないためスペイン国王や教皇あてに請願を書いた巡察師ヴァリニャーノをはじめ、イエズス会士たちの主張はおよそ次のようなものであった。もし日本に托鉢修道会が来れば、その布教の違いから信者は混乱するだろう。どうしても日本に托鉢修道会が来る場合は、イエズス会が未開拓な東日本に限って彼らの布教を認めてほしい、というものである。スペイン側の日本布教や貿易を厭うポルトガル・イエズス会の意見が一五八五年のグレゴリオ十三世の教皇勅書に反映され、のちにスペイン・フランシスコ会側の批判を受けて撤回されるなど、日本布教の状況は混乱を極めた。

そのような折、一五九六年にアカプルコを目指していたスペイン船サン・フェリペ号が土佐沖で遭難し、太閤秀吉の命により積荷が没収されるという事件が起こった。イエズス会の讒言やサン・フェリペ号乗組員、施薬院全崇をはじめとする周囲の意見から、スペインが日本征服を狙っているのではという警戒心を秀吉に抱かせた。事実、サン・フェリペ号の積荷没収の際、その取り消しを訴える動きの中で、前田玄以法印とバウティスタは次のようなやりとりをしている。「積み荷は百万以上のものでありましたが、ルソンの船であることを証明する必要がありました。ルソンのものか、他の国、たとえばポルトガルのものか分からないと、彼らは言っていました。私はたとえ、ポルトガルのものであっても同じことだと法印に説明しました。それは私たちの国王と契約されていて、王はマカオ、ゴア、ポルトガルの王でもあるからです。法印は初耳のように驚き、どうして今まで言われなかったのか、また知らなかったのであろうかと問いました。われらの国王の支配下にあるすべてのところを紙面に記すように願いましたので、そのようにしました。法印は驚き、カスティリャの国王が真にそのすべての領主であるか否かと、ジョアン・ロドリゲス神父に訪ねました。神父がその通りであると答えると、法印は、また、なぜ今までそのことをはっきり知らせなかったかと問いました。神父は今まで話す必要がなかったからですと答えました。(6)」

太閤は禁教下に公に布教を行っているスペイン側修道士（征服の尖兵ともとれる）を捕らえさせ、以下の理由により磔を命じた。「宣告　此の者共呂宋（ルソン）之使者と偽り日本に来り御禁制之きりしたん宗門を弘めたる科により長崎に於いて磔刑に処するものなり」。

マニラ総督の命により、国書を持ってきた使節であり、フランシスコ会士の長であるバウティスタを始め、マルティノ・デ・アギラ、フランシスコ・ブランコ、フランシスコ・デ・サン・ミゲル、インド生まれのゴンザロ・ガルシア、サン・フェリペ号に乗っていたメキシコ人神学生フェリペ・デ・ヘスス・デ・ラスカサスら六人が日本人信徒とともに捕らえられた。イエズス会信徒を含めた二十六人が耳をそがれ、京都や伏見、大阪を引き廻しの上、刑場である長崎に送られ、一五九七年二月五日に長崎西坂の地で磔にされた。

四　ペドロ・バウティスタの書簡

フランシスコ会殉教者を取り巻く当時の状況について、リバデネイラやジェスス、生き残ったポーブレらフランシスコ会士による報告書のほかに、直接、殉教者バウティスタの書簡から知ることができる。そこでは、サン・フェリペ号に関する日本側との交渉やイエズス会士との軋轢に悩む姿が見て取れる。とりわけ、渡日したばかりの司教マルチネスが一五八五年の教書を理由にイエズス会側の肩を持ち、教皇や国王に渡日を禁止されているはずのフランシスコ会士がなぜ日本に滞在しているのかと問うと、バウティスタは彼らと何度も議論を重ね、自分たちの立場を弁明した。サン・フェリペ号の問題についても、「カスティリャ人たちを泥棒呼ばわりする悪口を、キリスト教信者がするということなどは信じられないが、他方ではいろいろのことを見て驚き、複雑な気持ちを抱いています[7]」と述べている。そして、ルソンからの入貢を期待し、マニラ総督からの国書を持ってこさせながら、難破船サン・フェリペ号の積荷を返還しない太閤秀吉に対して、怒りをぶつけている。「自分の大きな不名誉を持って友好の約束を破った者に対して、今後は約束を守るだろうと、信頼することはできません。この裏切りの後、毎年、彼のために船が来るというのは、われらの不名誉になります。[8]」

捕縛後彼らがどのような心持でいたのかも伺い知ることができる。「数日前に聞いたことですが、イエズス会の神父たちは自由で、私たちは監禁されています」と、イエズス会士に対する不満を覗かせながらも、「修道者たちは皆はりきってキリストのために死ぬ覚悟をしています。主は、私たちをこの試しの時、大いに慰め、精神的に支えています。（中略）神は賛美されますように[9]」と半ば覚悟を決めていた。殉教三日前の手紙では、サン・フェリペ号船員の処遇や安否を気遣い、自分の死後の後任任命を行い、ジェロニモ・デ・ジェススには残される信者のために大阪で潜伏するように言い残し、また他のフランシスコ会士の健康への気遣いやイエズス会やマニラへのことづけなど、身辺整理をしている。殉教直前には在日本イエズス会司教マルチネスらとも和解をしている。磔刑の前、自分の十字架をかき抱き接吻し、半ば夢の中で歌うように殉教したとフロイスらの殉教報告には記されている。

五　殉教報告と列聖運動

二十六人の磔刑後、殉教か否かをめぐって当時の修道会の中でも議論が見られた。実際、フランシスコ会とイエズス会は日本布教をめぐり対立していたので、その布教方針の違いやイエズス会士の忠告を無視したという理由で受難を招いた、とフランシスコ会士を非難する声もあったが、最終的にフランシスコ会の受難を殉教と見なすことで一致した。司教マルチネスはマニラ総督にフランシスコ会殉教を知らせる書簡を書き、巡察師ヴァリニャーノがペトロ・ゴメスの名で、また、フランシスコ・パシオやルイス・フロイスも報告を残している。

一方、長崎には磔刑を逃れ、海上から二十六人の殉教の様子を見て後に報告したフランシスコ会士マルセロ・デ・リバデネイラもいた。リバデネイラはフィリピン総督により、ローマ教皇クレメンス八世とスペイン国王フェリペ二世に、殉教者の遺骨とともに殉教報告を届けるよう命じられた。また、マニラ、メキシコ、マドリッド、マラッカ、ゴア、リスボン、ローマなど各地にもこの報告を伝え、二十六人に対する崇敬を高め、列聖運動に寄与することになった。

一六一六年、教皇パウロ五世の時に二十六人の列聖調査が始まった。調査命令書は、殉教者フェリペ・デ・ヘススが生まれ育ったメキシコをはじめ、ゴア、マカオなど各地の大司教や司教、日本のドミニコ会副司教やイエズス会管区長にも発せられた。マニラのフランシスコ会にも証拠書類の提出が命じられた。各地では委員会が構成され、殉教者の生前の信仰、言行、行跡、殉教の様子や奇蹟についての調査が行われた。禁教下の長崎でも調査が行われた。[10] そして一六二七年教皇ウルバノ八世の時に二十三人のフランシスコ会員が列福され、一六二九年に三人のイエズス会員が列福された。

六　クエルナバカ大司教座聖堂（フランシスコ会修道院）壁画

さて、問題のクエルナバカ大司教座聖堂壁画について考察してみよう。クエルナバカ市はモレロス州の州都で、メキシコ市から南八五キロにある人口三万人ほどの美しい植民地都市である。ここは、アステカ王国を滅ぼしたエルナン・コルテスとその一族がエンコメンデーロとして植民地経営を行っていたところで、彼らの住居はコルテス宮殿と呼ばれており、現在博物館になっている。大司教座聖堂は、その宮殿の近く、クエルナバカ市の中心にあり、本来は一五三六―三八年に建てられたフランシスコ会修道院であった。ちなみにコルテスとともに最初にメキシコに入植した修道会はフランシスコ会である。一八九一年に大司教座聖堂に選ばれ、今日ではほかの十三の修道院とともに、ユネスコの世界遺産「ポポカテペトル山腹の一六世紀初頭の修道院群」に登録されている。

この建物は、都市が疫病や戦争などに陥った際、城塞のような役割も果たした。現在の大聖堂の二十六聖人殉教壁画（フレスコ画）は、石灰の漆喰で何度も白く上塗りされ、その上には十八世紀の壁画が描かれていた。一九五九年セルヒオ・メンデス司教の命により、修復のため漆喰がはがされて初めて発見された。

そこには、長崎西坂における日本最初のキリシタンの殉教の様子が描かれている。壁画の中にスペイン語でJAPON の文字が見られ、「EMPERADOR TAYCOSAMA MANDO MARTIZAR POR（皇帝太閤様は……の理由により殉教を命じられた）」と書かれている。

この壁画が発見された後、美術史家の本間正義氏が壁画の内容や状態について記録を残している。そこには殉

図１　クエルナバカ大聖堂壁画（Alejandro Linares Garcia 撮影）

教の物語が絵巻物のように描かれている。第一、第二、第三ブロックには、牛車に乗せられた聖人たち（頭に頭光がある）を中心に、家、牛車、刀や槍や鉾をもった護衛隊の行列などが描かれており、殉教者が町中を護送されている。第四、第五、第六ブロックは、細部は不明だが馬の背に二人ずつくくりつけられた聖人が見られる。第七ブロックには、海をわたっていく聖人たちをのせた十一槽の船が描かれ、海には魚が遊泳している。その後上陸図では頭光のある二十六人の聖人が数えられ、五槽の船に分かれて二十八人が乗せられている。第八ブロックには磔の場面とその下に地上に横たえた十字架が見られ、処刑後の様子が描かれている。

聖人たちは京都や大阪の聖堂で捕らえられ、一月三日京都にて左の耳を切り取られ、京都だけでなく、伏見、大阪でも引き廻されている。壁画右側には、牛車、行列、建物、見物人なども含め、少なくとも二か所での引き回しが描かれている。一行は一月九日堺を発って二月一日に唐津に着いているが、左壁の船に乗って処刑上に至る図は、二月四日に大村湾を渡って時津に上陸している船旅の様子を示し、上陸後長崎に向かう道中や二月五日の磔の場面を描かれている。この殉教壁画は、海上から処刑を目撃した人が、マニラに帰ってから描いたものと言われており、リバデネイラらの報告をもとに描かれたと考えられる。

七　壁画は誰によっていつごろ描かれたのか

なぜ日本の二十六聖人殉教図がメキシコの一小都市の修道院に描かれたのか。

クエルナバカはメキシコ市とアジア貿易の出発港であるアカプルコとを結ぶルート上にある要衝地で、東洋布教に赴く修道士たちは必ずこの聖堂を通って最後の別れを告げたといわれる。逆にフィリピンからメキシコ、スペイン本国やローマに行く者もここを通った。アジア貿易や布教のルート上にあり、かつ、聖堂そのものもコルテス征服後、ともに来た最初の十三人のフランシスコ会士たちによって建てられた古刹である。そのため、日本での二六人の殉教報告がなされてから、真っ先に報告され、殉教がたたえられた場所の中でも主要な聖堂の一つとみなされてよい。

本間は聖堂の建築構造上、また、礼拝堂のアーチの形などから、ほかの多くのメキシコの教会同様、先住民のピラミッドの上に建てられたものではないかと推測している。同じことが壁画の様式にも言え、当時のスペイン絵画とは異なり、コディセ（絵文書）などの先住民芸術のスタイルが見られるうえ、東洋的な絵画表現の影響もあるという(11)。壁画の殉教場面も淡い色彩で惨たらしく描かれていない。一九六二年二月十一日メキシコの新聞エクセルシオール紙でルイス・イスラス・ガルシア氏が、「その全体の構図やディティールを見ると、新スペイン時代のものとは全く異なり、一六三九年に下ろされた凶暴な竹のカーテン前後の、迫害された日本人キリシタン画家の作と一致する」と論じている。それ以降、メキシコではこの壁画は東洋的な画風で、当時の日本人キリシタンやマニラから来た東洋人が描いたものと推測されている。[12]

本間は、壁画と東洋美術の共通点を次のように解釈している。壁画は一つの事件を、時間を追って展開していく叙述的な表現を持っている。しかも細長い画面にちょうど弾き語りをするように展開していく。それは日本の絵巻物と似ている。殉教壁画も大きな絵巻を広げたものとして見ることができる。絵巻物では同じモチーフが何度も繰り返しあらわされるが、壁画でも主人公の聖人たちが五回以上繰り返し登場する（特に海からの南蛮人の上陸と町への行列の図は、当時流行した南蛮屏風の図柄にも似ている）。ほかの共通的特徴としては、平面的な構成と形、パノラマ的視野などの点がある。

本間の見解は、壁画制作に日本人作家が介在したのではないか、というメキシコの研究者や芸術者たちの主張に近いが、実際に日本人キリシタンがクエルナバカにやってきて、このような壁画を描く機会があったかどうか、機会があったとしても、製作し得る適当な状況にあったかどうかについても議論している。本間は、伊達政宗が派遣した支倉使節団の中に壁画を制作し得る画家たちがいたのではないか、と推測している。

伊達政宗は、メキシコ副王から送られてきたセバスチャン・ビスカイノやフランシスコ会士ルイス・ソテロの進言でメキシコとの通商の希望をもち、ローマ法王やスペイン国王に謁見させるべく、一六一三年九月に支倉常長を代表とする一八〇人ほど（うち四〇名ほどがスペイン人）の使節団を送った。使節団は同年十二月にメキシコにつき、六十八人の日本人がメキシコ市のサンフランシスコ聖堂で洗礼を受けた。支倉はスペインへ渡航するため随員を三〇人に減らし、一六一五年にスペインに渡って、スペイン国王、ローマ教皇へ拝謁したあと、一六一七年にメキシコに戻り、フィリピン経由で一六二〇年に日本に帰国した。支倉がスペインへ渡っている間、バプティスタ号は家康への使節を乗せ、太平洋を往復している。その間、過半数以上の日本人がメキシコに約三年間とめおかれた。洗礼を受けた者の中に、記録係の画家もいたかもしれない。大航海時代、アジアのニュースは様々な情報網を通して瞬時に広がった。一五九四年のフランシスコ会員二十三人を含む日本二十六人の殉教は重大事件であった。このような理由から、フランシスコ会の主要な教会のあるクエルナバカでの壁画制作はありうることであり、その制作時期は、一六一五―一六年頃であろう、と推測されている[13]。

八　殉教報告や殉教絵画はどのような効果を生み出したか

クエルナバカの殉教壁画に対する日本人作家（支倉使節団も含む）の介在の可能性は、確かにあるのかもしれない。制作時期も、使節団滞在記の一六一五―一六年か、もしくは列福式にあわせて少なくとも一六二七年までには制作された可能性がある（壁画の後光がそれを意味する）。しかし、現段階では壁画の由来ともども、確たる根拠は見つかっていない。今後、内外におけるさらなる史料の探索、裏付けが必要になろう。

壁画の由来はまだ不明であるが、当時の状況を知る幾ばくかの報告書がある。一つは、佐久間正氏が翻訳紹介した「スペイン洗足派パードレの死に関して、日本イエズス会のポルトガル人パードレのためにアグスティノ会一修道士の述べた反駁書、一五九七年」[14]である。それは、およそ以下の内容である。

一五九七年の段階で、同年二月の長崎の殉教報告をもとに、メキシコのいたる教会でフランシスコ会員の殉教物語が語られていた。その際、礫にあったフランシスコ会士が書き残した書簡や第三者による殉教報告の中で、日本のイエズス会士が受難の原因を引き起こしたと批判する旨の記述があり、それがもとで、メキシコのあちらこちらでポルトガルに保護されたイエズス会に対する批判が高まった。それに対し、幼少時にイエズス会に恩恵を受けた一アウグスティノ会士が反駁論文を書いた。

このアウグスティノ会士の報告によれば、一五九七年の段階でメキシコのいたる教会で殉教物語が語られる際、その様子を描いた殉教絵画もともに公開されていた。迫害を逃れてメキシコにやってきた日本人信徒（長崎生まれの日本人マルティン及びファンという洗礼名の者）が二人、アカプルコの王立病院で働いており、殉教の経過を語って聞かせたという。

この反駁論文の主張は、他のイエズス会士の反駁論文の中にも度々見られる。すなわち、フランシスコ・ザビエル以来、数十年かけて、イエズス会が試行錯誤しながら日本人の思考や習慣に合わせて布教活動を行ってきたにもかかわらず、それを弁えず、日本に入る教皇の許可も国王の許可もとっていないスペイン人洗足派パードレたちが日本に入国し、イエズス会の忠告を無視して（禁教下にも関わらず隠さずに）布教活動したので、太閤の怒りを買って磔にあった、とする当時盛んに言われた批判的言説である。主張そのものはめずらしくないが、重要なのは、長崎西坂での磔刑直後の一五九七年の段階で、フランシスコ会士の殉教報告とともにその様子を描いた殉教絵画がメキシコのいたる教会で公開され、信徒に熱狂を持って迎えられていたという記述である。また、その段階で、長崎の迫害を逃れてメキシコに渡ってきていた日本人キリシタンが少なくとも二人はいたという記述である。

殉教画が、クエルナバカ壁画が描かれたと推定される支倉使節団のメキシコ滞在時期よりも早い段階、すなわち一五九七年に公開されていたという記録は重要であり、注目すべきである。その時代に日本人信徒の存在が記録で確認されたというのは、日本人のメキシコ到来が支倉使節団来訪であるという通説よりも早い。

要するに、これらの史料が明らかにするのは、壁画が描かれたとされる十七世紀初頭よりも早い十六世紀末の段階で、フランシスコ会士たちの長崎殉教画がリバデネイラらの殉教報告をもとにした物語とともに、メキシコの各教会で熱狂的に伝えられていたという事実である。また、少なくとも十六世紀末には少数ではあるが日本人キリシタンがメキシコに到来していたという事実である。

殉教した六修道士の中にメキシコ出身のクリオーリョ、フェリペ・デ・ヘスス・デ・ラスカサスも含まれていた。さらに他の修道士たちの足跡を殉教録の中で紹介することで、日本の土となった彼らの後続に続き、禁教下の、異教の地日本での布教を目指す修道士たちがメキシコのみならず、スペインやイタリアからもメキシコに集い、マニラ行きのガレオン船に乗船するのを心待ちにしていた。フランシスコ会を中心に西へ西へと布教を目指す、その当時の人々の情熱が、殉教をきっかけに一層巻き起こり、人々をマニラへ、果ては日本へと向かわせた。また、そのような時代の雰囲気がクエルナバカ大聖堂の壁画制作を生み出したといえるのではないか。

そこで初めて人々は「日本」と出会い、苦難の末殉教に至ったフランシスコ会士たちに思いを馳せ、そのあとに続こうと決意した[15]。いわば、一五九七年の日本の長崎におけるフランシスコ会士の殉教事件は、コルテスとともにメキシコに上陸した十三人のフランシスコ会士たちの熱情とユートピア思想を下敷きに、人々にさらなる熱狂を生じさせ、さらに後続者を西へ西へと向かわせる動機を与えた。クエルナバカ大聖堂の壁画そのものは、支倉使節団滞在時や、二十六人の列福後に描かれた可能性があるが、その前段階で、絵画や報告は殉教事件直後から語られており、修道士たちの日本布教熱をますます高めたと考えられるのである。

注

（1）M. Ribadeneira, *Historia de las islas del Archipiélago Filipino y Reinos de la Gran China y Japón*, Madrid, 1947.

（2）ルイス・フロイス著、結城了悟訳『日本二十六聖人殉教記』聖母文庫、一九九七年。

（3）佐久間正訳「西班牙古文書　日本二十六聖人殉教録（ジェロニモ・デ・ジェスス書簡並びに報告）」（『横濱市立大學紀要』二六号、一九五四年）。

（4）L. Peréz, "Carta de San Pedro Bautista", Madrid, 1916.（結城了悟による訳及び解説が前掲書、二八一—三四九頁に所収。）また、バウティスタについては、Ribadeneira, *Historia*, pp.191—198.

（5）その他の例については、次を参照。川田玲子『メキシコにおける聖フェリーペ・デ・ヘスス崇拝の変遷史　神の沈黙を超え

て』（明石書店、二〇一九年、六四―一〇六頁）。

(6) フロイス、前掲書、三〇四―三〇五頁。

(7) フロイス、前掲書、三二三頁。

(8) フロイス、前掲書、三二七頁。

(9) フロイス、前掲書、三三三頁。

(10) 片岡千鶴子　片岡瑠美子編著『長崎と日本二六聖殉教者』（長崎純心大学博物館、一九九七年、八九―九〇頁）。

(11) 本間正義「海を渡った長崎殉教の図―中世における日本とメキシコの交流について」（『三彩』一八三号、三彩社、一九六五年、一〇―二四頁）。

(12) 本間、前掲論文、一九頁。

(13) 本間、前掲論文、二二―二三頁。

(14) 佐久間正訳「西班牙洗足派パードドレの死に関して、日本ジュスス会の葡萄牙人パードレの為にアグスティン会一修道士の述べた反駁書。一五九七年」（『横濱市立大學論叢人文科学系列』第七巻第二号、横濱市立大學學術研究会編、一九五六年、九一―一一〇頁）。

(15) 例えばフェリーペ・デ・ヘススの弟フアンも、アジアでの伝道を希望し、フィリピンでの伝道中に殺害され、殉教している。

※この論文は、谷口智子「二六聖人殉教とクエルナバカ大司教座聖堂壁画―近世初期キリシタン長崎大殉教図と日西交渉史」（愛知県立大学多文化共生研究所編『共生の文化研究』三号、二〇〇九年、一三七―一四七頁）の修正・再録である。

キリシタンとイソップ寓話
――『伊曽保物語』の「鼠の談合の事」

李　澤珍

はじめに

鼠たちが集まり、猫から身を守る方法について話し合ったところ、猫の首に鈴をつけるという名案が出されたものの、誰が猫の首に鈴をつけるかと問われると、その実行の役目を引き受ける鼠が一匹もいなかった、という話がある。日本人には「猫の首に鈴」「鼠の会議」等と題するイソップ寓話としてよく知られているものである。しかしこの話が、十六世紀後半にイエズス会の宣教師によって初めて日本に伝わり、さらに十七世紀初頭以降は『伊曽保物語』の「鼠の談合の事」と題する一話として流布し、広く読まれていたことは、あまり知られていないのではないだろうか。

本稿では、キリシタンによるイソップ寓話集の伝来を概観し、受容の一例として『伊曽保物語』の「鼠の談合の事」を取り上げ、物語と訓言を貫く論理構造を探りながら、新たな読みを試みたいと思う。なお、この話の標題は作品によって一定しない。本稿ではそれを一般的にいう場合は「猫の首に鈴」とし、文脈に応じて作品それぞれの標題の表記を用いることにする。

一　キリシタンとイソップ寓話集の渡来

一五三四年に創設されたイエズス会は、ルターの宗教改革に対抗しつつ、世界各地への宣教を目指して大西洋から東へ進出していき、ついに日本にまで到達した。周知のように、天文十八年（一五四九）のフランシスコ・ザビエルの鹿児島上陸以来、ポルトガルやスペイン出身の宣教師たちが次々と来日し、布教活動を行うことになるが、彼らが日本に持ち込んだ書物の中には宗教書のほかに欧文イソップ寓話集も含まれていたと推定される。

イソップ寓話は、紀元前六世紀頃の古代ギリシャで活動したイソップという人によって作られたとされる寓話であり、そもそもキリスト教とは直接関係のない教外のものである。しかし中世ヨーロッパにおいてイソップ寓話は、ラテン語学習の教材としてキリスト教の修道院教育に広く活用され、また民衆教化のための説教の例話としても利用されていたようである。[1]さらにグーテンベルクによる活字印刷術の実用化を迎えた十五世紀後半以降、イソップ寓話集は刊本として急速に普及しつつ、西洋諸国語に翻訳され、ヨーロッパ各地に広まった。[2]そしてその影響は十六世紀以降、キリスト教の海外への宣教活動の拡大とともに、中国やメキシコなどのヨーロッパ以外の布教地へも及んでいった。[3]同時代の日本におけるイエズス会の宣教師によるイソップ寓話集の伝来は、決して偶然の出来事ではないのである。

さて、宣教師がもたらした欧文イソップ寓話集は、天正年間（一五七三〜一五九二）にまず文語体に直訳され、それを祖本にしてさらに編集・改変が加えられた二種類の日本語訳本、すなわち『エソポのハブラス』と『伊曽保物語』が、それぞれ異なる経緯をたどって成立したと考えられている。[4]

『エソポのハブラス』は、文禄二年（一五九三）に天草学林で西洋伝来の印刷機と金属活字を用いたキリシタン版として出版された。但し、口語体の日本語をローマ字表記で書いた同書は、当初から一般への普及を目的としたものではなく、来日した宣教師の日本語習得と民衆教化のための教材として作られ、イエズス会の関係者を中心にごく限定された範囲に流布されたものと考えられる。

それに対し、漢字仮名交り表記の『伊曽保物語』は、寛永元年（一六二四）頃の初刊本をはじめとする計九種類の古活字版と、万治二年（一六五九）の絵入り整版およびその求版後印本の現存が確認されており、近世の商業出版の成立・発展に乗じ、少なくとも十回以上版を重ね、広く普及したものと考えられる。版種の多さのみならず、近世の様々な文芸ジャンルの作品に見られる同書の利用の痕跡も、同書が大いに歓迎されたことを証している。英語訳イソップ寓話集の伝来が本格化する明治以前の日本において、イソップ寓話が身近なところで享受されたのは、同書を通じてであったと思われる。

二　『伊曽保物語』の「鼠の談合の事」

『伊曽保物語』は三巻本で、上巻に二〇話、中巻に四〇話、下巻に三四話を収め、全九四話を収録する。その下巻第十七話に「鼠の談合の事」と題する一話がある。まずその全文を引いてみよう。

ある時、鼠、老若男女相集まりて僉議しけるは、「いつもかの猫といふいたづら者に亡ぼさるゝ時、千度悔やめども、その益なし。かの猫、声を立つるか、然らずは、足音高くなどせば、かねて用心すべけれども、ひそかに近づきたる程に、由断して取らるゝのみなり。いかゞはせん」といひければ、古老の鼠、進み出て申けるは、「詮ずる所、猫の首に鈴を付て置き侍らば、やすく知なん」といふ。皆々、「もつとも」と同心しける。「然らば、この内より誰出てか、猫の首に鈴を付け給はんや」といふに、上臈鼠より下鼠に至るまで、「我付けん」と云者なし。是によて、その度の議定、事終らで退散しぬ。其ごとく、人の健気だてをいふも、只畳の上の広言也。戦場に向へば、常に兵といふ物も震ひわな〳〵くとぞ見えける。然らずは、なんぞ速やかに敵国を亡さざる。腰抜けの居ばからひ、畳大鼓に手拍子とも、これらの事をや申侍へき。(5)

本稿の冒頭で示した通常の「猫の首に鈴」のあらすじと概ね変わらない物語が記されており、その後に続く「其ごとく」以下に訓言が付されている。

ところで、いうまでもなく『伊曽保物語』は翻訳本であり、当然その翻訳のもとになった欧文の原典が存在したはずである。先学の研究(6)によれば、一四七七年頃初刊のシュタインヘーヴェル編訳のラテン語ドイツ語対訳本『イソップ』系統、中でもスペイン語版が『伊曽保物語』の翻訳原典として用いられた可能性が高いとされている。但しそのスペイン語版にも問題の「鼠の談合の事」にあたる話柄は見出せず、なお未解決の問題を残している。『伊曽保物語』の翻訳原典の問題は、本稿で直接追究する課題ではないので、ここではこれ以上立ち入らないが、論述の都合より「猫の首に鈴」の伝承については若干触れてみたい。なお、もう一つの日本語訳本『エソポのハブラス』には、「猫の首に鈴」に該当する話は収録されていない。

いまイソップ寓話として取り上げている「猫の首に鈴」は、実はイソップその人に由来するものではないというと、奇妙に聞こえるかもしれない。前述のようにイソップ寓話はイソップの作とされる寓話ではあるものの、イソップはあくまでもそれを語ったとされるだけの存在であって、彼自らが記録したものは確認されておらず、そもそもイソップの作として認められる文献上の根拠があるものは一話もないといってよい。(7)それはともかく「猫の首に鈴」の場合について、より厳密にいえば、イソップの名を冠する最初の寓話集デメトリオス本（紀元前四世紀末頃成立推定、記録のみで現存せず）以来、古代から伝わるイソップ寓話集系統の集成・校訂本(8)には「猫の首に鈴」のモチーフは見当たらない、ということである。

では「猫の首に鈴」はどのような由来と素性の話なのであろうか。そのモチーフを伝える現存最古の文献は、六世紀頃のブードによる『カリラグとダムナグ』であるらしい。(9) 同書は、古代インドのサンスクリット語寓話集『パンチャタントラ』のペルヴィ語訳本を古典シリア語に翻訳したものであるが、その中に、鼠の王が猫の恐怖から逃れる方法について三匹の大臣たちと話し合う、枠物語の体裁をとる頗る長い話が収められている。そしてその話において一匹の大臣が、すべての猫の首に鈴をつけることを提案したところ、もう一匹の大臣によって誰が鈴をつけに猫の側へいけるかと反論されるという一場面に「猫の首に鈴」の祖型がうかがえるのである。

このモチーフがいつ、どのようにヨーロッパに流入され、広まったのかその伝播の経緯は不詳であるが、十三世紀初頭にイギリスの説教師オドー・ド・シェリトンがラテン語で著した『寓話集』所収の「鼠たちと猫など」が、ヨーロッパ文献に見られる最も古い例として知られる。(10) この話には、鼠の王や三匹の大臣は登場せず、現在周知されている筋書きとほぼ同じ物語が記されているが、その末尾には、キリスト教会内で修道士たちは位の高い司教や修道院長たちの抑圧に対抗しようとはするが、誰も直接糾弾しようとしないことへの批判が述べられている。

時代が下り十五世紀に入ると、ルネサンス期のイタリアではイソップ寓話への関心が高まり、ヒューマニストたちによるイソップ寓話集の編訳および寓話の創作が盛んに行われることになる。その趨勢に乗じ、ロレンツォ・アステーミオというヒューマニストの手になるラテン語寓話集『百話集』第二集は一五〇五年に刊行されて版を重ねるが、一五一三年以降は別の編訳者によるイソップ寓話集との合本の形でも数多くの版が出されたという。(11)

この『百話集』第二集所収の「猫の首に鈴を吊そうとする鼠たちについて」と題する話について、伊藤博明(12)は「アステーミオの著作が『イソップ寓話集』と合本で刊行されていたことを鑑みるならば、『伊曽保物語』の典拠がそこにあった蓋然性は高いだろう」と論じている。但し「依拠した刊本に関しては、別に考慮すべき点が存在」することも指摘しており、未だ直接の翻訳原典の特定には至っていない現状が窺える。また「『鼠の談合の事』の本文は、アステーミオの記述に比べて、きわめて内容の豊かなものとなっており、後付の教訓も趣が異なっている」と述べている。「きわめて内容の豊かなもの」の当否はさておくことにし、「後付の教訓も趣が異なっている」という点については、次にアステーミオの話の全文を引いて確認しよう。

鼠たちが一同に会して、いかなる知恵によって、いかなる術策によって、猫の罠を逃れることができるかを相談していました。そのとき、他の鼠たちよりも年齢においても経験においても秀でていた一匹が、もし皆が従おうとするならば、多くの危険に遭遇することのない方法を見いだしたと言いました。「われわれは、猫の首に鈴を吊すことにしよう。猫がわれわれの方にやって来れば、その鈴がなるので、われわれは猫に気づくだろう」。そこで、猫たちは皆、声をそろえて、この意見をきわめて有用なものと誉めたたえ、そうすべきだと語り合いました。ところが、年老いた鼠が立ち上がり、一同が静まったところで、こう言いました。「私もまた、その意見には賛成である。しかし、いったい誰が、猫の首に鈴を吊そうという危険を冒すであろうか」。結局、鼠は皆、この務めを避けたので、その意見も無駄になりました。この寓話は、多くの者が為すべきことを称賛するが、それを行う者は少ない、ということを教示しています。[13]

アステーミオの話の訓言は、「この寓話は、多くの者が為すべきことを称賛するが、それを行う者は少ない、ということを教示しています」とあり、良い提案でも引き受け手が少ない事態への諷刺、あるいは提案より実行の至難さを語る一般論とも解されよう。

それに対し、前掲した「鼠の談合の事」の訓言はやや長文ではあるが、その戒めの対象はより限定的かつ具体的である。すなわち①「畳の上の広言」、②「腰抜けの居ばからひ」、③「畳大鼓に手拍子」であり、これらのもたらす弊害として「戦場に向へば、常に兵といふ物も震ひわなゝく」ので、「速やかに敵国を亡さざる」という。ここで痛罵を浴びている①②③それぞれの意味を『伊曽保物語』の諸注釈書[14]の指摘によって確認すれば、①は「危険に臨まず、安全な所に居て言う大言壮語」、②は「臆病者がその場に臨まず、かれこれ指図すること」、③は「太鼓代りに畳を叩き、手拍手とって舞踊に口を出す。実際は無能力な者が、知ったふりをすること」となる。表現は異なるものの、意味の重なるところを中心にまとめると、威張って大言を吐くも、いざ実行となると、現場に臨もうとせず、頭だけの計画で他人を動かそうとする、という人物像が想起されよう。

なお、「鼠の談合の事」の訓言について「おそらく原典にはない趣旨のことで、武家全盛の世たる十七世紀初頭の日本にふさわしい応用としての加筆が施されているわけであろう」という小堀桂一郎[15]の見解は、前掲の「戦場に向へば」云々に着目したものであろうが、訓言だけではなく物語を含めた話全体に貫く論理構造をふまえ、別の角度から論じる余地もあるように思われる。

三　論理構造から読み直す——提案と発問

では、アステーミオの話とは趣旨の異なる「鼠の談合の事」の訓言は、どう解釈したら良いのであろうか。筆者はその解明の手がかりを、「猫の首に鈴をつける」という提案と、「誰が猫の首に鈴をつけるか」という発問に求めたい。というのは、この話のストーリー上の眼目は、その提案と発問にあり、この二つが、物語を牽引し、事態を転換させ、終結を導いていると考えるからである。

まず、提案の場面について考えてみたい。

古老の鼠、進み出でて申けるは、「詮ずる所、猫の首に鈴を付て置き侍らば、やすく知なん」といふ。

提案者は「古老」の鼠である。「古老」の語義については、慶長八〜九年（一六〇三〜四）刊の『日葡辞書』に「老年にして経験を積んでいること」[16]（傍点筆者、以下同）とあり、既述した『伊曽保物語』の諸注釈書にも『日葡辞書』の釈義とほぼ同じ趣旨の解説がなされている。

提案者を「古老」の鼠とする人物設定は、アステーミオの話において「他の鼠たちよりも年齢においても経験においても秀でていた一匹」が提案者となっているところから、原典をほぼ忠実に翻訳した結果と考えれば、何等疑問を差し挟む余地のなく済むもののように見えるかもしれない。

しかし前述のように、アステーミオの話と「鼠の談合の事」には、趣旨の異なる訓言が付されており、また以降の論述過程で明確になろうが、必ずしも後者が前者の忠実な翻訳とは言い難いところが少なからずある。さらに「猫の首に鈴」の話において、提案者を「老年にして経験を積んでいる」鼠と設定すべき必然性はあるのか、という点になると、果たして原典に忠実な翻訳とのみ捉えて済ませるものなのか、疑問が残る。

周知のように「古老」の言葉は、古代の文献から確認される表現であり、その用例については、先学諸氏による少なからぬ分析も備わる。たとえば、小泉道[17]の『日本書紀』に関する考察は「単なる老齢を示すのではなく、老齢相応の重厚さのある権威づけられた人物」という「古老」像を見出している。説話集での用例を挙げるならば、中根千絵[18]は『今昔物語集』に見られる「古老」について「土地の事をよく知っている人物として道を指し示す人物」、「民間の村々において物事をよく知っており、非常に長生きをした神に近い老人のイメージを重ねている」と指摘している。また、『平安遺文』『鎌倉遺文』等の史料を分析した蔵持重裕[19]の指摘も興味深い。「中世における古老は全地域・全社会にわたって存在するもの」で、村落内において「相論の証人」だけではなく「訴人・調停者・仲人等の諸機能を併せ持った者」「村地域を法的に代表するもの」「境界の管理者」「村地域法の番人」であったという。

要するに「古老」という表現には、単なる「老年にして経験を積んでいること」のみならず、長年培ってきた知恵と知識を備えている年長者であり、信頼性を基盤として、中世村落内の問題解決を行う指導者、またはそれに相応する発言権を持つ実力者としての役割と機能を担う存在、というイメージが共有されていたと考えられる。このような「古老」という表現に付着しているイメージに注意しながら、「鼠の談合の事」の論理構造と、語句のより深いレベルでの意味について考えてみたい。

鼠たちの会議の目的は、「声」も「足音」も立てず「ひそかに近づきたる」猫から身を守る方法を協議することである。その議題は、アステーミオの話のそれ――「いかなる術策によって、猫の罠を逃れることができるか」――に比べ、「音」の問題に絞られた、より具体的なものとなっている。その議題に応じて提示された「古老」の鼠の提案は、議題の要点を正しく把握した、少なくとも論理的には破綻のないものといってよかろう。また、発言の冒頭にある「詮ずる所」の語句には、あれこれ真剣に思索をめぐらし、熟考した挙げ句にたどり着いた結果という意味合いが込められている、というのであれば、この提案は「古老」の鼠の、共同体内で信頼される思慮深い賢者たるエートスをあらわしているといえよう。

「古老」の鼠の提案に対してほかの鼠たちが安易に「同心」を表明したのは、もちろんその提案が、実現可能性の極めて低いのものであることを見抜くことのできない彼らの愚かさ・軽率さに因ったことであろうが、前述のように、提案の発言そのものに論理上の破綻がないということとともに、共同体内の、「古老」の鼠に対する高い信頼度と位相に起因したところもあるように思われる。このように鼠たちの賛同を得たところで、次の発問が投げ掛けられ、物語は急転し、終結を迎えることになる。

「然らば、この内より誰出てか、猫の首に鈴を付け給はんや」といふに、

この発問が誰によるものか、本文中には明記されていない。アステーミオの話では「年老いた鼠が立ち上がり、一同が静まったところで、こう言いました。『私もまた、その意見には賛成である。……』」とあるので、提案者とは明らかに別の「年老いた鼠」によるものであることは分かるのである。しかし、筆者は、「鼠の談合の事」における右の発問が提案者の「古老」の鼠その人物によるものであると考えたい。その理由を以下に論じる。

アステーミオの話にあるように、提案と発問がそれぞれ別の鼠によって発せられるという設定の場合、「誰が猫の首に鈴をつけるか」という発問は、名案のように見えたその案が実は実現可能性の極めて低い愚案であることを暴露し、それによって提案者を含め鼠たち全員がその重大な欠陥—誰かを犠牲にしなければならない、極めて危険なものであること—に初めて気付くことになる。いうまでもなく、寓話において訓言の教えに説得性を持たせるためには、物語は訓言の趣旨に対応する形で造型されていなければならない。しかしここには、愚かで軽率な鼠たちの姿はあっても、「鼠の談合の事」の訓言でいう「畳の上の広言」「腰抜けの居ばからひ」「畳大鼓に手拍子」にうまく釣り合うようなものは見当たらない。これを、翻訳・編集の過程で生じた、物語と訓言との単なる齟齬と言ってしまえば、それまでであるが、後述するようにやはり「古老」という表現は意図的に用いたと思われるので、決して軽く済ますことのできないものであり、より合理的な説明を求めるべきであろう。

そこで「然らば、この内より誰出てか、猫の首に鈴を付け給はんや」という発問が、提案者の「古老」の鼠によるものではないかと考える余地が生まれるのである。そしてそのように考えるならば、まずこの発問そのもの

の意味が変わってくる。つまり、発問はもはや、案の欠陥や鼠たちの愚かさ・軽率さを暴露するだけのものではなく、実態的には提案の一部であり、いわば実行役の募集ともいえるものと捉えられるのではなかろうか。さらにこの点から逆推すれば、「猫の首に鈴を付ける」案が提示された時は、誰も気付かなかった案の重大な欠陥を、提案者の「古老」の鼠は既に認知していたということになる。にもかかわらず、彼は「やすく知なん」とその案の実行がもたらす効果のみをアピールし、鼠たちの賛同・支持を得た後は、自分以外の誰かの犠牲と献身を求めているのである。ここに、共同体内で信頼される思慮深い賢者を演じながら大言を吐くも、実行の段になると、犠牲を伴うその役目を意図的に人に押し付ける「古老」の鼠の、狡賢さとも言うべき一面が看取されるのである。

紙幅の関係もあり詳述する余裕はないが、「古老」という表現と狡賢さの結び付きは『伊曽保物語』のほかの話にも見出せることを付言しておきたい。下巻第三二話「鶴と狐の事」は、前半において狐が鶴を食事に招待し、粥を平たい皿に入れて出し、嘴の長い鶴を困惑させる、という内容である。その冒頭に「ある田地に、鶴、餌食を求めて居たりしに、古老の狐、かれを見て『たばからばや』と思ひて」[20]とあるように、鶴を誑かすのは「古老の狐」という設定となっている。この話はシュタインヘーヴェル本のスペイン語版に収められており、スペイン国立図書館所蔵の一五四六年版[21]によれば、該当話「狐とコウノトリ」には「古老」に相当する原語は見当たらない。この事実は「古老」という表現の選択に意図性があったことを示唆する。

おわりに

以上の考察を通して、「鼠の談合の事」における提案と発問は同一人物によるものであり、彼は賢者・指導者でありながら狡賢さを持つ人物として造形されていること、しかもこのような人物像は、提案と発問と連動しつつ、訓言に列挙されている戒めのターゲットに対応していることを確認した。但し、どこまで『伊曽保物語』の編訳者の意図が反映されているのか、直接の翻訳原典を断定できるほど十分な証拠が揃っていない現状においては、その判断は難しい。『伊曽保物語』の編訳および受容の正像を求め、今後の課題としたいところである。

　また、「鼠の談合の事」の文面を見る限り、キリスト教の教理および倫理の反映として明瞭に認められるものは見当たらない。宣教師の主導したはずの一次翻訳の段階から存在しなかったのか、あるいは『伊曽保物語』の出版にあたり日本人の編者によって削除されたのかについても、不明としか言いようがない。ならばこの話とキリシタンとの直接的な関連は、宣教師たちによって日本に伝わったことのほかにないのかというと、そうではない。

　周知のように、イエズス会の宣教師ジョアン・ロドリゲスの日本語文法書『日本大文典』（慶長九～十三年〈一六〇四～八〉刊）には、出典を「Esopo」等と記す九一例の引用があり、その一部が『伊曽保物語』の底本となったはずの写本からの引用とされているが、その中には、本稿で問題とした「古老」の鼠による提案と同文、すなわち「Xenzuru tocoro necono cubini fuzuo tçuquete voqui famberaba, yaſuqu xinanto yŭ.」（詮ずる所、猫の首に鈴を付けて置き侍らば、やすくし《ママ》なんといふ。）[22]も含まれている。この一文のみではあるものの、ロドリゲスが身近に置いて参照したその写本に「鼠の談合の事」が収録されていたことを傍証するものである。

　また、話の標題にある「談合」という表現は、同話においては再び用いられることなく、その類義語にあたる「僉議」と「議定」がそれぞれ一回ずつ使用されているという点も注意しておきたい。キリシタン資料における「談合」とその類義語の使用例を検討した浅野敏彦[23]は、「エソポのハブラスでは、『日本語の言葉稽古のために』ということから、類義語を意図的に多く用いて叙述されているように思われる」というが、『伊曽保物語』の「鼠の談合の事」において「談合」「僉議」「議定」という類義語の使用が見られることも、キリシタンの翻訳の意図が反映された痕跡と認めてよかろう。

注

（1）Jang. Jee-Yeon. *Fables as a point of Contact between East and West: A study on the Medieval Latin Fable Tradition*, Journal of Institute of Mediterranean Studies 10(2), 2008, 143～144.（韓文）

（2）小堀桂一郎『イソップ寓話　その伝承と変容』（講談社、二〇〇一年〈初版、中央公論社、一九七八年〉）、一四五～一六六頁。

（3）宣教師によるイソップ寓話集の布教地への伝播について、中国の場合は内田慶市『漢訳イソップ』（ユニウス、二〇一四年）、メキシコの場合は井上幸孝「植民地時代メキシコにおける西洋文化の導入とナワトル語訳『イソップ寓話』」（『人文科学年報』四二、二〇一二年）に考察がある。

（4）両書の成立および相互関係については、遠藤潤一『邦訳二種伊曽保物語の原典的研究』正編・続編・総説（風間書房、一九八三～八七年）に詳しい考証がある。

（5）古活字版無刊記第一種本（東洋文庫所蔵本）を底本にした前田金五郎・森田武校注『仮名草子集　日本古典文学大系　九〇』（岩波書店、一九六五年、四五一～四五二頁）所収の翻字によった。引用に際し、漢字の旧字体は新字体に改め、振り仮名は略した。また、読みやすさを考慮し、仮名に漢字を当て、適宜句読点を補った。なお、原本には「故老」（底本の版本には「こらう」）とあるが、本稿では現在通用している「古老」を用いた。

（6）小堀桂一郎「『伊曽保物語』原本考」（上）（下）―シュタインヘーヴェル本「イソップ集」に就て」（『文学』四六―一〇・一二、一九七八年）、遠藤前掲書、兵頭俊樹「『伊曽保物語』下巻28「鳩と狐の事」とスペイン語版イソップと『カリーラとディムナ』」（『和歌山大学教育学部紀要　人文科学』六五、二〇一五年）、伊藤博明「スペイン語版「イソップ寓話集」と国字本『伊曽保物語』」（『埼玉大学紀要　教養学部』五三―二、二〇一八年）。

（7）ヨーロッパにおけるイソップ寓話の伝承と受容の歴史については、小堀前掲書、中務哲郎『イソップ寓話の世界』（筑摩書房、一九九六年）、岩谷智・西村賀子訳『イソップ風寓話集』（国文社、一九九八年）等を参照。

（8）パエドルス本とバブリウス本（岩谷・西村訳前掲書）、またデメトリオス本の系統を引いているとされるアウクスブルク校訂本（中務哲郎訳『イソップ寓話集』岩波書店、一九九九年）やこれを中核にして編纂されたシャンブリ校訂本（山本光雄訳『イソップ寓話集』岩波書店、一九四二年）。なお「猫の首に鈴」は、一九五二年に「イソップに関する、またはイソップに帰せられる、またはイソップの名を冠する文学的伝統と密接に関係している一連のテキスト」という副題を持つペリー校訂本（Perry, Ben Edwin. *Aesopica: A Series of Texts Relating to Aesop or Ascribed to Him or Closely Connected with the Literary Tradition that Bears His Name*, University of Illinois Press, 1952.）の中に六一三番として収録されることになった。

（9）Baum,Paul Franklin. *The Fable of Belling the Cat*, Modern Language Notes 34, 1919, 462~463. またイブヌ・ル・ムカッファイ著、菊池淑子訳『カリーラとディムナ　アラビアの寓話』（平凡社、一九七八年）所収の『カリーラとディムナ』アヤ・ソフィヤ図書館蔵写本からの日本語訳（三〇五～三一五頁）および「解説」（三三五頁）も参照した。

（10）バウム（Baum）前掲論文、四六三～四六四頁。なお、同話はHervieux, Léopold. *Les fabulistes latins depuis le siècle d'Auguste jusqu'à la fin du Moyen Âge*, Firmin-Didot, 1896, 225~226. で確認し、英語訳（Jacobs, John C. *The Fables of Odo of Cheriton*, Syracuse University Press, 1985, 129~130）と日本語訳（伊藤博明「「猫の首に鈴をつける」(1)—アステーミオ『百話集』をめぐって」『埼玉大学紀要　教養学部』四六—一、二〇一〇年、五八頁）も参照した。

（11）伊藤前掲論文、三七～四三頁。

（12）伊藤前掲論文、四三～四四頁。

（13）伊藤前掲論文、四三頁所収の同氏訳によった。

（14）前田・森田校注前掲書、大塚光信『キリシタン版エソポのハブラス私注』（臨川書店、一九八三年）、武藤禎夫校注『万治絵入本　伊曽保物語』（岩波書店、二〇〇〇年）。引用は、武藤校注（一五九～一六〇頁）によった。

（15）小堀前掲書、二二五頁。

（16）土井忠生ほか編訳『邦訳日葡辞書』岩波書店、一九八〇年、一五〇頁。

（17）小泉道「古代伝承の用語—「(相)伝」「古老」など」(『上代の伝承とその表現　説話論集　第六集』清文堂出版、一九九七年)、一二〇頁。

（18）中根千絵「院政期文学に現れる老賢者」(『英雄を支えた賢者たち　アジア遊学　六八』勉誠社、二〇〇四年)、一五一～一五三頁。

(19) 蔵持重裕「(第一部第二章) 中世古老の機能と様相」(『日本中世村落社会史の研究』校倉書房、一九九六年〈初出、『歴史学研究』五六三、一九八七年〉)、六五〜一〇五頁。
(20) 前田・森田校注前掲書、四六九頁。注(5)の引用方針によった。
(21) *La vida y fabulas del clarissimo y sabio fabulador Ysopo, Nueuamente emendadas. Exemplario, en el qual se contienen muy buenas doctrinas, debaxo de graciosas fábulas*, En casa de Iuan Steelsio.
(22) 原文は、オクスフォード大学ボドレイアン図書館所蔵本の影印(土井忠生・三橋健解説『日本文典』勉誠社、一九七六年、九四頁)、その翻字は土井忠生訳註『日本大文典』(三省堂出版、一九九五頁、一六六頁)によった。但し一部表記を改め、句読点を補った。
(23) 浅野敏彦「「談合」—キリシタン資料「和らげ」の語釈に用いられた漢語」(『国語語彙史の研究』二〇、一九八〇年)、一五頁。

イスラム統治ハンガリーのキリスト教征服、日本の宗門改め文学で語られる

Patrick《パトリック》 Schwemmer《シュウェマー》

一　未知の反キリシタン物語集、裏西洋史を紐とく

最古の層に属し最大である反キリシタン物語集『喜利志袒仮名書』。正保四年（一六四七）、雪窓宗崔という仏僧が長崎で排耶説法を行うに当たって参考資料として宗門改役からもらったものらしく、[1] 説法の原稿と一緒に天下の孤本で伝わる。[2] 部分的に『伴天連記』などの題名で流布し、江戸時代大衆文学の定番の一つ反キリシタン物語の源流の一部となった。[3] 一方、神話的要素が中心となっていく末流の作品と違って、本作ではキリスト教の教義、ヨーロッパの歴史、ユーラシアの地政学などの正確な情報に基づき、楽しい物語のかたわら真面目な論述が行われている。南フランスの異端者を虐殺にしたアルビジョワ十字軍、ドミニコ会の草の根説教運動、そしてイスラム国であったスペイン、ポルトガルなどのごく最近のキリスト教征服が語られている。十字軍の残虐行為、秘密結社や騎士団の薬物貿易・水商売・魔術での工作、そして修道会が宗教を利用し働いた心理操作などを根拠に、このようなヨーロッパは世界にものを教える立場にないという結論が述べられている。近世初期日本の指導者には知られていたが現代人には馴染みがないこの「裏西洋史」には西ヨーロッパだけではなく、ユーゴスラビ

ア地方、ハンガリーなどの「東戦線」も出ているのである。これほど興味深い資料にも関わらず、仮名表記で難読の人名地名が多いため先行研究では敬遠されてきたが、本稿ではイスラム統治ハンガリーに遣わされた十字軍に関する一話を解読し紹介する。

　現存写本の第二部「きりしたん十二門派之事」では、キリスト教社会の真の支配者たちは「パッパ《Pappa》」（教皇）をかしらとする「ケレリゴ《clérigo》」（聖職者）だという序文に続き、その組織の単位としてさまざまな「門派」が紹介されている。[4] 事実、日本人宣教師の日本語書簡でも「mompa」という言葉は「修道会」という意味で使われている通り、[5] ここでもイエズス会、ドミニコ会、フランシスコ会など、日本で活動していた修道会も（斬新な視点からだが）紹介されている。ただ、それらだけではなく秘密結社や騎士団、そして教会と密着している犯罪組織や諜報局もどきも、時にはスペイン騎士浪漫への直接引用やピカレスク小説を模倣した駄洒落を織り交ぜて語られている。史実との関係性は単純ではないが、関係ないとは言えず、複雑な認識論・主体性こそが本作の文学意匠なのである。

　作者は不明だが、文末についている奥書では、天正遣欧使節の一員として南欧諸国を訪問し、イエズス会に入会し、のちに棄教した[6]ミゲル千々石清左衛門が（第三部か全文かの）情報源（または作者か）として同定されている。[7] なお、「きりしたん十二門派之事」中のある一話への註記では、同使節の諸矛盾を批判する書簡をイエズス会総長に当てた[8]ことで知られているスペイン人イエズス会士ペドロ・ラモンが情報筋として挙げられている。[9] 事実、本作の日本語はロマンス諸語のバイリンガルを思わせるのである。成立年代としては、「木村バシチアン《Bastián》といふ伴天連」が「長崎にしかと居申したるものなり」とも書かれているため、（少なくとも「十二門派」に関しては）史上初の日本人司祭木村が長崎で潜伏していた一六一四〜二一年ということになる。宗門改役の設立より二十年前なのにしても、右の二人の他にもいたかもしれないが、語り手・編纂者としては異端審問の下の南欧社会とその曖昧な自己開示の文学に通じた日欧の越境者たちを想定していきたい。現代では本作はオリーブオイル臭い帰国子女の乏しい理解力で集められた雑多なヨーロッパ情報に基づく誤謬と誹謗中傷ばかりの悪作として片付けられているきらいがあるが、そのような読み方をする読者には真の内容が理解できないように書かれているという可能性もある。

二　謎の「ロレンソ」、ユーラシアの中心部を争う

そのような「元和ピカレスク」物語集には、「さん《(São)》ろれんそ《(Lourenço)》もんは《(門派)》」という一話がある。（本節では、歴史的言及が何なのか考察中であるため、引用文は底本のままとする。）そういう名の聖人といえば、ローマのロレンソは古代末期の初期教会で財政を担い、鉄網に焼かれて殉教したとされるが、同名の修道会は存在しない。本作のロレンソは、底本では「よろうじ」「よろうじよ」と書かれる「国」を征服するために「渡ける」キリシタン軍勢の「船奉行」として行くパーデレであり、魔術を使って十字軍の武運を上げようとするが、遂には「度ゝにたゝかひまけてらうま《(Roma)》へおつかへさる」のである。書き出しの時間設定は底本では「一とせ」だが、原本では「一年」であったと想定すると、これは当時の欧文資料ではよく見られる西暦年号の略「〇一年」として捉えられ、有力な解読案が見えてくる。なぜなら一六〇一年には、イスラム統治ハンガリーに侵攻中の神聖ローマ帝国軍が旧首都セーケシュフェヘールヴァール《Székesfehérvár》市を攻めた際、帝都プラハに派遣中のイタリア人カプチン会士ブリンディジのロレンツォが従軍したためである。当時流通した伝説によれば、ロレンツォが勇敢にも軍勢の先頭に立って十字架を掲げると、皇軍の武運が上がった。カプチン会は十六世紀前半、対抗宗教改革の代表的な新修道会としてフランシスコ会から分派したためロレンツォは開祖ではないが、十七世紀にはカプチン会士の代名詞となっていたかもしれない。なお、セーケシュフェヘールヴァールのラテン語名はハンガリー語の意訳アルバレジア《Albaregia》であり、これが

ポルトガル語発音「アウバレイジヤ」であったなら日本語話者のうろ覚えでは「ヨロウジヨ」に変化しうるのではないだろうか。

この解釈を採択して校訂本文を作ってみると次の通りになる。

一、サン《São》＝ロレンソ《Lourenço》[10]［の］門派の事。

一年[11]、ラウマ《Roma》より、ヨロウジヨ《Albaregia》[12]といふ国を攻められし時、ロレンソといふ伴天連に船奉行をせさせけるに、九万艘の黒船を仕立て、ヨロウジヨへ渡しける。

かやう［の］中にて、俄に百鬼夜行[13]の風吹く。十二の辻巻などは天地を動かすばかりなり。その時ロレンソ、虚空に向かって云ふ《ママ》けるは「我ゝかねてより頼みをかけし广王《まわう》[14]たち、今の言葉を聞き玉へ。ヨロウジヨの国はゼンシヨ《gentio》[15]なればこれを従へ、御身達を尊む人数となさんずために、弓箭を企て只今向かひけるに、何とてこの風を静めて玉はらざるや」と、高らかに呼ばはりければ、何とは知らず虚空より「承る」と云ふや否やに、波風収まりけり。それよりヨロウジヨに到り、弓箭を励みけれども、度ゝに戦ひ負けてラウマへ追っ返さる。

今度は法にせんとて、伴天連二十四人、ゲレシヨ[16]の国の者のやうに支度をさせ、ヨロウジヨへ渡されけるが、パッパ申けるやうは「相構いてラウマの者とは［な］云いそ。ゲレシヨの国の者と云ふべし。随分法を弘めて国を奪へ。それにても叶わず《ママ》は、毒種を以て悩ませ」とて、始めのロレンソを大将にし、ヨロウジヨに渡されければ、かの伴天連も在々を巡り、法を弘めけるほどに男女とも従ひける。

されども、帝王《ていわう》の一族ばかり従はざれば「今は毒種を与ゆるべし」と思ひ、内裏の景《けい》を見るに、高山より流るゝ水を筧《かけひ》を以て受けらるゝ。その時ロレンソ、よろづの毒を燗《くわん》して絹に包み、大きなる石を括り付け、かの流水《りうすい》の水上《みなかみ》に沈め置きければ、流れを飲みたる輩、帝王を始めとして一人も残らず死したり。それよりヨロウジヨをラウマに渡りたるが故に、サン＝ロレンソといふ門派を企て、毒の役、また風の役とも云ふなり。

それでは次に史実関係などについて論考しよう。

三　ハンガリーのキリシタン征服を試みた魔法使い

最初に、セーケシュフェヘールヴァール（以降S市）は内陸の町にも関わらず、なぜ「黒船」を「渡しける」ということになっているのだろうか。まず、作者は丁寧に研究したわけでもなく一度聞いた話にすぎず、地理認識がぼんやりとしている可能性もあり、千々石らが経験したような地中海の船旅で行く場所かと推測されただけだろうか。日本人読者に蒙古襲来を思わせる意図もあるかもしれないが、作者は日本人だからといってどこの国も島国だと思い込んだり、自分の国に例えてしか世界を考える能力がないということはないだろう。なお、S市は内陸の町にしても沼地に囲まれているため、軍人日記などの一次資料に依れば十字軍は藁束を沼に沈めてその上で水中を歩き、水を渡るという場面は実際あったのである。[17] 一方、ロレンツォが嵐を鎮めるという説話は、筆者のようなハンガリー研究の門外漢だけではなく、ロレンツォ研究の第一人者に伺っても知らないと言う。[18] 他方、そもそもS市がトルコ軍に取られた一五四三年には大きな嵐がキリスト教軍の奪回の試みを台無しにしたという物語はあった。[19] したがって、嵐を鎮めて奪回成功という奇跡譚が生まれてもおかしくない。しかし、軍人日記などの資料によれば一六〇一年にもS市は嵐に見舞われ、沼地が氾濫し、普段よりも攻めにくくなっていたというのは史実である。[20] イスラム統治下では空前絶後の排水路が整備されていたにも関わらずそうであるため、[21] その分大きな嵐であったに違いない。

嵐を鎮める場面に関しても、大航海時代「帰国子女」たちの耳・目に入った媒体としては口頭伝承のほか、チラシや小版本類が推測されるが、そのようなものが未詳な中、ロレンツォの（カエサル『ガリア戦記』の文体を模倣して書いたと言う）一六一二年の回顧録がもっとも参考になる。[22]その該当箇所では、ロレンツォは「誰よりも先に十字架を掲げて前進し」「列から列へ、兵隊から兵隊へ、騎兵隊から騎兵隊へと駆け回り、励ましてあげた。」「派遣団長［ロレンツォ］が銃砲に対して十字を切ると、我々の人間に少しも傷をつけられなくなった。」「これは明らかに聖なる十字架のおかげであった。一方、我々の銃砲はトルコ側に多くの死者を出すようになったため、陣中も敵の前も見え見え行き来しているこのカプチン会士はトルコ側には暗黒魔術師だろうと言われていた」のである。[23]すると、『喜利志袒仮名書』その他当事者によって書かれた第一世代反キリシタン資料にはよくあることに、魔王に祈っているというのは日本ででっち上げられた空想ではなく当時イスラム側に（他所ではユダヤ側、プロテスタント側にも）実在したキリスト教・カトリック批判を反映しているのである。事実、アブラハム宗教の間では、向こうでは神様ではなく実際は悪魔を崇拝しているのだというのはありふれた告発である。日本中世仏教の宗門間競争でも、他宗門が「天狗に騙されている」とする論述が多い。他方、「善良なる目的のため」であれば貴族や聖職者こそ暗黒魔術を使うのは時には異端審問にさえ「問題なし」とされたりした。[24]

ともあれ軍事資料によれば、一六〇一年の秋に十字軍は一旦S市を取ることができた。落城の戦乱で兵器庫にも使われていたバシリカが何者かによって爆破され、キリスト教側によればイスラム側の自爆攻撃だとされるが、犠牲となったのは主にイスラム教徒である。[25]オスマン朝トルコから援軍が向かってくる中、十字軍が急いで街を再建している間、イスラム統治では大事に保存されてきたハンガリー初代キリスト教徒の国王の墓が盗掘された。給料不払いに苦しむ十字軍兵によって石棺の蓋が爆破され、聖遺体についていた副葬品が盗まれたのである。[26]そしてついにイスラム軍が逆襲しに来た一六〇二年、ロレンツォが実際S市に着いたのである。なお、右のような戦場での活躍は、彼を招聘した指揮官の日記を含め、どこの軍事資料にも確認できない(27)。むしろ、そのような「奇跡」には自然な説明もある。すなわち、資源面では圧倒的に強いオスマン軍には銃砲・爆弾の開発と狙撃術において大きな遅れが生じていた(28)。例えばロレンツォが十字を切って敵兵を指差した瞬間、狙撃兵が前代未聞の精密さでその人を撃ち殺すような見せ物を披露したとすれば、「暗黒魔術師」と思われるのも無理ではない。いずれにせよ、ヨーロッパでは「大トルコ戦争」と呼ばれるこの戦争は一五九〇年頃から、神聖ローマ帝国がかねてよりオスマン帝国に支払ってきた年貢が増額され、ハプスブルク家の皇帝が開戦したのである。しかし、右のような技術の差もあり、引き分けで終わったということは大きな番狂せであった。その結果、トルコへの朝貢は巨額の一時金で廃止とされ、史上初のことに神聖ローマ皇帝がオスマン帝国のスルタンと対等の存在として公認されるという躍進的な講和条件が定まり、十九世紀には完成するオスマン朝の弱体化と「西洋」の台頭への一歩が踏まれた(29)。しかし、ロレンツォが回顧録で書いているのとは違い『喜利志祖仮名書』で正しく報告されている通り、彼が参加したのは負け戦であり、S市は一六八八年までイスラム都市であった。

四 「帝王」に対して工作するロレンツォ——しかし、どこの帝王？

このような軍事的敗北を受け、「今度は法にせんとて」教皇の指導のもとロレンツォが派遣団の長として「ゲレシヨ《Grecia》の国の者」を装って草の根説教活動を行う。これは概ね成功するのだが、「帝王《ていわう》の一族ばかり」従わないため、教皇に命令されている次の計画に乗り出し、帝王を毒殺するのである。『喜利志祖仮名書』では「ヨロウジヨ」のキリシタン征服はこのように果たされるのだが、右の通り史実の都市はすぐに奪回され、イスラム都市のままであったため、これでは問題である。もっともギリシャ人、つまりイスラム統治下の東方キリスト教徒を装ってイスラム国に潜伏する（あるいは本物をスパイに使う）というのは十字軍史にはありふれたことである(30)。

一六〇三年には確かにスルタンのメフメト三世は死んだが、これは明らかにお家騒動の末であり、外敵の仕業とは考えにくい。大宰相はといえば、神聖ローマ帝国との戦争を指揮してきたダマット・イブラヒム・パシャは一六〇一年、ベルグラードの陣地で急に病死した。一方、S市奪回戦を指揮したソコッルザデ・ハサン・パシャは一六〇二年、トルコでジェラリー蜂起の人物に暗殺され、毒殺ではなく射殺であった。他方、一六〇四年には大宰相ヤヴズ・アリ・パシャもベルグラードの幕中で急死した。新規スルタンの軍事方針への不満で憤死したとも言われているが、何かあるかもしれない。ともあれ、これらの大宰相は三人ともユーゴスラビア地方出身であり、S合戦でも、トルコ側にはフランス人、スペイン人など多くの欧州人兵士だけではなく、[31]欧州人の最高官人も多数いたということの方が特筆に値する。

なぜなら、右の物語と史実を照合すると一目瞭然なことに、ロレンツォが反対工作をしに来た「帝王」というのはイスラム側の何者でもなく、「異教徒の神聖ローマ皇帝」ルドルフ二世だったためである。そもそもロレンツォが東ヨーロッパにいたのは、美術蒐集以外に占星術、錬金術、魔術にしか興味がなく、[32]首相にはプロテスタント、帝医にはユダヤ教徒を任命し、あらゆる異端を蔓延らせているルドルフの帝都プラハで排プロテスタント説教をするためであった。[33]S合戦の従軍はその傍らの小さな御用に過ぎなかった。ルドルフを神聖ローマ皇帝らしく躾けるために、イエズス会と同じように対抗宗教改革の前衛組織として新設されたカプチン会からロレンツォを頭とした派遣団がほぼ強制的に送り込まれ、ルドルフの精神顧問にはプロテスタントからカトリックへの改宗者でカバラなどの密教に詳しいヨハネ・ピストリウスが任命された。[34]するとやはり間もなく、数時間おきの聖務日課の鐘の音がお抱え天文学者ティコ・ブラーエの研究の邪魔だとして、ルドルフはカプチン会をプラハから追放したが、いつの間にか戻ってきていた。[35]ブラーエはルドルフが修道士の手で死ぬだろうという卜占結果を出し、[36]カプチン側もブラーエを「魔法使い」呼ばわりし、明らかに主要なライバルと見做していた。[37]一六〇一年にブラーエが宴会後、膀胱を病んで急死したことについてロレンツォは辛辣なコメントを残しており、[38]毒殺されたかもしれないとも言われてきたが、近年の遺体解剖の報告書では、一応水銀による毒殺の可能性は論破された。[39]

どちらにせよ、ジョン・ディー、ジョルダーノ・ブルーノ、ヨハネス・ケプラーなど、当時ギリシャ、アラビア、ペルシャ、インドの天文学的・化学的遺産（とその霊的側面）を体系化し、近代科学の土台を敷いた学者でルドルフの庇護を少しも受けなかった人物はほとんどいなかった。中でもブラーエは特に愛用され、その死を悲しむルドルフは招魂呪術を使って会おうとしたが、これも失敗したのが何よりの打撃であった。[40]その頃から諸侯も教皇庁もルドルフ抜きの将来を考えており、一六〇八年までに皇帝以外の冠位がどれも略奪され、実質的に弟マティアスが政権を握っていた。カトリック諸国を倒すためにイギリス女王エリザベスがトルコと手を組もうとしていたのは有名な話だが、[41]同時期にルドルフはトルコに打ち勝つためにペルシャと同盟を結ぶ寸前まで行ったのである。しかし、ルドルフがその頭となるならダメだと言うスペインと教皇庁からの横槍が入り、これも挫折した。[42]その後一六〇九年、ボヘミア地方に宗教の自由を確保する勅令を出したのがルドルフの最後の復讐であった。

以前からも被害意識が強く、いつ毒殺されるかわからないという発言は終始報告されており、すでに一五九一年に修道士が小型の石弓を袖に隠して宮中で待ち伏せているのが発覚したという噂は記録に残っている。[43]心身ともに疲れ果てていたにも関わらず、宗教の自由をテーマとした「平和の騎士団」を立ち上げて躁状態で活動していた。しかしついに肺炎で倒れ、足がむくんで壊疽になり、錬金術の理に叶うということで琥珀と牛黄の薬を飲んだが、ダメであった。一六一二年始、ブラーエがかつて予言した通り、ルドルフが愛犬のように飼っていたライオンの死の三日後に死に、葬儀では東洋服を着せてもらったのである。[44]現代でも病死とされているが、牛黄は解毒薬であるため、[45] ルドルフ自身は毒を盛られたと考えていた可能性はあるであろう。どちらにせよ、「きりしたん十二門派之事」が書かれた一六一〇年代には、毒殺されたという報告が日本に伝わっていたようである。

五　宗門改役のヨーロッパ史、西ユーラシアのキリシタン征服としてのルネサンス

ロレンツォの工作の的となった存在としてルドルフとS市が一括りにされてか、ルドルフが「ヨロウジヨ」の「帝王」だということになっている点には作者の誤解もあると考えられるが、西方キリスト教界の最高為政者が「キリシタン」に征服されたというのは間違いではなく、『喜利志袓仮名書』の史学的意匠の代表例である。近代の俗説ではヨーロッパ中世は「信仰の時代」で教会の権力が絶対的であったとされるが、まず東西南欧の多くの国々はキリスト教ではなくイスラム統治であり、北欧も化外の地で、後代には「異端」とされた流儀が多かった。むしろ「きりしたん十二門派之事」でも描かれるそれらの地方のキリスト教征服とそれに伴う異端審問などの取り締まりで、ある意味ルネサンスに初めて「信仰の時代」が訪れたのである。プロテスタントのことが日本人の耳に入らぬようにというイエズス会の方針が概ね成功したからか、[46] キリシタン資料には宗教改革への言及は実に少なく、先行研究はこれを反映しているが、「きりしたん十二門派之事」は違う。もっとも作者はカタリ派、フス派、プロテスタント、イスラム、魔女、(皇帝を含む) 魔法使いなどに関して特に詳しくなかったであろう。しかし、どれもキリシタンによって最近征服された西ユーラシアの「普通の人々」として認識されているところに、同時代の傍観者ならではの客観性がある。西洋も東洋もなく、十八世紀的な人種論も十九世紀的な民族論もなく、ただ大陸を活気づけてきたアフリカ・アジア交易圏がこの新種類の略奪組織によって乱されてしまったという事実があるのみである。

しかし、ルドルフが誰なのかわかる日本人などいたのであろうか。東ヨーロッパまで意識するというのは近代

では奇妙に思われるかもしれないが、元は会津若松城に伝わり、現在神戸市立博物館とサントリー美術館で一隻ずつ所蔵されている『王侯騎馬図屏風』でも、東ヨーロッパと中央アジアを中心に据えた地政学認識が絵画化されているのである。[47] 原作となったオランダの一六〇七年刊の壁掛け世界地図での説明文からわかるように、神戸本では右から順に、イスラム国ウクライナとキリスト教国ロシアとの対立、次はまさにS市でも軍隊を衝突させたオスマン皇帝メフメト三世と神聖ローマ皇帝ルドルフ二世の攻め合う姿が描かれている。一方、サントリー本の帝王たちは四人ともおとなしく行進している。ルドルフに同盟を求められ、トルコに敵意があるからといってヨーロッパではキリスト教に改宗するに違いないと言われていたペルシャのアッパース大王。イエズス会がその改宗に励んでいたエチオピア皇帝スセニョス一世。カトリックに改宗したプロテスタント育ちのフランス王アンリ四世。そしてエリザベスのプロテスタント一代の後カトリックに立ち返るのではないかという希望が湧いていたイギリス王ジェームズ一世。神戸本の宗教戦争と違って、ローマ教皇の言うことを聞く王者たちは天下泰平である。壁掛けとは違うこの配置には、キリシタン大名蒲生氏郷の死去を受け、棄教を検討していた嫡男秀行へのイエズス会の教誡が込められているという説もある。[48]

なお、一五七一年、神聖同盟海軍がオスマン海軍に対して勝利を収め、地中海の覇権がイスラムからキリスト教へと移り始めたレパントの海戦を描いた屏風には、世界史への知識欲がさらに強く感じられる。[49] さらに、この初期洋風画という作品群に出てくる世界地図には十七世紀中葉にしかない特徴がある。[50] したがって以上の作品も、『喜利志袒仮名書』が書かれた一六一〇年代ではなく、雪窓宗崔が『喜利志袒仮名書』を参考に排耶説法をしたのと同じ頃、宣教師ではなく日本の為政者が、現役のイエズス会画派ではなく棄教したキリシタン絵師に、日本独自の地政学研究の一環として作らせたという可能性がある。転び伴天連がピカレスク小説を書いたならば、棄教した絵師も洋風画を描き続けたかもしれない。

アフリカ・アジア経済圏に進出し始めた「ヨーロッパ」が当時どれほど脆弱な存在であったかは現代では珍しい知識となっているが、[51] 近世初期日本の越境者たちにはよく知られていたのである。

【付記】本稿は、日本学術振興会科研費 20K12929「イエズス会日本報告の研究 ヨーロッパの版本資料から目撃者の写本へ」（若手研究）、20H05721「中近世における宗教運動とメディア・世界認識・社会統合：歴史研究の総合的アプローチ」（代表者 大貫俊夫）、22K00317「近世「反キリシタン文学」の基礎的研究「吉利支丹由来記」を起点に」（代表者 南郷晃子）の助成に拠る成果の一部を含む。

注

（1） Martin Nogueira Ramos, "The Monk and the Heretics," *Japan Review* 35 (2020), 62.

（2） 大桑斉『資料研究 雪窓宗崔 禅と国家とキリシタン』（同朋社、一九八四年）には解題と翻刻はあるが、仏教の研究者により背景知識不足で作られたこともあって及ばないところが多い。本稿では臼杵市多福寺の関泰典住職のご厚意で閲覧することができた原写本に当たる。

（3） 黒川眞道、矢野太郎、御橋悳吉、友年龜三郎 編『続々群書類従 第十二』（一九一〇年）五七〇頁、Jan C. Leuchtenberger, *Conquering Demons* (University of Michigan) 2013, 32.

（4） 大桑斉『資料研究 雪窓宗崔』二一二頁。

（5） 一六二一年九月十四日、長崎で獄中の木村バシチアン神父の巡察師宛書簡（イエズス会ローマ文書館（ARSI） *JapSin* 34, 180r）。

（6） 宮崎栄一「千々石ミゲルの生涯と子孫」（『大村史談』五一号、二〇〇〇年）。

（7） 大桑斉『資料研究雪窓宗崔』二五九頁。

（8） J. S. A. Elisonas, "Journey to the West," *Japanese Journal of Religious Studies* 34/1 (2007), 33.

（9） 大桑斉『資料研究 雪窓宗崔』二三〇頁。

(10) 底本「さんろれんそ」。右の通り、ブリンディジのロレンツォと解する。外来語の初出では、註で底本において確認できる綴りを全て列挙し、校訂本文では濁点を補い、原型に近いと思われる綴りに統一し、カタカナに改め、振り仮名欄でローマ字の再現案を添える。

(11) 底本「一とせ」を修正。ラテン語 no Anno de 01 のような年号、つまり一六〇一年の略と捉える。

(12) 「よろうじ」「よろうじよ」ラテン語 Albaregia、即ちハンガリーの旧首都セーケシュフェヘールヴァールと捉える。

(13) 底本「はつふやきやう」を補正。

(14) 底本の筆者は敢えて字を「開眼」しないようにか、例外なく「魔」の中の鬼を書いていないため、校訂でもこれに従う。

(15) 「せんしよ」ラテン語 gentio「異教（の）」。

(16) 「けれじよ」ラテン語 Grecia「ギリシャ」。

(17) Gömöry Gusztáv, “Székesfehérvár visszavétele 1601-ben és újbóli elvesztése 1602-ben”, *Hadtörténelmi Közlemények* 5 (1892), 314.

(18) Andrew J.G. Drenas、メールのやり取り（Howard Louthan のご厚意により、二〇二四年一月）。

(19) Salomon Neugebauer, *Historia Rerum Polonicarum* (Danielis & Dauidis Aubriorum, 1618), vol. 10, p. 562.

(20) Gusztáv 619.

(21) Gusztáv 302.

(22) Andrew J.G. Drenas, “Lorenzo da Brindisi’s ‘Commentariolum de Rebus Austriae et Bohemiae’ ”*Collectanea Franciscana* 85/4 (2015), 597.

(23) Drenas 622.

(24) Tamar Herzig, “The Demons and the Friars: Illicit Magic and Mendicant Rivalry in Renaissance Bologna.” *Renaissance Quarterly* 64/4 (2011).

(25) Gusztáv 318.

(26) Gusztáv 626.

(27) Gusztáv 617.

（28） Bruno Mugnai e Christopher Flaherty, *La lunga guerra turca* (Soldiershop, 2014), 8, 20; Osman Tüylü, *Der Lange Türkenkrieg* (AV Akademikerverlag, 2014), 105.
（29） Tüylü 42, 100, 102.
（30） Yuval Noah Harari, *Special Operations in the Age of Chivalry* (Boydell Press, 2007), 60.
（31） Gusztáv 609, 619.
（32） Robert Evans, *Rudolf II and His World* (Clarendon Press, 1973), 196.
（33） Andrew J.G. Drenas, *The Standard Bearer of the Roman Church* (Catholic U., 2018), 10.
（34） Eliška Fučíková, "Prague Castle under Rudolf II," *Rudolf II and Prague* (Prague Castle Administration, 1997), 63.
（35） Peter Marshall, *The Magic Circle of Rudolf II* (Bloomsbury, 2006), 167.
（36） Zikmund Winter, *Život církevní v Čechách* (České akademie císaře Františka Josefa, 1895), 709; Drenas, "Commentariolum," 620.
（37） Marshall 167.
（38） Drenas, "Commentariolum," 620.
（39） Sacha Kacki et al., "Rich Table but Short Life: Diffuse Idiopathic Skeletal Hyperostosis in Danish Astronomer Tycho Brahe," *PLOS One*, 2018.
（40） Marshall 176.
（41） Jerry Brotton, *The Sultan and the Queen* (Viking, 2016).
（42） Marshall 192.
（43） Logan Pearsall Smith, *The Life and Letters of Sir Henry Wotton* (Clarendon Press, 1966), 1：251.
（44） Marshall 224.
（45） Oswald Croll, *Basilica chymica* (Claud. Marnium & heredes Joannis Aubrii, 1609), 181.
（46） Elisonas 38.
（47） サントリー美術館、神戸市立博物館、日本経済新聞社 編『南蛮美術の光と影 泰西王侯騎馬図屏風の謎』（日本経済新聞社、二〇一一年）一六頁図四、五。
(48) Timon Screech, *The Shogun's Silver Telescope* (Oxford, 2020), 170, 174.
(49) 『南蛮美術の光と影』一一三頁。
(50) 塚原晃「ゆらぐ定説徳川日本と初期洋風画の現実」『南蛮美術の光と影』二〇五頁。
(51) Andre Gunder Frank『リオリエント』山下範久 訳（藤原書店、二〇〇〇年）四三七頁、Janet Abu-Lughod『ヨーロッパ覇権以前 もうひとつの世界システム』佐藤次高、斯波義信 訳（岩波書店、二〇一四年）五一頁。

あとがき

中根　千絵

私がこの本の編集に関わったことに驚きを覚えられる方々は多いことと思う。実は、この本の企画の基となったのは、令和二年（二〇二〇）度地域連携事業として開催された愛知県立大学公開講座「大航海時代のキリシタン文学―グローバル社会の形成に果たした日本の役割―」である。講師にパトリック・シュウェマー氏をお招きし、「排耶書に見られるキリシタン知識の伝承　否定という受容」の演題でご講演をいただき、それを受けて三宅宏幸氏の司会進行による「『吉利支丹物語』へのアプローチ―「異」を読む、「異」から読む」というテーマのシンポジウムが開催された。この時のパネリストが南郷晃子氏、服部光真氏の両氏であり、コメンテーターを務めたのが私であった。この折の雰囲気をいささかなりともお伝えすべく、この日の私のコメントをここに記しておきたい。

「ヴァリニャーノが家康の動きをフェリペに報告した書簡が届いた大航海時代のローマには、世界各地から膨大なデータが流れ込んでいました。そうした世界の情報戦の中で、日本がどのような国として伝えられ、また物語化されたのかということがパトリック・シュウエマー先生のご講演からはよくわかります。異装の修道士（女性の身を隠す修道士）の物語が日本において隠れキリシタンに受容されたこと、反キリシタン文学には元々の物語にない宣教師の振る舞いの中に「毒薬」の語が付加されていること、想定される筆者についてなど、興味深いお話をいただきました。なにより、原本を原語で読み、分析することがいかに重要かということを改めて思い知らされました。情報戦の中での虚構化の問題は今なお現代においても重要な問題です。

南郷先生と服部先生のお話からは、日本で書かれた仮名草子「吉利支丹物語」を起点として、日本がキリシタンをどう見ていたのかということがよくわかりました。

南郷先生の紹介された先行研究の嚆矢をなす姉崎正治は、寺家の出自をもち、詩人でもありましたが、後に引用された芥川の小説に関わる問題として面白くうかがいました。近世に作られた「切支丹物語」が為政者の側の視点から地政学的な国と国との問題として意識されていたのに対して、近代の知識人が文字と美術を媒介として個人の内にある世界の一端を表象するものとして捉えていたことは文学の問題として重要であるように思います。

服部先生の歴史研究の側からのお話では、キリスト教には日本の天道思想のような宗教上の同質性があり日本に受容される素地があったことを知る一方で、支配者の視点からは「起請文」（神仏への誓約）がキリスト教にはなく、反逆の心がない、二心がないということを証明できないことが問題だったということがわかりました。

さて、『吉利切支丹物語』には、キリスト教の布教について、「弓矢のたたかひなく、国をとるはかりことなり」と記されています。これは日本の治世上のプロパガンダの産物なのか知りたかったことです。世界史上ではどのような評価となるのかということも興味深いところです。

日本が戦国時代であった頃、戦国大名はそれぞれの戦略をもって、宣教師を迎えていたようですが、平和の世になった江戸時代には、キリスト教の布教を禁じました。宣教師は、貧しい人々に薬を与え、病を治癒して、その信仰を広めていたようですが、一向宗も同様の階層の人々が帰依しており、一向宗信徒と隠れキリシタンは、互いに近しい関係にあったとされています。

では、一般の人々が江戸時代、どのようにキリシタンを見ていたのか、実は、愛知県には、それがわかる俳諧の資料があります。河村瑛子氏が『愛知県史　別編　文化財4　典籍』の中で紹介していますが、「寛永十四年熱田万句」というのがその資料です。そこには、「腰掛にひるうちころび高いびき我としうしをかへるでいうす」

のようなユーモアに満ちた句が詠まれています。河村氏は、「当時の日本人にとってキリシタンは異質な「他者」ではあったが、必ずしも忌避や憎悪の対象ではなかった」と述べています。また、このことは、南蛮人が宝物をもたらす来訪神のように捉えられていたことと密接に関わるとも述べています。

こうした資料からキリシタンへの視点として一般庶民のものを付け加えることができるでしょう。天草四郎が江戸時代、ダークヒーローものに展開していくのはこうした一般の人々の感覚が背景にあることを射程に入れるとわかりやすいのではないかと思います。善悪という二項対立にとどまらない悲しみを帯びたキリシタンの物語も文学上、重要な意味をもっていて見逃せないところです。

また、南郷先生がお話くださった「見越入道」が一種、面白みのある表象になっていることも、俳諧でみたキリシタンのユーモラスな姿と通じるようにも思います。「見越入道」は、心学において、万国を只一目に見ることができても足下を見ることができない者としてやや諧謔的な形で捉えられています。妖怪とはいうものの、西洋の二項対立的な「悪魔」という捉え方とは少し距離があるように思います。

さて、以上、コメントしましたように、キリシタンの問題には、国と国との政治の問題、国際情勢の中での政治的な情報戦、日本国内の治世者の視点、薬や奇跡を求める貧しい人たちの信仰の観点、近代における知識人の受容といった多様な層の人々の問題として、分析することが可能です。また、物語の流通ルート、たとえば、ゴアやフィリピンで「殉教の国、奇跡の国日本」のマルチェロ伝が作られ、ヨーロッパで流行ったのは、地政学上の問題としても興味深く、訳語の問題も言語学の問題として展開できるところと思われます。

本シンポジウムでは、多面的な観点からの研究が本テーマには開かれていることがわかりました。」

このようなコメントを述べたことで、このテーマがさらに大きく発展しそうだと直感し、本にまとめたいと思い、関わってくださった方々に、このシンポジウム直後にご連絡したのがこの本のきっかけである。その後、

「東海近世」の先生方、殊に服部仁先生からは飲み会のたびに東海のキリシタンについての史跡や論文の情報をいただいた。本書ではそれらを入れることは紙幅の都合上、かなわなかったが、そんなこんなで、自らの視野を広げようともがいているうちに、出版の企画がここまで遅くなってしまった。まずは、講師の先生がたにそのことをお詫び申しあげたい。昨年、南郷晃子氏から「そろそろ本にしませんか」というお誘いをいただき、ようやく、このたび、本の刊行までこぎつけられることとなった。

ところで、私がキリシタン文学に関わる南郷氏の研究を知ったのは、さらに随分前にさかのぼる。説話関連の研究者が集う研究会「今昔の会」が二〇一六年夏、東三河で開催されることになり、合宿幹事だった私は研究発表者を募っていた。その折に連絡があったのが南郷氏である。当時は、キリシタンのテーマは、学会で受けいれる土壌が浅く、どこで発表したらいいかわからないとの相談を受けたのである。私は、「今昔の会」研究合宿の中心的存在として若手から慕われていた小峯和明氏であれば、的確なアドバイスをくださるのではないかと提案し、南郷氏はこの場で発表を行ったのである。

本書の多くの執筆者は、この時の研究合宿「今昔の会」に集ったメンバーである。明け方にまで及んだ飲み会の中で、ともかく面白そうだから一緒に反キリシタン文学を読んでみたいという純粋に学究的な研究会がこの時誕生したのである。このテーマでの研究が学会で業績として認められるかどうかわからない中で、全国から集まった若手研究者がまだはしりであったスカイプを用いたオンライン研究会をたちあげたことは説話文学研究の未来に大きな希望を見せてくれるものであった。それが本書の執筆者、三好俊徳氏、服部光真氏、南郷晃子氏、井上舞氏、杉山和也氏の面々であった。

本書には、それに加えて、若手の精鋭、呂雅瓊氏、松波伸浩氏、李澤珍氏に執筆依頼し、ご快諾いただいた。また、南郷氏のご推薦で、軍記、説話、実録、奇術、メキシコの専門分野から樋口大祐氏、小峯和明氏、菊池庸介氏、長野栄俊氏、谷口智子氏といった各専門分野においてご高名な先生方にも執筆をお願いすることができた。さらに、愛知県立大学でご講演をいただいたパトリック・シュウェマー氏も本書の執筆陣に加わり、本書は、当初の目論見以上に、多角度からキリシタンに関わる様々な問題が提示されることになった。今回、特に、キリシタンのテーマに、「娯楽」の項目をたてられたことは、眠狂四郎の映画に魅せられ、育った私にとっては、望外の喜びであった。

このような機会を与えてくださり、御高論をお寄せくださった皆様に心より感謝申しあげる。また、本書の企画が定まっていない折から、相談にのってくださり、具体化する段階で手をさしのべてくださった三弥井書店の吉田智恵氏にもお礼を申しあげたい。本書が多くの研究者の元に届くことを夢見つつ、あとがきを終えたい。

二〇二五年二月二五日

松波伸浩（まつなみ　のぶひろ）
愛知淑徳大学助教。博士（文学）。
【おもな論文】「古浄瑠璃の諍論体」（『歌舞伎 研究と批評』第69号、2024年）、「古浄瑠璃における悪と悪役の造型」（『文学・語学』第239号、2023年）、「「たのもし」の心性―言語資料としての古浄瑠璃―」（『日本文学』第72巻8号、2023年）、「後期の江戸版金平浄瑠璃の構想―先行作品の受容と改変―」（『日本文学』第71巻8号、2022年）

菊池庸介（きくち　ようすけ）
福岡教育大学教授。博士（日本語日本文学）。
【おもな著書・論文】『近世実録の研究―成長と展開―』（汲古書院、2008年）、「速水春暁斎画作「実録種」絵本読本の種本利用態度―敵討ちを題材とする作品を例に」（『国語と国文学』第100巻第11号、2023年11月）

長野栄俊（ながの　えいしゅん）
福井県文書館職員（福井県立図書館兼務）。
【おもな著書】『日本奇術文化史』（河合勝との共著、東京堂出版、2017年）、『近代日本奇術文化史』（河合勝・森下洋平との共著、東京堂出版、2020年）、『予言獣大図鑑』（編著、文学通信、2023年）

中根千絵（なかね　ちえ）
愛知県立大学教授。博士（文学）。
【おもな著書・編著書】『今昔物語集の表現と背景』（三弥井書店、2000年）、『いくさの物語と諧謔の文学史』（三弥井書店、2010年）、『昔物語治聞集』（三弥井書店、2020年）『城郭の怪異』（三弥井書店、2021年）、『医談抄』（三弥井書店、2023年）

杉山和也（すぎやま　かずや）
順天堂大学准教授。
【おもな著書】『南方熊楠と説話学』（平凡社、2017年）、『熊楠と猫』（共著、共和国、2018年）、『野村太一郎の狂言入門』（共著、勉誠社、2023年）

谷口智子（たにぐち　ともこ）
愛知県立大学教授。博士（文学）。
【おもな著書・訳書・編著書】『新世界の悪魔ーカトリック・ミッションとアンデス先住民宗教』（2007年、大学教育出版）、朴哲『グレゴリオ・デ・セスペデスースペイン人宣教師が見た朝鮮と文禄・慶長の役』（2013年、春風社）、『タキ・オンコイ　踊る病―植民地ペルーにおけるシャーマニズム、鉱山労働、水銀汚染」（2023年、春風社）

李　澤珍（い　てくじん）
愛知県立大学准教授。博士（学術）。
【おもな論文】「『伊曽保物語』版本系統の再検討―B系統古活字本の本文異同を中心に―」（『近世文芸』106、2017年）、「司馬江漢の『伊曽保物語』受容―「鳥、人に教化をする事」を中心に」（『比較文学』63、2021年）

Patrick Schwemmer（パトリック　シュウェマー）
武蔵大学人文学部准教授。博士（文学）。
【おもな論文】「キリシタン文学の説話研究 聖人伝『サンタマリナの御作業』」『説話文学研究』（59号、2024年）、「キリシタン聖人伝の日欧の原典（上・下）」『キリシタン文化研究会会報』（159・160号、2022年）

執筆者紹介

三好俊徳（みよし　としのり）
佛教大学准教授。博士（文学）。
【おもな論文】「『扶桑略記』の宗派性—宗論・相論に関する言説を中心に」（『説話文学研究』54号、2019年）、「無住にとっての尾張—地方在住僧の帰属意識」『無住道暁の拓く鎌倉時代（アジア遊学298）』（勉誠出版、2024年）

服部光真（はっとり　みつまさ）
元興寺文化財研究所主任研究員。博士（日本文化）。
【おもな編著書】『「ムラの戸籍簿」を読み解く—「郷」と「村」の中世』（共編、小さ子社、2024年）、念仏寺・元興寺文化財研究所編『袋中上人と山の寺念仏寺』（共著、なら文化交流機構、2022年）

呂　雅瓊（ろ　がけい）
東京大学大学院博士後期課程。修士（文学）。
【おもな論文】「キリシタン文献における「自由」—古狂言台本・漢訳キリスト教書との比較を視野に入れて—」（『日本宗教文化史研究』第27巻第1号、2023年）、「「キリシタン神話」の伝来と展開——「楽園喪失物語」を中心に」（『説話文学研究』59号、2024年）

樋口大祐（ひぐち　だいすけ）
神戸大学教授。博士（文学）。
【おもな著書】『乱世のエクリチュール—転形期の人と文化—』（森話社、2009年）、『変貌する清盛—『平家物語』を書きかえる—』（吉川弘文館、2011年）、『光と風と夢—街角の記憶を歩く—』（共著、神戸新聞総合出版センター、2024年）

南郷晃子（なんごう　こうこ）
桃山学院大学准教授。博士（学術）。
【おもな論文・編著書】『なぜ少年は聖剣を手にし、死神は歌い踊るのか：ポップカルチャーと神話を読み解く17の方法』（共編、文学通信、2024年）、「『吉利支丹由来記』の検討—反キリシタン文学再考のために」（『説話文學研究』59号、2024年）

小峯和明（こみね　かずあき）
立教大学名誉教授。文学博士。日本古典文学、東アジア比較説話。
【おもな著書】『説話の声』（新曜社、2000年）、『説話の森』（岩波現代文庫、2001年）、『中世日本の予言書』（岩波新書、2007年）、『中世法会文芸論』（笠間書院、2009年）、『遣唐使と外交神話』（集英社新書、2018年）、『予言文学の語る中世』（吉川弘文館、2019年）、『世界は説話にみちている』（岩波書店、2024年）、編著書『日本と東アジアの〈環境文学〉』（勉誠出版、2023年）、共訳注『新羅殊異伝』『海東高僧伝』（平凡社・東洋文庫、2011，2016年）他多数。

井上舞（いのうえ　まい）
神戸大学大学院人文学研究科特命講師。博士（文学）。
【おもな論文】「『峯相記』小考—峯相山と伊和大明神と書写山と」（『徳島大学国語国文学』18号、2005年）、「播磨国風土記新考』の著述とその助力者について —井上通泰研究・序説」（『LINK：地域・大学・文化』5号、2013年）

江戸文化に拓くキリシタン表象—娯楽・科学・思想

令和７（2025）年４月10日　初版発行

定価はカバーに表示してあります。

©編　者　中根千絵・南郷晃子

発行者　吉田敬弥

発行所　株式会社 三弥井書店

〒108－0073 東京都港区三田3－2－39

電話03－3452－8069

振替00190－8－21125

ISBN978-4-8382-3428-8 C0020　整版・印刷　エーヴィスシステムズ

乱丁・落丁本はお取り替えいたします